廖奕 著

法治中国的均衡螺旋
话语、思想与制度

The Spiral of Equilibrium in Jurisprudential China:
Discourse,Thinking and System

廖奕 著

法治中国的均衡螺旋
话语、思想与制度

The Spiral of Equilibrium in Jurisprudential China:
Discourse, Thinking and System

社会科学文献出版社
SOCIAL SCIENCES ACADEMIC PRESS (CHINA)

本书系教育部人文社会科学项目、国家2011计划·司法文明协同创新中心和武汉大学351人才计划研究成果

内容提要

本书以"螺旋"为隐喻,从"均衡法理学"的视角全面剖析了"法治中国"的思想、话语与制度,重点阐释了法治均衡战略在当代中国的理论基础与实践要点。本书以"虚拟对话"开篇,提出了"法治均衡"的话题,并通过法学流派分析和思想谱系考察的方法予以证立。研究发现,法治均衡理念在传统中国儒家思想中内蕴丰富,值得进一步开掘和转化。为了重新发现"法治中国",本书从全球化背景下的"世界法"话语逐级回推到"天下观",围绕"中国大历史"勾画了一幅新的法治均衡图景,并对断裂社会的病灶进行了初步的诊治。本书的制度分析表明,在社会发展的螺旋结构中,当下法治中国战略必须把握国家、社会与政府的多重均衡,立法、行政、司法过程的均衡主轴体现为多种模型和样态。

目 录
CONTENTS

导 论 ·· 001
    从"书本"到"行动" ·· 001
    多元的"均衡" ·· 002
    从发展观到法理学 ·· 003
    "螺旋"的隐喻 ·· 005
    思路与架构 ·· 008

第一章 法理门前 ·· 010
  第一节 虚拟对话 ·· 010
    一 "法理"为何 ·· 010
    二 "司法"新解 ·· 012
    三 "法治"之难 ·· 014
    四 共识图景 ·· 018
  第二节 理论反思 ·· 026
    一 法学：法律学或法理学 ·· 029
    二 法学家：政治家还是哲学家 ··································· 031
    三 法理世界：如何均衡 ·· 033

第二章 寻找"均衡的法" ··· 036
  第一节 问题与背景 ··· 036

第二节　自然法与实在法 ……………………………………………… 039
一　理论争议与对峙 ……………………………………………… 039
二　争议中的融合与汇通 ………………………………………… 043

第三节　转型时代的"均衡"法学 …………………………………… 046
一　危局下的法学重整 …………………………………………… 046
二　社会学法学的"新均衡" …………………………………… 051
三　迈向全面均衡的"综合法学" ……………………………… 055

第三章　法治均衡的思想系谱 ………………………………………… 062

第一节　古典时代的哲学家 …………………………………………… 062
一　永未完结的《政治学》：理想政体的法治与均衡 ………… 062
二　看不见的儒家权力：法治均衡的德性构造 ………………… 069

第二节　法政精英的均衡观 …………………………………………… 074
一　万民法与国务家 ……………………………………………… 074
二　衡平的法治与一统的主权 …………………………………… 078
三　分权与制衡的迷思 …………………………………………… 086
四　施密特的模型与遗憾 ………………………………………… 093
五　"人民神"的整体均衡 ……………………………………… 098
六　回归"法治中国"的思想传统 ……………………………… 100

第四章　重新发现"法治中国" ……………………………………… 103

第一节　"世界法"与"中国话" …………………………………… 103
一　世界法：全球化法治话语的典型标本 ……………………… 104
二　法治国：世界法理想的西方主导 …………………………… 105
三　孔教乌托邦：西方法治启蒙的中国悖论 …………………… 107
四　国家与天下：全球化法治的非均衡博弈 …………………… 109

第二节　"法治中国"与"大历史" ………………………………… 113
一　"中国大历史" ……………………………………………… 113
二　法理均衡分析 ………………………………………………… 116

三　经济危机、"法理大国"与意识形态重建 …………… 120

第三节　"断裂社会"与"法治均衡" ……………………… 125
　　一　叫魂：转型时代的社会断裂与权力独断 …………… 125
　　二　火光：人权与公权的断裂式博弈 …………………… 128
　　三　洞穴：弥合断裂的司法方法 ………………………… 131

第五章　法律体系的均衡构造 …………………………………… 136

第一节　"中国特色社会主义法律体系"的话语分析 ……… 136
　　一　话语结构 ……………………………………………… 136
　　二　均衡理论 ……………………………………………… 141
　　三　实践反思 ……………………………………………… 145

第二节　法律统一与立法理念的均衡再造 …………………… 151
　　一　法治与立法的理念悖论 ……………………………… 151
　　二　法律统一与立法再造 ………………………………… 155

第六章　行政规制成本收益的均衡分析 ………………………… 165

第一节　历史与现状 …………………………………………… 165
　　一　历史背景 ……………………………………………… 165
　　二　中国现状 ……………………………………………… 169

第二节　功能与原则 …………………………………………… 171
　　一　界定权利与分配正义 ………………………………… 171
　　二　增加财富与节约成本 ………………………………… 172
　　三　定量计算与定性分析 ………………………………… 173
　　四　成本收益的比例均衡 ………………………………… 174

第三节　成本指标体系 ………………………………………… 176
　　一　立法成本 ……………………………………………… 176
　　二　实施成本 ……………………………………………… 179
　　三　模型小结 ……………………………………………… 183

第四节　收益指标体系 …… 184
一　经济收益 …… 185
二　政治收益 …… 188
三　社会收益 …… 190
四　模型小结 …… 193

第五节　成本收益分析的方法实例 …… 194
一　行政立法成本的衡量和计算方法 …… 194
二　行政规制收益的衡量和计算方法 …… 198
三　模型小结 …… 205

第七章　转型中国的司法均衡 …… 207

第一节　司法改革的均衡模型 …… 207
一　改革困境与顶层设计 …… 207
二　断裂社会的司法非均衡 …… 211
三　司法均衡模型的多样化设计 …… 218
四　反思与结论 …… 232

第二节　司法均衡模型的实证：以网络公案为例 …… 234
一　问题的提出 …… 234
二　模型与实证 …… 236
三　焦点与讨论 …… 240

第三节　司法改革与"法治中国"的顶层设计 …… 245
一　"法治中国"的整体战略 …… 245
二　以"司法均衡"为切入点的"法治中国" …… 248
三　法治均衡逻辑下的策略选择 …… 250
四　长远的文化问题 …… 252

结　语 …… 255

参考文献 …… 258

致　谢 …… 廖奕 / 268

导　论

法治的精义不在于许诺的美好与崇高，而在于实践的大义与正道。对法治中国而言，"均衡"这一预设的主轴，从历史到现实，从理念到制度，都是显见的事实，深奥的谜题。

当下中国最基本的国情，可称之为"非均衡发展"：一方面，改革开放以来，中国政治、经济、文化诸方面均长足进步；另一方面，巨大的城乡差距、地区差距和贫富差距使得发展成果难为民众公平分享。通过法治的社会均衡，已成各界共识。但问题在于，法治是否内蕴均衡的主轴？"法治均衡"如何建构和运转？其意义与限度何在？对于这些问题，我们不仅要从理论上证立，更要在现实中审思，特别是要紧密结合转型中国社会的"螺旋"结构，揭示法治的战略之维。

从"书本"到"行动"

众所周知，"法治"（Rule of Law）是近代西方文明的世界性贡献，就其理论渊源而言，可追溯至古希腊时代的法哲学。时过千年，学者们对"法治"的研究热情仍在持续，并丝毫没有降温迹象。但对中国这样一个历史文明古国而言，"法治"的内涵、价值与实践都具有固有的文化惯性。西法东渐，引来了摩登的"书本法"，却并未伴生相应的"行动法"。法治的形式与实质之杆格，制度与文化之冲突、逻辑与策略之背离，长期困扰着法律的决策者和行动者。

在当代中国经济突飞猛进以及伴生的各种社会问题语境中，如果将国家的发展战略比喻为一场持久攻坚战，那么，法治无疑是指导这场伟大战役的重要战略。改革开放后"法治"的提出与践行，与经济增长与社会稳定的关系均衡密切相关。这种"路径依赖"决定了作为战略的法治，其功能与价值不能驻足于"纸面的美好"与"想象的崇高"，不能麻醉于"法律至上""法律权威""法律信仰"这些大而化之甚至有些华而不实的大词与口号。行动中的法治战略核心之问在于，未来中国能否走出"历史三峡"，有效化解发展中的疑难弊困，最终实现社会主义的价值理想？这与中国共产党的执政方针，尤其是与法治建设必须坚持实事求是的中国化路径，内质吻合。当"依法治国，建设社会主义法治国家"成为一项宪法制度后，法治研究的政策性愈发强化。在此背景下，对法治战略加以中国语境的法理考察，具有特定的时代意义与实践价值。

多元的"均衡"

本书探究的法治战略，就方法论而言，本身就体现了"均衡"的要求。法治研究必须深嵌于当代中国的发展语境，才不会重复"主流"。总体而言，当今对于法治的探讨，要么以思想、价值、理念为关切，着眼于法治优越性的论证；要么以制度、规范、行动为焦点，倾力于法治事务性的厘清——这两种进路都有其理用，但它们对于当代中国的整体发展未必契合。当下中国处于社会转型的"深水区"，法治建设的过渡特征和救世功能非常明显，某种复杂的法律秩序成为势所必然的选择。在此背景下，单纯的理念呼吁唤醒不了国人对法治长期以来的漠然与误会，琐细的事务研究也改变不了法律实效性匮乏的残酷现状。只有将抽象理论和具像事务有机契合，运用战略思维的判准，在社会发展的螺旋结构中，运用思想与制度的多元均衡分析方法，才能描绘出法治的全息图像，从理念上证立一种新的法治发展观，为法治中国型构解释论的基础框架。

法治均衡战略是本书的论述中心，这一理论问题对于当下中国发展而言，至少具有下述实践意涵：首先，将法律治理与社会发展全面契合，可充分发挥法律的社会功能，对于矫治长久以来法律阶级专政功能过盛，有对症之疗效。其次，通过法律均衡发展功能的整体性发挥，渐趋确立法律崇高的社会地位，有利于法治精神真正为匹夫匹妇吟咏体会。再次，系情"均衡"的法治可以衔接传统中国智慧与现代西方理念，勾连大众与精英的法律态度与情感，避免偏狭的极端选择，沟通理性，凝聚共识。最后，内化为公民生活哲学的法治均衡观，可为一系列制度与文化创新设置路标与指引。

从法治政策的视角看，执政党对均衡发展已经形成了整体规划，但相关法理基础和实践细节亟待完善。中国共产党提出的科学发展观，本质上就是一种以"均衡"为主线的动态治国理念。通过发展治理国家,这是一种新的"能动执政";通过科学发展实现国家富强、民族复兴的"中国梦",这是一种极高明而道中庸的战略思维。从作为政策指引的科学发展观到作为学理建构的法治均衡论,两者应当属于一个相互衔接的思维过程。

法治不是孤立存在的圣物,亦非无所不包的洪宇,它是社会结构下规范体系的理念凝成。均衡的法治本体系于价值、形式与事实的协调整合,均衡的法治功能涵盖文化、规范、社会的系统效用。立法民主和"分配正义"、司法公平与"程序正义"、执法效率与"裁量正义"、守法普遍与"认同正义"都离不开"均衡"的主旨。这一系列的法治"内部均衡"都围绕着当下中国至关重要的战略目标——均衡发展——协调运转。我们也可以这样理解:在当代中国整体发展的螺旋结构中,均衡主轴其实有多条:均衡发展行为的法治主轴、均衡法治系统的司法主轴以及均衡司法过程的权能主轴。本书最后落脚于法治中国的顶层设计,希望国家、社会、公民都可以在均衡的螺旋中找到各自的位置,在发展和法治的场域中形成系统,协调兼容。

从发展观到法理学

本书是一部以当代中国为中心的"发展法理学"论著。事实上,发展观与法理学的关系无比紧密。虽然从概念来源上看,发展观内蕴不可否定的西方性和现代性,但从实质内容来看,对发展问题的理性沉思,贯穿于人类的价值、规范和行动体系,融凝在法理学的历史发展过程中。

从内容上讲,"发展"的要义有三:一是发展的目的是什么。二是发展的主体是什么。三是发展的形式是什么。在发展三要素背后,博弈的是人们对于生存问题的法理思考与价值选择。热爱诗性生活的哲学民族会对发展的理念性、文化性、精神性大加颂扬;而陷于温饱危机的部族、地区和国家可能对此无动于衷,他们更关心发展可能带来的物质改善。即便是同一民族和社群,不同生活取向的人们,对于发展要义的理解也会大相径庭。可以说,发展首先是一个多元主义的概念,它与生活状态的千姿百态直接相关,它是人生哲学的核心构件。

当多元主义的发展观形成某种理念共识,并经由权威国家意志的宣告，便会形成特定时空环境下支配多元主体发展的指导性方针和路线，这种发展理念，可称之为政治性的发展观。它绝非是对"人生发展观"的铲除或类同，它是多元主义发展观的共识凝聚，具有整体化的功能和意义。政治性发展观的基础是个人发展观，个人发展观的高级形态和根本依据是政治性发展观。

政治性发展观的形成，关键在于"发展共识"的达成。除了内部共识，发展共识还包括超越区域、种族等差异的"全球共识"。客观而论，要达成国内外的普遍共识，造就"普适天下"的发展观几近神话，但可以肯定的是，愈接近于普遍性共识，政治性发展观的驱动力和引领力就会愈强劲。

由于政治性发展观需要通过法理的共识加以凝合，故其形态不同于个别性的人生哲学。一般而言，它具有社会科学的导向。现代社会科学需要融为一体，协力研讨发展问题。"二战"后的半个多世纪里，发展政治学、发展经济学和发展社会学的研究范式日趋成熟，相互吸收、彼此补足的趋向日渐明朗，这些都对法理学的发展构成了重构性契机，对传统法学的主题与范式提出了挑战，也为法学的更新创造了难得时机。

传统法理学总是固执死守"法学"的疆域，暧昧地自定为"法学的基础理论、一般理论和方法论"。而法学的性质究竟是什么？科学，还是哲学？前提性问题尚无定论，法理学自然方向不明，遑论自足远行。如果法学的发展目标是社会科学，那么，作为"社科法学"的"理论供应商"，法理学对发展观的贡献应当是"主力性"的，它首先应当是"科学化"。但法理学除了与政治学、经济学、社会学等社会科学关系紧密，与哲学也是"剪不断、理还乱"，与史学、文化学、语言学等人文学科更是须臾难离。试问，如此斑驳多情的法理学一旦科学化，会产生怎样的后果？

为了避免法理学走入科学主义的陷阱，但又要使之与社会科学的一般要求"接轨"，我们不妨转变思路，将法理学从狭窄的科系视野中解放出来，将其理解为介于哲学与科学之间的沟通性学科，一种具有"超学科"性质的综合知识系统。这种新的法理学思维，本书从问题发现、流派融合和知识谱系多个角度进行了论述，并将其初步应用于法治实践的模型设计。

具体而言，首先，法理学应坚守其固有的哲学品性，从个人日常生活的发展哲学视角编织新的法理锦绣，生发出个人化、日常型、生活本位的"发展法理学"。精英与大众有关发展和法律问题的哲理思考，都可纳入此种类型的法理学，其判断标尺以个人风格为重，其价值取向以表达自由为准。其次，在坚守哲学性的同时，法理学还应不断深化内在的科学性。作为社会科学的法理学应当是治国的规范学、强国的改革学、权利的保障学、正义的工程学，其关注的发展问题应当是立基于个人生活的社会公平、世界和平和天下太平的法治之道。在社科法理学内部，存在关乎国族整体发展的多重维度：经济发展法理学、政治发展法理学、文化发展法理学、社会发展法理学等等。这种趋向与现今多维的法律交叉学科颇为契合，诸如法律与经济分析、法律政治学、法律文化研究、法律社会学等。最后，法理学的根本使命在于，有效地将个人日常生活的发展型法理与国族富强和谐的发展型法理有机结合，形成哲学与科学完美融合的均衡境态。如果说近代科学从古典哲学的母胎中孕生，形成了科学的主流范式和支配性后果，那么，现代法理学必须从近代科学的支配性范式中脱茧而出，提升知识一体化的水平，实现对发展问题的均衡解释与战略重构。这或许是一个遥不可及的梦想，也并非本书所能完成的任务，但它的确代表了一种真诚的学术欲念和努力。

"螺旋"的隐喻

本书将当代中国发展视为一种奇特的螺旋结构。必须言明，螺旋只是一个比喻，确而言之，是隐喻。螺旋结构是自然界最普遍的一种形状，DNA 以及许多其他生物细胞都采用了这种神奇的构造。《科学》杂志发表的研究论文指出：从本质上来看，螺旋结构是在一个拥挤的空间，例如一个细胞里，聚成一个非常长的分子的较佳方式，譬如 DNA。这不仅让信息能够紧密嵌入，而且能够形成一个表面，允许其他微粒在一定的间隔处与其结合。例如，DNA 的双螺旋结构允许进行 DNA 转录和修复。当代中国的社会结构与此相似。众多的人口紧密聚合在相对拥挤的空间，信息传递过程呈现熟人社会的"短平快"特征。费孝通先生多年前所说的"差序格局"，不正是如同水面上泛开的涟漪，由自己延伸开去，一圈一圈而成的螺旋纹状？只不过，当初的亲属关系主轴，已然在现代化过程中日渐削弱乏力，取而代之的，是淡化亲缘的法治主义。螺旋结构的结合功能，与社会学所强调的"有机团结"有异曲同工之妙。现代生物学研究已经清楚地证明，核苷酸分子有四种类型，它们按着不同的顺序排列，构成了含有各种遗传信息的生物基因（DNA），基因可以通过合成实现重组互补。通过法治均衡的螺旋纽带，现代社会可以实现国家权能与公民权能的互补，这正是"均衡"的效果。

在战略营销领域，螺旋理论很早就受到了学者的青睐。例如，著名的"广告螺旋理论"认为广告过程可分为三个阶段：开拓（Pioneering stage）、竞争（Competitive stage）和保持（Retentive stage）。所谓开拓阶段，是指新产品刚进入市场，消费者大多不熟悉不认同，此阶段的广告策略必须以功能或用途为诉求为重点。到了竞争期，许多竞争者都推出类似产品，各商家试图瓜分或占有市场，消费者已经了解产品的属性，此时的广告诉求应该改为强调自我品牌特色，以确保市场优势地位。经过激烈淘汰竞争，进入保持阶段后，只剩下几个强势品牌存在，此时广告策略应以巩固本品牌在消费者心目中的地位为要务。

反观法治战略，何尝不具有类似的螺旋特性？在开拓阶段的法治，因为大众的观念陌生和既有习惯的抵制，推广者必须采取喜闻乐见、通俗易懂的营销策略，以功能主义的吸引力拓展法治的市场；当法治为大众接受，"法律多元主义"涌现，国家法治要捍卫权威的品牌地位，必须以"特色话语"确立差异，让消费者自由且自愿地选择其法律产品；在保持阶段，国家法治要更为注重产品细节和服务质量的改善，同时加大创新研发力度，进入另一轮的开拓性螺旋发展之旅。

如果说当下中国正处于法治螺旋发展的第二阶段，那么，我们就必须真正塑造属于自己的"特色品牌"，必须强调法治过程的沟通和知识理念的创新。知识螺旋理论认为，内隐知识是无法用字或句子表达的知识，包括认知技能和透过经验衍生的技术能力；外显知识则是具条理及系统化的知识，因而很容易传播与分享。其强调的知识转换机制包括：①社会化（Socialization），指人与人间的知识分享，内隐知识和内隐知识的交流；②外部化（Externalization），指透过有意义的交谈，具体表达内隐知识，将之转变成外显知识；③整合化（Combination），指将具体化的外显知识和现有知识结合，扩大知识基础，实现知识创新；④内部化（Internalization），指主体学习新知识，将新的外显知识变成自己的内隐知识。知识螺旋理论有助于我们理解法治均衡追求的目标，因为外显的法律规范与内隐的法律理念也需要在社会实践中互动和转化。它尤其有助于解释法治精英与大众知识的均衡：第一，法律人思维与大众观念的社会化沟通，实现内隐知识的深度交流，让法治成为生活的必需和整体的共识。第二，在社会化的基础上，进一步以外部化的具体表达呈现法治的共识，将之转化为具体的法治话语，塑造法治的外显知识，让法治观念真正可知可见、可观可感；第三，将新的法治观与既有知识整合，实现"第二波"的知识创新，这是一个观念融通的过程，必定充满各种争论和不适应。第四，将创新的法治知识内部化，最终潜移默化的结果是，法治生活智慧得以形成，行动中的"实践法治观"得以确立。此种螺旋发展，也非常符合马克思主义哲学的辩证法（见图1）。

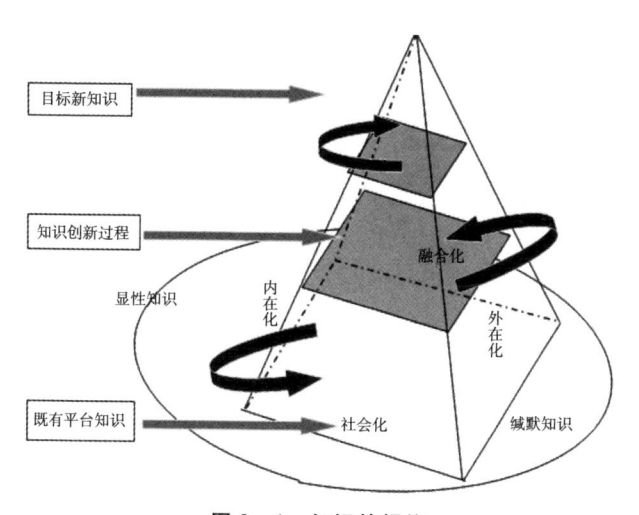

图 0 - 1　知识的螺旋

就当下中国法治的战略推进而言，大众与精英的观念整合和行动协调，已成为至关重要的问题。随着大众社会和互联网时代的到来，法治的正当和权威面临着强大的"话语危机"。层出不穷的"网络公案"，对司法公信力提出了严峻挑战。如何确定和解释"民意"，成为均衡型法治能否发挥实效的关键。

"沉默的螺旋"理论认为，如果人们觉得自己是公众中的少数派，他们将不愿意传播自己的看法；而如果他们觉得自己的观点与多数人一致，则会勇敢表达。媒体通常会关注多数派的观点，轻视少数派的观点。于是，少数派的声音越来越小，多数派的声音越来越大，形成一种螺旋式上升的模式。当下互联网法治话语传播中的极化现象，正是此种沉默螺旋的表征。打破沉默螺旋的要津包括：①个体克服孤立感的困扰，对自我观点的合理性具有充分的信心，这需要法治具有足够的社会化程度；②大众媒体不是唯一的意见表达途径，其承担的功能趋向于生活化，而非政治化；③中坚分子的功能发挥。在沉默的螺旋结构中无视孤立威胁的人，被称为中坚分子。他们是一群愿意为自己的公开言论付出代价的人，这些特立独行的人通常与主流意见有所冲突。这些问题本质上都与法理均衡密切相关，需要置于新的法律理论加以重新认识和考量。

通过"螺旋"的隐喻破解，本书将告诉大家：法治不是我们通常想象的那般泾渭分明内容单一，不是一句限制公权的口号就能概括的。在"X射线"的透视下，法治的结构或许并不复杂，可以通过简化的模型加以仿真演示，但其内在的均衡机理极为复杂，甚至无法用纯科学的方式叙述，正如科学家发现了DNA的双螺旋结构，却依然没有清楚阐释其复杂的分子联结互动机制。本书同样也没有完成对法治均衡螺旋的微观机理分析，只是对宏观的结构进行了初步的理论建模，诸多细节尚需进一步探讨和完善。

思路与架构

基于上述问题意识和理论考量，本书以"法律与文学"的手法开篇，从虚拟对话引入法理本体的讨论，站在"常人方法论"的视角提出"法治均衡"的现实问题，并进行了前设性的理论反思。为了检验预设，第二章从法学流派的发展与融合视角，重新梳理了"均衡法学"的脉络，从法律本体论和方法论的视角进行了全方位的分析。为了弥补总体性理论考察及单纯学术家视野的局限和不足，第三章以"理念深描"的系谱学方法，对哲学先贤、法政精英的相关思想进行了透视、比较和总结。从亚里士多德的《政治学》到孔子的《论语》，从西塞罗到培根、孟德斯鸠、施密特，从美国的建国者到新中国的缔造者，他们的诸多论述都包含着法治均衡思维的宝贵因子。通过学说思想史考察，我们发现，法治均衡理念不仅具有普遍的基本共识，而且富有深厚的本土基础，值得进一步勘察、开掘转化。循此思路，本书第四章启动了重新发现"法治中国"之旅，从全球化背景下的世界法话语中推究出中国天下观的影响，提出了法治国家建构的均衡使命，并结合中国大历史完成了对法治中国均衡进程的宏观描述。之后，本书在"外均衡"与"内均衡"的双层螺旋结构中，展开了对"法治中国"战略进行了一系列的制度分析。从外部来看，首先明确了中国法治在全球化背景下的战略定位，继而从政府、国家、社会均衡的整体视角规划法治的发展功能。从内部而言，法治过程中的立法、行政、司法等环节都要齐头并进、协调一体，并在各自的制度过程中围绕均衡的主轴运转。

本书制度分析的重点在于"法治的内部均衡"。第五章以法律体系为中心，建构了应然的均衡战略图景。第六章以行政规制的成本收益均衡为中心，详尽谈论了均衡分析的制度意义和技术要点。第七章围绕当下中国司法改革的顶层设计，提出了具有可操作性的均衡模型，并结合网络公案引发的民意问题做出了更为具体的思维流程设计。最后，本书以法治中国的顶层设计作结，期待未来中国的全面深化改革能够在国家治理体系现代化的进程中取得实质性突破。

| 第一章 |

法理门前

第一节　虚拟对话

一　"法理"为何

甲：我自命聪明，但你若问我"法理"为何，还真不知如何作答。法理仿佛人的情绪，飘浮不定；法理又像神之理性，脉络鲜明。诗曰：白云停阴岗，丹华耀阳林。何必丝与竹，法理有清音。

乙：我不太明白。

甲：这么跟你说吧。法理譬如，哦，譬如你面对强盗的惊惶，路遇旧爱的失措，鼻息尘埃的微微不适，口含薄荷的阵阵清凉。法理蛰居于人的心灵，经千载难朽，历万世不衰。它是宇宙的灵光，连接神圣和世俗的两岸，沟通此界和彼界的群山。它大象无形，大音希声。它只能体悟，不能言说。

乙：你说得不像法理，倒像佛理。

甲：正是如此。法理一旦用言语表达必然失态。何况我根本不懂法理。像你一样，我也是个过路的门外人。对法理的奥妙，我一无所知。我生活在远离公平、正义这些大词的偏远江湖。

坦诚地说，我是一个崇信实用的世俗之人，用现在时髦的话说，是一个"理性经济人"。

在我心里，"法"算什么东西？"理"是什么玩意？不能吃不能喝不能用，连说都拗口。法理，怎么听都像"罚你"。"不交钱，小心老子罚你！"——这样的狠话，卑微的我们听得还少吗？

大多数人得"虔诚"地生活：关心每月赚多少白花花钞票，忧心仕途的黯淡，若有余力，再考虑考虑老婆、情人、孩子、亲朋好友的疑难杂症。还得烦心乡下那帮亲戚，他们似乎永远不懂权力的逻辑，总认为 Power 可以无条件为他们运作。

乙：是啊，有些人手里的那点小权，其实是没有签章的无效支票，永远要乞求神灵才能兑现一点点。

甲：咳，也许，造物主根本就没造出什么"法理"，一切都要到"现实利益"这个母体中去二次孕育。

乙：法理对老百姓来讲，的确没啥用。就像时下流行的"苹果四代"，可以给他们以新生活的幻念，却无法让他们切实得到所谓"E 时代的在线享受"。因为他们买不起，或者买得起用不起，再或者根本没有使用手机的通信需要。法理，正如你言，在老百姓听来，怎么都像"罚你"，闻之丧胆，谁还愿仔细琢磨其中的道理？一介村莽，平日老老实实，不说半句出格话，不做丁点越格事，成天忙忙碌碌，为生计奔波，一辈子就没想过什么法律，也不愿见什么法官，凡是与"法"字有关的，他们都警惕，唯恐一不小心沾上了霉气。所谓"吾日出而作，日入而息，凿井而饮，耕田而食，帝力王法何有于我哉！"他们凭良心做事，如果良心也算法理，他们总算与"法"沾了点边。

甲：你说出了一个很重要的奥秘。

乙：什么——奥秘？

甲：你不觉得，法理与法律有些不同吗？法理要比法律高远辽阔。法理正像一阵风，法律好像随风飘摆的万千柳絮，有规则地运动。法理可以纠察法律的偏失，正如风可以调整柳絮的飘向一样。换个比方，法律总是刚硬的有形规则，难免给人粗暴冷血的恶相。而法理却是一种潜藏心中的珍贵情愫，运用它可以弥补法律的许多缺憾。

乙：可这样的法理也太虚幻无形了呀？

甲：你又说对了，问题的答案就是这四个字：法理无形。法理没有固定的载体，它灵逸自由、到处飘荡。它是个云游四方的僧侣，无时不在启用毕生的智慧，劝诫满世的俗子皈依终极。

乙：我还想问一句：法理无形，法律有形；法理有情，法律无情——在这"有""无"之间，难道没有一种媒介来沟通吗？有，它是什么？没有，它们又如何交互影响？这可关系到我们谈话的根本啊！

二 "司法"新解

甲：我想了个通宵，瞧，眼睛都熬红了。这样回答你吧：你所问的那个媒介，很可能就是"司法"。你想想，"司"在汉语中有"主管、掌管；主持；操作；经营"之意，"法"从词义上既包括"法律"也包括"法理"。因此，司法有两个基本类型：一为法律司法，一为法理司法。前者是我们通常所说的国家司法机关操控的权威司法，所谓"依国法裁断"；后者是我们日常不怎么觉察但又时时存在的个人司法，所谓"凭良心办事"——它们的交叉影响就形成了法律与法理的互动机制。

乙：你的意思是："司法"概念要拓展，不能简单将它理解为国家的附属，它也可能是个人的私密。这种广义的司法通过某种机制将法理和法律统一到"法"的旗帜下，使有权者和无权者都平等地分享法治的福利。每个人都成为司法者，拥有共通的法思法语。这样，国家和个人粘为一体，法治与社会亦契合无间。

甲：正是这样。我坚信，棍棒底下出孝子，强权头上生法律。没有强权，法律作用无从发挥，它既没有斗争的对象，也缺少推进的动能，只能在空望郁叹中消磨余生。这样的法律，是混事的主儿，压根就不应把它"生下来"。法律的诞生，必须有强力的敦促，在痛苦中呱呱坠地的"法"，才算分娩正常。我生也有涯，知又有限，从未听说哪位孕妇哈哈大笑生出娃儿来的。法律的生长，需要刚直的环境。在法律的周围，有许多坏孩子。政治的罪恶，经济的短浅，文化的偏执，甚至宗教的狂热，都是带坏法律的肇因。法律必须刚直，以刚直之法为核心构件的国家才是有希望的"有道之邦"。国家和法律都要以刚直的理性为准据，严格、规范地体现出规则之治的精确性和几何美。法律的面貌，应当清癯健朗、刚坚直率，给人"天行健，君子以自强不息"的力道，使人见法如见慈父，既惧且亲，敬爱交加。

法理则不必如此。它的力量在于"柔"，像水一样，顺势顺时顺万物，全顺。它的功用在于"补"，像布一般，补天补地补裤裆，都补。对于它，我们不用担心亏损和枯竭，只需防范堵塞和污染。"防民之口"就是堵塞法理之水的正常流淌。"乱人心性"就是污染法理之布的日常清洁。我们要留意，法律和法理只有在某种介质、某个场域、某套住宅中才能同床共枕，不然它们就会习惯野合或者干脆离婚——没房子，就没妻子。这个房子就是刚才说的"司法"。司法是一种均衡国家和社会的场域。可现在"依法治国"单面化，唯"国法"是尊，司法体制也严重国家化，法官以行政官僚自居，唯我独尊，谁愿低下高贵的头颅，服膺一介匹夫的内心法理？这是不是"人治"？单凭法律司法，算不算完整的"法治"？这些问题都值得寻思、体味。

乙：权力至大的治理，我们通常叫"人治"，其实是"权威统治"。良知至大的治理，我们一般叫"德治"，其实是"道德礼治"。法律至大的治理，我们习惯叫"法治"，其实是"律令规治"。如此看来，我们倡导"要法治，不要人治"，其实是既要"法治"，也要"德治"，甚至有时候更紧迫地需要"德治"。

甲："德治"也好，"法治"也罢，它们都离不开司法正义机理的支撑。所以，司法之人必须审慎。尤其是法官，他们代表国法的权威，不仅要守好自己的法理大门，而且要洞察当事者、涉讼人的心性结构，同时还得探究法律的真意，避免模糊裁断。有时候，尽管情愫万千百感交集，还必须保持冷静的外观，从形式上维护法律刚硬不阿的质地。这是多么需要同情和理解的事业啊！法官职业的高难度就在于两种"法"——法律和法理——结合不易。

乙：在一般人看来，案件处置的最佳境界是合情合理合法。如果我是法官，我会先严格依法律的形式逻辑推断，能推出准确结果，就不要牵扯法理问题。那只会把清楚的搅糊涂。可许多纠纷，法律并不能机械化处理，因为当时制法之人多无先见之神明，甚至连基本的语言表达都没过关。这时，我就会对法律加以理论化的诠释。此刻，我个人的法理取向就显得异常重要。除此之外，许多社会法理因素也会"乘虚而入"，比如当事者的实际背景、法庭表现、个人品质等诸多信息都会一齐涌进我的视野。在信息甄别的过程中，我会依据自己的法理取向，选择一些、否弃一些、修改一些、覆盖一些。这样，自己的法理结构难免也会受到外界的冲击，出现微调或剧变。最现实的是，我还会受到院外舆论及政治纪律的规限。案件宣判后，等待我的是长期的忐忑不安：生怕被上级法院驳回或改判，或者被传媒揪住了小辫子大做文章，或者无意间触犯了某个大人物……一系列的事后反应在等待着我，考验着我。我在等待和考验中衰老——头发花白，双目混浊。终于有一天，我透过厚厚的老花镜看到了自己的灵魂——我醒了，但太迟了。

甲：是啊！司法过程凝聚着无数人的法理灵魂，太玄了，玄得让人头晕目眩意乱神迷。把握它太难了，难得让人百年磨剑欲试还休。即便没有法律，世界照样纷扰。法理长存，横亘古今。我们生活在法理长空的荫庇下，欣赏着一切有形的美好，而渐渐忘怀曾经的虚无。如若希图法理的天堂，你就得就学夸父去追阳光的尾巴，学堂吉诃德去斗风车的幻影，可，你敢吗？你行吗？

三 "法治"之难

乙：我不敢，因为我怕，怕人生的脆弱；我也不行，因为我不能躲避，躲避世事的无常。但，我不怕聆听命运之神的心曲，不能不探究法理洞穴的内在神秘。

我有个乡下亲戚，平时沉默寡语、行为规矩，不知为何突然被抓进了监牢。原来，他帮一个老乡讨公道，参与绑架一个工头而犯事。他的那个老乡很惨，在被工地上的机器搅断了腿，截了肢，老婆带孩子跑了，工头眼看着医药费一天比一天高也溜之大吉。他几次自杀，都因为农药有假，没有死成。大伙实在看不过眼，就帮着满世界找人，"缉捕"那个不讲道义的工头。终于有一天，工头被他们逮着了，可这又成了"绑架"。他们大部分都被判了有期徒刑。他们曾跪着求我帮忙。我说，俺能有什么办法呢？犯法就是犯法，法不容情啊！下次注意吧。

"下次，还有下次？"那个断腿老乡恶狠狠地仰头瞪着天，吃人般地咆哮，"老子出来后一定要宰了那些狗东西！"

甲：唉，照我看，法理的阳光就在你我身边。老百姓拿道理说法律，不同于精英们用法律讲道理。老百姓对法律的理解源于民间传统，参照习俗和自然，透射具体的喜怒哀乐，反映真实的人间百态。可有些士人或不知晓或不认同或既不知晓也不认同这些"私法"和"说法"，热衷于构建文字上的宏伟立法，编织理念中的科学律法，宣教全民，美其名曰"移风易俗""法制现代化"。

其实，真正的法治，并不像书本上宣传得那样齐整划一，从上至下秩序井然。在某种意义上说，法治不完全是法律至大的统治。法治，应当是均衡法理的共治。法理不要求至大，只要求均衡。老百姓有自己的法理，精英分子有自己的法理，不同的阶级和阶层各有自己不同的法理。法治的理想状态是：大家共享一种均衡的法理，达成共治的愿望。因为均衡，法理面前可以实现真实可信的人人平等。因为共治，法理系统又不会四分五裂互相倾轧。法律调控人的行为，法理掌管人的心灵。你能否认一个人思想与心灵的神圣与独立吗？你能将自己的意志无条件地强加于人吗？你能暂时剥夺一个人的肉体存在，但能因此一劳永逸地剥夺其精神和灵魂的扩散与永恒吗？你不能，我不能，大家都不能。法理独立是既成事实，法律平等是理想境界——法理共治则是取材于现实和理想双料精华的中庸之道。真正的法治或许就是这样。

乙：你的话太抽象，我不大懂。我没念过大学，高中只读了一年半就辍学回家。我在放牛、耕田、打禾、插秧的时候常常想，为什么不离家进城打工赚钱，运气好说不定还能成就一番大事业！但不知为什么我总下不了决心，离不开这片熟悉的土地。我不愿肉麻地讴歌它，说什么眼里总含泪水，因为爱得深沉之类的酸话。说真的，我一点也不爱这个地方，但总是舍不得它，因为它的熟悉给我以安全感。我恐惧陌生，害怕挑战。但最后我还是随"盲流"涌进城，抛妻别子成为光荣而又备受冷遇的城市边缘人。结果我还是因"生活在别处"灰溜溜地逃回了老家。我逃，因为敏感的我承受不了城乡巨差的心理压迫；我逃，因为脆弱的我忍受不了四面八方的怪异目光。我从乡下逃到城市，又从城里逃回乡村，在一个世界的阴阳两侧来回逃离。

终于有一天，我开始明白人生的道理。我开始心平气和地经营自己的"活法"。我也像你一样，自认为聪明，很快搞出了一些土方法，虽称不上天才的发明创造，但对种地、养鸡、喂鱼有效极了。我富了，在外人眼里，简直流油。我大腹便便，一家人也跟着胖起来，就连三岁的小儿子也提前长出了胡须，因为发育得早。

村里人都说我变了，不再像从前那么谦恭可爱了。于是大家联合形成决议，以村民代表大会的名义收回承包给我的果园和鱼塘。他们说，这是全村的公决，具有法律效力。我无话可说，只得乖乖地交出了沉甸甸的果园、肥油油的鱼塘。"真是个窝囊废！"媳妇天天骂，可我自己另有一番想法。

没有了果园、鱼塘，我全身轻松。晚上可以尽情地钻研康德、黑格尔。我觉得乡亲确实在帮我：帮我摆脱繁重的农活，帮我重温旧时的功课。他们瓜分我的果园和鱼塘，我觉得应该。

但我媳妇并不这么认为。她是个摩登的乡下女人，有股当代秋菊的蛮劲。她先是上访，后来竟找了个律师打起了官司。这不是为难法院和乡亲吗？我劝她，她不听。打她，她不服。竟要连我一起告。真没办法，现在男女平等深入人心，法制观念家喻户晓。可我最没想到的是，这个官司她竟打赢了。在乡亲们怨愤的目光中，我收回了果园和鱼塘。但不知为什么，鱼老是无缘无故地死，果子也挂不上树，刚长出头就不见了踪影。

我只好再次逃离。这一次我选择了郊区。这是城乡接合部，但这里更乱。乡下人用卖地的钱装成城里人的模样，成天东游西逛打牌搓麻，嘴里不是骂骂咧咧，就是"我总是心太软、心太软"。说他们丢掉了千百年祖宗传下的良知与美德吧，似乎有些过，但我的确瞧他们不顺眼，见了就来气。尽管我们都是苦出身，但我真不屑与他们为伍。至于生活在这里的城里人，他们大多是挺有钱挺懂得养生之道的主儿，更是瞧不起这些暴发的乡下人，用嫉恨外加鄙夷的目光扫射这些离土不离乡的怪物。这里经常发生凶杀大案，有些简直可以拍成卖座的恐怖电影。虽然我没遇到，但已被吓倒。我怕死，非常怕，真的怕。

我该到哪儿去？你不要告诉我，到你该去的地方去。那样，我只能去死。每个人不都会死都该死吗？但我不要死，我要活。

这是不是法理？法律是不是该服从它？

甲：你的这些烦恼完全可以靠法律解决，与关涉众生的法理大道并无牵连。你知不知道，国家有一部法律，叫《农村土地承包法》，规范的就是你这种情况。你被乡亲嫉妒、误会，也是因为他们像你一样不懂法。你呀，太软弱，难怪老婆骂你是窝囊废！

我有个朋友，老婆被人杀了。警察凭他衣领上的喷溅型血迹外加福尔摩斯的推理，断定他是凶手。面对检察院的公诉，法官觉得很为难，因为该案有很多疑点，单凭那点血迹不能定杀人罪，况且他的"犯罪情节"特别严重，如若定罪必死无疑。但当时的法律遵从的是"疑罪从有"的诉讼原则。法官只好"变通"地判他死缓，后又减刑为有期徒刑十九年。他老婆娘家的人不干了。他们拼命上访、告状，要替女儿申冤报仇。他们心中的法律就是"一命赔一命""血债要用血来偿"。朋友的家人也不服，四处奔波为他喊冤。在双方的喊冤声中，我那可怜的朋友平静地在牢里待了十几年。终于有一天，一件盗窃案牵扯出了当年真正的杀人犯。朋友的冤情这才算真正大白于天下。可他出狱干的第一件事，你猜是什么？他竟拎着好酒好烟去感谢当时判他死缓的那位审判长法官，说，要不是他自己早就被毙了，还谈什么洗刷冤屈？

我后来骂了这个朋友：还送烟酒，按理，这是个错案冤案，你应该把当时主办此案的公安、检察、法院有关人员全告了，申请国家赔偿，不然就没完没了。你猜什么着？我那朋友和你一样，窝囊废一个，苦笑了一声，说：哎，罢了，这命保住都不错了，我算看穿了！

命，命，命真有那么重要吗？

中国那么多古话都说，人固有一死，别怕死。你也说了，每个人都会死。人，本是造物主的恩赐。人来到世上，本不是为了享乐而是为了赎罪和还情。为谁赎罪？为自己赎罪。还谁人情？还上天人情。我不是有神论者，也反对唯心主义，但总感到有一种冥冥的力量在操控着人类。这种力量，有人叫它"上帝"，有人叫它"自然"，也有人叫它"老天"。叫什么都不重要，重要的是，人一旦臣服于这种冥秘，必定变得谦卑隐忍服膺规则。这或许就是法律信仰的法理原型，可太多的人对此漠然处之，仿佛自己的命比天还大。

对了，你们农村不是很迷信吗？照我看，有些风俗是有道理的。对上天的敬畏，是珍贵的法理资源。不能不加辨析地将一切风俗都斥为封建迷信。打着法律的旗号挖别人的祖坟办工厂，拆人家的祠堂建小学，这既有损法律的权威，更不合法理的大道。

法律的本意或者说本来面目，我们除了客观认知，还可以推测想象。这些推想也是我们心中的法理，相对于那些汪洋恣肆的"法情理"，这种"法推理"更局限，更有针对性。法治难就难在，这些私密的个人法理如何才能有效表达相互沟通形成公共意见。中国这么大，十里不同风百里不同俗，地域、民族、经济、文化差异都不小，如何才能落实法理共治的美好构想？

四 共识图景

乙：你不懂我的苦衷。你没生在农村，你也没尝过饥饿、绝望的感觉。你真实得像个孩子，可也幼稚得很。你说生命不重要，因为你没上过血肉横飞的战场，没听过妻离子散的悲号，没闻过尸体烧焦的煳香，没尝过泥浆黄土的粗涩，更没摸过乡下女人的横肉。你的生活限制了你的思维，扭曲了你的观念，伪装了你的理性，欺骗了你的言说。你还无心侮辱了我，骂我是个窝囊废。其实，这些都无所谓，最让我不能容忍的是你竟然想把活生生的法理圈养在法律的自留地。一方面，你说法理无形，神化法理；另一方面，你又钟情法律，虚化法理。我当然不否认法律的作用，但有些时候法律根本不管用、不能用！

什么上帝，什么老天，什么自然，不过都是些现代的封建迷信。亏你还是大学毕业，竟相信这些东西！我家的祖坟和祠堂都被村里挖了拆了，可我觉得公平合理。为什么？因为大伙和我一样，一声令下，该挖的全挖，该拆的全拆，村主任也不例外。老百姓就服这个。你设身处地想想，现在农村人多地少，不铲不挖，哪来的肥池良田，哪来的小康之家？

你呀，只会骂人，也不先责己。你那位朋友经历了死亡的考验，对生命的感情还不比你深厚真挚？你站着说话不腰疼，人，连命都没了，还谈狗屁的正义、公道？

人，最宝贵的就是生命。因为生命虽不仅仅包括身体，但身体是最基本的生命。外在的皮肉包裹着内心的灵欲。皮之不存，毛将焉附？体之不存，神将焉附？身体是灵魂的守望者，灵魂是身体的调控器。你有权处置灵魂将它出卖给撒旦，但你无权处置身体，把它廉价地交还给黄土。你并不是你，你的生命蕴含着人类的玄机。因为，你的身体并非属于自己的创造。你能拥有的，或许只有你的灵魂。

甲：你大概是误解了我的生命观，也误会了我所有的"骂"。很多年前，大概六岁时候，有个瞎子为我算命，说我日后定能"赛过诸葛亮"。又过了几年，另一位算命先生说我一生命定"竹篮打水一场空"。幼时的我很迷惘，为什么两个"命"如此不一致，前一个那么好后一个那么孬？现在我明白了：一个人的命运一半是实用一半是虚无，实用在前，虚无在后。实用会指导人向上攀登，追名逐利成就事业。虚无会教育人向下俯视，看透红尘烟云不过是大梦一场，终会幻灭。这两种命运并行不悖，交错盘踞在人心深处，构成了两条基本的法理规诫：第一条是相信生命的恩赐就在前方，珍视生命奋力向前；第二条是不要为一时的生趣迷恋俘获，害怕死神的垂临，拒绝向那个美丽的空无行上一个深情的敬礼！

你不相信法律中心主义的法理，这不要紧。因为，如你所言，你的经历、感受限制了你的思维、言说。但你不能不相信必然性。我说的冥秘力量指的就是"必然"。一旦不相信"必然"，人就会走向灵魂和肉体的虎狼相斗，最终不是灵魂消灭了肉体，就是肉体杀死了灵魂。你看看，那些跳楼自杀的人，他们难道不热爱生命吗？可为什么放弃身体？你再看，那些卖色赚钱的人，她们难道不珍惜生命吗？可为什么会舍弃灵魂？这一切都根源于人心结构中"必然"的缺失。在偶然的现实与偶然的理想之间若缺少某种必然的调和，必定会水火难容，发生个人悲剧。个人之悲一旦形成气候，势必变为集体之悲、民族之悲、国家之悲、社会之悲、世界之悲。

我觉得，法律的刚性可以成为一种确定的平台，供人栖息游玩。但它也有内在缺陷，钢筋混凝土建筑虽然坚固，但毕竟少了些柔美风韵。法理的注入，就可以使这种建筑既适于藏身又适于养生，成为人类梦寐以求的仙境与天堂。

法律与法理应当结合为一种必然。法律的本质是一种预期。法律的精神就是法理的希望。一个人只要尚存一息法理的希冀，就会为法律的正义奋勇战斗。哪怕这种战斗会导致家破人亡，也要坚持，坚持就是正义！

我敬佩那些认死理的人。他们上访、告状不是自寻烦恼，而是在尽义务。这种义务，我们可以称之为"守法"，也可称之为"护法"。总之，他们在用自己的牺牲刺痛大众的良知神经，呼唤人们的法理觉醒。他们的命运不能视为悲惨，要将其看作壮烈。

如果你是个单单追寻快乐的人，我这话算白说。但无论怎样，我都要告诉你，人是一种很奇怪的生物，他不仅接受快乐而且"向往"痛苦。有时候，痛苦更能强化人们的记忆。所以，我们印象最深的不是某次快乐的Party，而是一次意外的车祸；不是某张乐滋滋的笑脸，而是一声扯人心肺的号叫；不是某副优美颀长的身材，而是一具烧成焦炭的死尸。它们不能为你带来短时的快乐享受，但可以带来强烈的感官刺激。这种刺激不能通过商业化方式买卖，成为标价的娱乐。因为我们应当怀着虔敬面对痛苦，而不是将其视作休闲的材料。

所以，我尊重你的痛苦，也尊重你的观点。但我还是认为，离开了法律的法理太无形太无用，它永远只能无根地飘荡，成为不确定的阴雨天气，徒增人们的烦恼。

乙：你有你的苦衷，我有我的痛苦。虽然大家都是门外人，可不是一路人。你已深深嵌入了这个社会，我则是一个无根的游子，既不属于城市，也不属于乡村。我只属于自己，只属于你说的那个"必然"。我感慨人生并非因为我对人生多么不满。我对自己这辈子很满意也很满足。我想通了很多道理，这些道理说不清楚，但这丝毫不妨碍它们在我心中的完整和清晰。孔子说：朝闻道，夕死可矣。我也有这个感觉，因此对命运很淡泊。

但这丝毫不改变我怕死的本性。我害怕死亡畏惧痛苦，总幻想有一天会出现柏拉图的理想国，康帕内拉的太阳城。在这一点上，陶渊明不如这些西方人，他太小家子气，只能构想一个实现了共产主义的小村庄聊以自慰。毛主席气魄和手笔都不小，只可惜小人祸国，办砸了。现在我们又有了新的社会蓝图，那就是报纸上大黑体的"全面建成小康社会"。总之，希望一个接一个。如果法律本质上是一种预期，希望变了，它能不变吗？法律不就像那十五的月亮，人走它也走吗？但我以为，变与不变总是相对的。变的是法律，但不变的是法理。法理是法律背后的参照系。它不能变，变了就会毁坏根基，比挖祖坟拆祠堂后果严重一百倍。

我认识一个经历过许多风雨的生意人。他什么都不怕，就怕大盖帽。他说，一看到这些人就会不由自主地想坦白自己最近几天做的亏心事。可这些人对他的坦白毫无兴致，他们只管收费、罚款，完了像教育儿子一样训你几句，但总也不愿听我这位朋友的"真情告白"，大概他们压根就不信这世上还有所谓的真诚。因此他特苦恼。有一次他买了一顶大盖帽，要我戴上，装作警察或者工商税务人员的模样，听他坦白。我怀疑他心理有病，于是介绍了一个心理医生为他疏导。没想到，这厮竟上了瘾，隔三岔五往诊所跑，以致他老婆怀疑他和医生有情况。后来调查发现，那是个男医生。于是又怀疑他是同性恋或双性恋什么的，非逼他作医学鉴定。其实，他啥病没有，只是有点倾诉癖、坦白癖，极端渴望把自己的痛苦向某种权威的化身表达，以营造内心的宁静。在他眼中，法律不过是大盖帽、红袖章这些符号，内心的宁静才是最真实的企求。这正是法理的祈求。也许有一天，法律会变得连人心都过问，无微不至。但它带给人的反应永远比不上法理的终极和辽远。法律看重的是行为的后果，而法理却着意心灵的反应。有理想上的，有理智上的，有推理上的，有情理上的，这些反应都是法理反应，而非单纯的法律后果。

你说人会"向往"痛苦，这样做会不会让痛苦越积越多？我担心，一旦人们都去追求痛苦，这世界还会有希望吗？痛苦是可遇而不可求的偶然，幸福和快乐才是可遇而又可求的必然。心灵的满意与满足或许正是人类至上的幸福法则。

甲：我想问你三个问题：第一，法理能脱离法律独立存在吗？这世上究竟先有法律还是先有法理？第二，法理如果仅属于个人，那还要国家干什么？一人之治能叫法理共治吗？第三，痛苦和快乐相对立，如果痛苦只是一种偶然，幸福会成为一种必然吗？偶然和必然可以并列吗？

在你回答问题之前，我先讲个故事。

从前，有个小乡村，村边有条蜿蜒的小河流过。河的两岸种着香花毒草，药用价值不菲。每到收获季节，全村就会沸腾。因为它预示着希望。可偏偏有人打碎了希望。他引来了土匪，抢夺了花草，霸占了良田，玷污了女人。男人们则被土匪用皮鞭抽打，当作奴隶猪狗使唤。村民的旧希望破灭了，新希望又产生了：赶走土匪，哪怕是没了烂命、毁了良田、杀了妻女也要让他们尝到破坏后一无所有的苦头！男人们解决掉家室、准备好武器、推选出首领、安排妥当计划后，可总觉得还差点什么。差一面旗帜，有个聪明人提醒大伙。于是男人们杀掉村里最后一只名叫"拿破仑"的大种猪，祭起一面鲜红的大旗。因为大家都是文盲，只好在旗上画一个大红圈象征圆圆的上天。

土匪们的凶悍在男人们的杀喊中褪色，变成了怯懦。男人们终于战胜了土匪，并将那个引贼进村的叛徒千刀万剐煮为人羹。报复之后，男人们发现自己其实一无所有，无妻无田茕茕孑立。他们开始互相埋怨你争我斗。有些逃离了村庄，到外面做了土匪打家劫舍。有些重新抬起那面猪血大旗反对首领专制，二次革命。最后，全村只活下了一位老人。他四处逃窜左右逢源，终于保住了性命。他就是我的老太爷。他只说起过那条小河，那个美丽的收获季节，香花的香气，毒草的毒劲，土匪的一声枪响。关于村庄的其他，就连村庄的名字，他也不愿言讲。因此，我的祖籍只好填作"乌有乡"。

乙：你的三个问题，对我而言，都很虚假。它们都是你内心的臆造。你的"乌有乡旧事"也很老套，我不会为之感怀。但我还是礼尚往来，先还你一个故事。

在一个清冷的夜晚，一个醉酒的人从一个很高的地方跌落，全身没受一处伤，只是脑子从此以后不再清醒。他总是说胡话。他分不清过去、现在和将来。当他清楚一个问题想把它说出来的时候，他会觉得这是过去的场景，答案已人所共知没必要浪费唇舌。当他迷茫于一个未知的悬疑，他会觉得现在就有必要把答案告诉各位，但怎么说也说不清。当有望说清的时候，他又产生了幻觉，好像回到了昔日的群智时代，所有这一切问题与答案都很荒诞，都不值一提。于是在被期待中坚决闭上了嘴巴。他分不清抽象的时间，可大脑出奇地对机械的几分几秒极端敏感。他就像一台人工机器，能随时为你播报北京、巴黎、罗马、多伦多等世界各地的准确时间。他很快出了名，电视台请他上节目，报纸为他做专访，就连吉尼斯世界纪录也要收他入榜。他对自己的表现也很满意，觉得堕落真是一件好事。就像那次跌落，若不是站在一个很高的地方怎可能迅速堕落？若不是及时堕落又怎可能迅速成名？

讲完这个故事，让我再来回答你的问题。首先，你问法律与法理孰先孰后，请你去问那位时间奇才，他会让你满意；其次，你说个人法理与公共国家有矛盾，其实，那是你想当然的偏见。个人与国家本来就是同体同构的生命组合，个人由细胞组成，国家由个人组成，个人是国家的细胞，国家是仿照个人结构的机械模型。个人与国家之间并没有矛盾，有矛盾的是个人与个人，而这正是需要国家的理由。最后，你说偶然与必然不能并列，在你意识深处，一开始就赋予"必然"以神性的光辉。你试图压低"偶然"的地位来抬高"必然"。殊不知，离开了偶然的痛苦，何来必然的幸福？偶然和必然难道不是一对连小学生都知道的并列反义词吗？

甲：你的回答令我愈发疑惑。毕竟，正如你言，我们是不同路的门外人。但铁轨也有交叉处啊！何况我们两个大活人，并且同是探讨一个大问题。让我试着说说咱们的共识。

你认为，法理是法律之母，它无处不在，随时起作用，无时不反应。因此，一个人应当遵从它，自然地生活，不必刻意在乎法律不法律的，因为法律必须服从这些法理准则，比如珍爱生命、求乐避苦之类。其实说白了，你是主张个人自治，走自由主义的老路，你关心的只有自己，更准确地说，是自己的心灵。并且，你希望别人也像你一样，只关心自己的心，用心御身，达到身心和谐，生活自然。这真是美好的自由境界啊！可要达到这种自由境界，就不可避免地要求适当的强制，这就是法律的功能领域。只有法理之树生长出的法律之果才是无毒的绿色食品，是这个意思吗？

你没反对，表示你默认了。那我接着往下说，轮到我的观点了。

法理是一种私人活动，在一个个私人空间中萌生、成长、冲突、消亡。但法理不可能永远这样深居心宅，它总会有爆发外显的时候。就像无形的空气总有一天会形成气流刮起旋风。当法理突破私域，以身体行为影响他者的时候，就会受到一种规则力量的约束，那就是法律。法律可以指挥个人行为的来去方向，会惩罚违规者、保护无辜者，会让大多数人的法理继续蛰居心房安适栖息，平静而又充实地来来往往。在这些法律之中，有的是新颁布的条令汇编，有的是早已有的习惯串联，有的源于本土，有的来自异国，有的写成文字刻在大理石上，有的化作默契，镌于个人心头。遵守法律，就像你对家乡的感觉，既谈不上爱恋，也谈不上怨恨，只是觉得有一种熟悉的安全感，习惯成自然，自然育感情。当服从法律成为一种公民的内在情感，法理的共治就具备了坚实的基础。拥有法律的时候，你不觉得它可受；一旦失去它的管理与规范，你就会感到缺它不可。没有法律的奠基和规制，无形的法理就会成为暴虐的空气，随时都会形成可怕的龙卷风。法理是法律之母，这种说法太片面，添上一句，法律是法理的保护神，似乎更妥帖。

乙：你说我是自由主义者，如果不带政治色彩，我承认。自由，谁不向往？只不过，法律老是干涉人的自由。你我都不是法律界人士，不知道法律的内幕，没资格谈法律神圣、法律至上之类的空洞口号。但你我都有一颗心，都热爱自己的心灵，因此有条件谈法理自治、个人自由。有人说，法律不过是强者对弱者的约定，承诺幸福最终还是为了收获利益。这话有道理，不仅如此，法律还有可能成为人心互斗的利器，你依法砍我一刀我依法还你一剑，最后双方都伤痕累累，反思一番后制定一大堆无用规则，变相鼓励后人接过他们带血的刀剑继续漫长的砍杀事业。对于法律的弊病，法官无能为力，因为他们是法律的仆人，不敢对主人的缺点说三道四。倒是那些"无法无天"的政治家，他们往往能够发挥天才的想象，运用铁血的手腕，将法律的工具性玩弄得淋漓尽致。在某种意义上，我敬佩这些轻视法律的政治家，他们是真正的智者和勇士，因为他们坚奉一个真理——法律不能当真，当真的只能是万民心中的原初法理——那么纯洁无瑕，那么刚烈质朴，惹恼了它，兔子都会变成吃人的豺狼。

　　法律的统治永远是个愚蠢的幻想，实现不了，也无须实践。对于老百姓，法律的权威挺管用，但对于洞悉法律内幕的人来说，它立刻成了一堆无生气的烂肉，让人觉得恶心反胃。法律已经历经了人世的悲欢离合，就像一个苍老的名妓，是时候退出历史舞台了。不过，这有个过程。"法律统治"这个诱人的口号还会走红一段时间，可能三五十年，可能上百年。但我坚信，未来世界，如马克思所望，必是没有法律的法理天堂。

　　甲：你实际上已经将我所说的法律包含到你所谓的法理当中了。一种无所不包的法理只能是无形的空气和阳光，永远构成不了雄伟的金字塔。我虽然承认"法理无形"，但我也要批判你这种极端、有害的无形法理观。表面上看，我在说法理无形，实际上，我多么希望能用无形的法理塑造有形的正义！你也许会嘲笑我的实用，因为你没有触摸过实用的骨骼，它是多么坚硬而充满质感！能给人带来有形的安全、秩序、和平与幸福！而不像你歌颂的那种无边无际的法理心灵，永远是一锅冷冰冰的鸡汤，表面上是美食，可一旦喝下去肠胃就会不适。

　　你反对单调的法律统治，在某种程度上，我也同意。毕竟，法律是人的产物，是文明的体现，而非人本身。法理虽然是滋长良法的土壤，但法理的土壤决不能取代法律的制品。这就像我们不能到集市上去卖长土豆的黄土、养肥猪的猪圈一样。我们不能用自己觉得最好的东西满足公众的要求，就像一个好客的农户用最好的酒肉招待吃腻了山珍海味的城里大款一样——他其实就是冲着野菜汤来的，而你却端出了大鱼大肉。他非但不会领情，反会怨怒主人的愚蠢。

　　法理属于社会，法律属于国家。社会分三六九等三教九流，而国家却注重平等和一致。法律要求处置公平前后一律，对同一种法理类型的社会人群施以相同或相似的规范和保护。这也反映了法律的天然局限性：它总逃脱不了强力工具的宿命。国家对社会的作用力塑造了法律。可国家内部的关系如何调整呢？社会内部以及社会对国家的作用力如何规范呢？这些便是法理调节的范围。国家是政治社会的一部分，因此国家内部的关系可视为一种特殊的社会类型，与其他社会类型以及它们对国家的作用力关系一样，都不能用代表国家权威的法律来调控。

　　对国家内部关系调整而言，政治家法理非常有用，这种法理主要由政治领袖的言传身教为材料，他们的理论、理想、理念、理据都是国家内部关系处理的准则。

　　对社会内部的调控，群众的法理要优于精英的宣教。不同的阶层、行业、居住地域都会对民风民俗产生特别的影响。风俗习惯作为群众法理的载体应当得到法律的承认和尊重。但它们不能与国家法律直接冲突，需要行业精英法理从中调和、折中规范。

　　因此，对社会与国家冲突的调控，精英的法理要优于国家法律的直接适用以及群众法理的自发萌动。精英法理承担着将国家法律与民间法理互通为实际可用的规则之重任，他们才是大多数立法的真正源泉。

　　乙：我还是不大明白，但我猜得出你的意思。首先，你把整体的社会两分：一半是国家，高高在上宏观调控；一半是剩下的社会，受制于公共法律，同时不忘遵从自身的习惯和风俗。你还在国家内部安上了"政治家法理"这个装置，让它成为国家内部法则的代名词。最后，你想出了"行业精英法理"这个怪招，作为国家与社会交界面的主控规则。在你描绘的这个金字塔顶端，闪耀着一颗夜明珠，那就是你心中的法律至上。它的形成依靠社会各阶层法理的共同塑造，其中，政治家法理和行业精英法理起着重要作用。这种以个人司法为本位的"社会司法"，我叫"立法"。至于国家对社会的依法管理，亦即国家司法，我叫"执法"。法律至上是国家统一的标志，法理多元是社会分层的实证。法律与法理的良性互动构成了国家与社会共同繁荣的基本前提。

如果是这样，我们不妨用下面这幅"法理与法律的全息图"结束今天的对白（见图1-1）。我没学过美术，几何也不行，所以图很难看，但大概能表明基本意思。

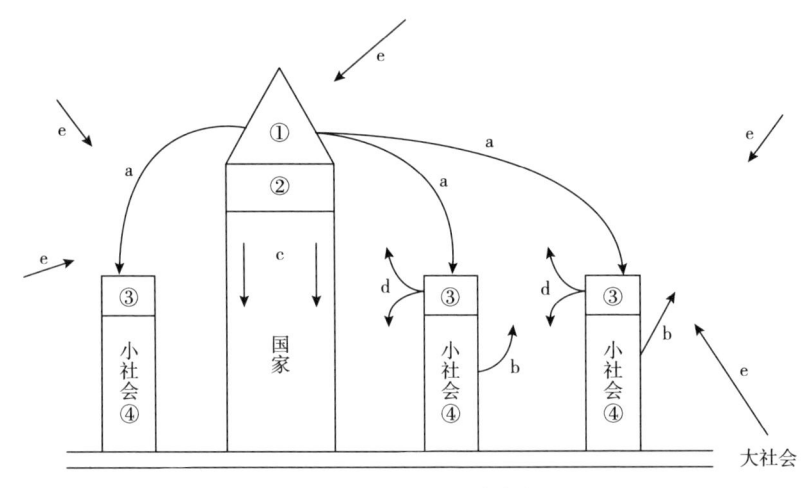

图 1-1　法律与法理的全息图

①法律　　　　　　　a. 执法（作用力）
②政治家法理　　　　b. 办法（反作用力）
③行业精英法理　　　c. 公法（国家内部管理法）
④群众法理　　　　　d. 立法（社会折中调节法）
　　　　　　　　　　e. 看法（四处分布的零散法理作用力）

甲：你我之间共同点其实很多。不同的是，你坚持将法理赋予某种充溢天地间的巨大身形，不承认法律绝对至上。你把法律的统一推行，叫作"执法"；将群众的法理变通，叫作"办法"；将国家内部的管理准则，叫作"公法"；将协调上下的行业精英行动，叫作"立法"；将四处分布的零散法理作用力，叫作"看法"——确实很有见地，我自愧弗如。但毕竟这些仅仅是你我一厢情愿的假想，真正的理论反思、学说证据和现实机理要复杂得多

乙：我完全赞同，希望有生之年能够看到问题的最后答案。

第二节　理论反思

在日常生活中，人们一般不会关注法的本质，但也会在现实利益和神

秘智识的逼迫和诱惑下窥测法的内里。对于甲乙二人对白中最根本的"法理"之问,《法意》中如此解释:

> 法,自其最大之义而言之,出于万物自然之理。盖自天生万物,有伦有脊,法自弥伦,不待施设。宇宙已无法之物、物立而法形焉。天有天理,形气有形气之理。形而上者因有其理,形而下者亦有其理。乃至禽兽草木,莫不皆然,而于人尤著。有理斯有法矣。
>
> 复案:儒所谓理。佛所谓法,法理初非二物。[1]
>
> 有灵物焉,能自为其法度。虽然,法度之立,必有其莫之立而立者。盖物无论灵否,必先有其所以存。有所以存,斯有其所以存之法。是故必有所以存之理立于其先,而后法从焉。此不易之序也。使有谓必法立而后有是非者,此无异言辐有长短,得轮而后期等也。
>
> 复案:孟氏意谓,一切法皆成于自然,独人道有自为之法。然法之立也,必以理为之原。先有是非,而后有法,非法立而后以离合见是非也。既名为辐,其度必等,非得周而后等。得周而后等,则其物之非辐可知。其所言如此。盖在中文,物有是非谓之理,国有禁令谓之法,而西文则通谓之法,故人意遂若理法同物,而人事本无所谓是非,专以法之所许所禁为是非者,此理想之累于文字者也。中国理想之累于文字者最多,独此则较西文有一节之长。西文"法"字,于中文有理、礼、法、制四者之异议,学者审之。[2]

在严复看来,将西方的"法"翻译为"法"或"法律"并不那么准确,理是法的本源,法理是法律的本质。

梁启超先生 1904 年在《中国法理学发达史》中也讲到:

法律先于法理耶?抑法理先于法律耶?此不易决之问题也。以近世学者之所说,则法律者,发达的而非创造的也。盖法律之大部分,皆积惯习而来,经国家之承认,而遂有法律之效力。而惯习固非一一焉能悉有理由者也。谓必有理而始有法,则法之能存者寡矣。故近世解释派(专解释法

---

[1] 〔法〕孟德斯鸠:《法意》,严复译,商务印书馆,1981,第 1 页。
[2] 〔法〕孟德斯鸠:《法意》,严复译,商务印书馆,1981,第 2~3 页。

文者谓之解释派）盛行，其极端说，至有谓法文外无法理者，法理实由后人解剖法文而发生云尔。虽然，此说也，施诸成文法大备之国，犹或可以存立，然固已稍沮法律之进步。若夫在诸法樊然淆乱之国，而欲助长立法事业，则非求法理于法律以外，而法学之效用将穷。故居今日之中国而治法学，则抽象的法理其最要也。①

法理是什么？这比"法律是什么"更难回答。许多辞书给出了答案，但几乎都千篇一律将"法理"简单等同于"法律的原理"，而对于何为"法律的原理"，它包含那些具体内容，缄口不谈。从理论上我们可以对"法理"做出这样的解释：

从静态视角看，法理是法律的结构原理。法律虽是人造的精神品，但其本身的独特规则，使其从结构上区别于道德、宗教、政策等"上层建筑"。②从动态视角看，法理是法律的运行原理。法律的生命不在于僵死条文，而在于活生生的社会关系运动。③从政治学视角看，法律运行遵从的法理原则可以作为政治国家运转的指导，法理是政治的合法性根基，唯有具备了正当法理的基石，执政者才能从真正的人本角度塑造法制的"理想形式"。④从社会学视角看，法理是现代性的重要内容，"法理型统治"被许多思想巨匠奉为社会治理的经典模式。⑤然而，问题在于，如果将法理视作是法律的原则，意味着它本身就是法律的一部分，与规则、政策等要素共同构成了法律的本体。但法律的原则毕竟是抽象的，在具体的法律适用中必须转化为法律规则。如此，法律运行的关键环节就不存在"法理"了，这显然很荒谬。如果说法理是法律的原理，它就成了纯粹的"精神造物"，有资格谈法理的人就仅限于专业的法学家，而与普罗大众无关，这显然不符合法律的公共性品格。理解"法理"，必须超越法律理论的视界，吸取社会实践的精华，从法律行动主体类型的角度对"法学的品格"加以新的诠释。

---

① 范中信编《梁启超法学文集》，中国政法大学出版社，2000，第69~70页。
② 参见李龙主编《法理学》，人民法院出版社、中国社会科学出版社，2003，第69~70页。
③ 参见〔德〕盖奥尔格·西美尔《社会学：关于社会化形式的研究》，林荣远译，华夏出版社，2002，第217~243页。
④ 参见〔古希腊〕亚里士多德《政治学》，吴寿彭译，商务印书馆，1965，第43页。
⑤ 参见刘小枫《现代性社会理论绪论》，上海三联书店，1998，第6~10页。

一 法学：法律学或法理学

人们常说，法学就是法律之学，法律之学就是权利与正义之学，仿佛学习了法律就懂得了权利，而懂得了权利就获得了正义。将法学抽象为一种态度和热忱，作为宗教与道德顶礼膜拜，这本身并没错，甚至相当可欲，但一旦绝对化，人们往往发现，这种"法学"太假了！

法学难道一定要打着正义、权利、公平、秩序这些大词的旗号才有生命力？法律难道一定要进入法学的研究视野才有理论性？事实上，社会学法学就不承认法律的高贵，批判法学更是直截了当地揭发法律的丑陋。[①] 现代经济学可以研究法律，政治学、社会学、历史学甚至人类学、考古学等也无不将法律纳入自己的视野加以研析。

法律可以通过条文、习惯、信仰乃至虚无来表现，但不论如何，法律本体都是相对恒定的。法本体好似一张结实平整的床，"是一个温暖的家园，它抚慰着人的躯体，当人外在平息的同时能用梦抚慰他们的心灵"。"在家俱兵器库中，床无可争议地占有王者之尊，就是因为它在原始意义上占有的与生死的联系"。[②] 法理正是这样的法本体。离开了法理，法律的制定与发展，生成和运行，价值与理念都会偏离轨道。对法理的研究，应当是法学的首要。

法理学立意运思不同于法律研究的一般理路。同样一个法条，在法律研究者眼里，它是那么恒定、凛然，充满权威，以致作者不得不对它卑躬屈膝，全心尽力去诠释维护。但在法理学家看来，任何法条无非是一种书写，代表着与和谐异类的监控。他们对法条的研究只是为了对法律有更深的法理体悟。以知识均衡为己任的法理学，在我看来，既包括法科学，也包括法哲学。法律科学包括三大部分：法条学、法术学和法学学。作为法理学主干的法条学（教义学）包括法条注释学、社会学和考古学。法术学包括法律技术和法律艺术两个层面。前者是自然科学在法律领域的运用，如法医学、刑事侦查技术等；后者是现实法律运行中参与者对待法律的技巧与方法，比如法官的释法艺术、律师的辩护艺术、检察官的起诉艺术以及普通人的法律谈判与论理艺术等。法学学主要体现为学者对法律学本身

[①] 参见沈宗灵《现代西方法理学》，北京大学出版社，1992，第250~416页。
[②] 大拙：《有意味的床》，载《视觉21》2000年第1期。

的研究与应用，包括法学史及法教育学等。

与系统化的法律科学相比，法哲学要松散许多，但对于"法理"的生长却至关重要。相对完备的法哲学包括三大层次的内容：关联法哲学、叙事法哲学与本体法哲学。关联法哲学主要探求法律与其他范畴的理性联系，生长出法理的雏形。比如，法律与哲思的结合可生长出法哲理，法律与道德的结合可生长出法伦理，法律与情欲的结合可以生长出法情理，法律与物质的结合可以生长出法物理，法律与身体的结合可以生长出法生理，法律与心理的结合可生长出法心理，法律与逻辑的结合可生长出法论理，法律与语言的结合可生长出法文理，如此等等。关联的法理哲学是一个不断拓展的世界，需要无限的想象力。

关联法哲学发展到一定阶段，叙事法哲学就会应运而生。法理的叙事弥漫着精英与群众的争端，充斥着理性与激情的悖论，目睹着国家与社会的失衡，同时也见证着法律与法理的谐和。从法律行动主体的角度，叙事法哲学分为四种：精英法理学、群众法理学、"超人"（神性）法理学与"邪恶"（非人）法理学。精英与群众的区分不难理解，后两种其实对应的是神、兽的法理。所谓神、兽，不过是形象说法。神，是指那些沟通了精英法理与群众法理的伟大绝伦之人，他们已经具有了某种神性，为举世敬拜。兽，是指那些已然全无人之本性，抛弃了一切"性法"（Natural Law）的非人之人。神与兽都是极少数，他们的法理要么属于光明的神话，要么属于暗夜的罪孽，都是极端的叙事类型。

本体法哲学是法学进化的终极阶段，它类似于萨维尼所说的"法学的使命"：

萨维尼面临着将自己的生命和 Weltanschauung（宇宙观）中的古典因素与浪漫因素联结一体的任务。古典因素导致他确认罗马法具有无比的价值和持久的效力，教授罗马法成为他的专业，成为新兴的、富有希望的学术活动的中心。而浪漫因素则表达为他对于自己的整个环境的一般看法，即法律，如同笼统而言的文明一般，乃是身处一个特定国族的个人生命中的无意识的、未曾名状的、逐渐的与非理性的力量的自然展现。[1]

---

[1] 〔德〕赫尔曼·康特罗维茨：《萨维尼与历史法学派》，马史麟译，载许章润主编《清华法学》第三辑，清华大学出版社，2003。

二　法学家：政治家还是哲学家

繁复的法学关涉法律之外的多重视界，牵连亿万民生的柴米油盐，一般人很难同时具备那般的宏远视野与精细眼光。真正的法学家不仅是卓尔不群、以自身法理为准据的学术人，还应是关注高端、体恤民生的治国精英。法学家的法理视野必须集纳哲学家和政治家法理的双重优点，才能真正贡献出符合法理本质要求的优质学问。

现今法学家主要有三种理论视角：自治型、历史型与精英主导型。自治型的法学研究强调法律自身的体系自洽，虽然不拒绝与外部因素的交流，但也无须依赖他者解释自身。这是一片"就法论法"的学术流域，任何外来的水源，哪怕来自巨川大洋都只能算作偶注的溪涓。与之相反，历史型的法学研究注重法律形成的整体背景，主张从远距离的角度反思法的内在机理，这种对法律外部本原的探求构成了一股生生不息的理论创造力，鼓舞、激励并指引着一代又一代思想者去探究法律的根谛与基本。第三种法理研究视角，亦即精英主导型的法律理论，在方法上倾向于将前述两种视角兼合，既不放弃对法律自治的论证，也不割舍对法律本原的探求。可以说，这是一种历时与共时、自治与他治、内因与外因相均衡的分析进路与思想方法。奉行此种理论的学者们相信，法律的生长历史实质上正是"精英主导"的历史，法律究竟由何种类型的精英主导，这一客观事实直接决定了法律的性质。这种理论有效揭示了政治家法理在法律运行中的重要作用。

白芝浩对英国宪法的研究正是精英主导型法律理论的典范。在《英国宪法》再版导言中，白芝浩将英国宪法的决定性因素归结为政治家的换代和他们对民众的有效引导。换句话言，白氏眼中的英国宪法史实质上是一部政治家的更替史及其对民众生活的主导史。他说："一个政治国家恰如一片美洲森林：只需砍倒老树，新树就会立即长出来取而代之；种子在地下蓄势待发，并随着老树被清除后阳光和空气的进入而开始破土成长。这些新问题会营造一种新的氛围、新的政党和新的论辩。"[①] 在他看来，政治家的更替是社会自然进化的必然现象，而政治家更替所造成的法律变动却

---

① 〔英〕沃尔特·白芝浩：《英国宪法》，夏彦才译，商务印书馆，2005，第 8~9 页。

是能够强效作用于社会进一步发展的关键因素。因此，强调政治家精英对民众的引导就非常重要了。白氏以英国改革法颁行后的政治发展为例，审视依法获得选举权的多数民众与主导改革的少数精英之间的关联，坦率表明了自己的立场："极其害怕新选民中的那个无知的大多数。"① 他认为："新获得选举权的阶层并不比旧有的阶层更少需要贤达者引导的。相反，新阶层更需要引导。"② 相比与一般的民众判断，作为精英的政治家判断具有特别的优势，并担当着非同一般的责任。政治家不同于政客的关键也在于，他们的战略判断和行动契合国家整体发展的基本需要及核心利益。

由上可见，法学家精神的塑造离不开政治情怀的内在支撑，而政治情怀又包括"政情"与"治怀"两大方面。所谓"政情"是指对众人之事的关切之情；所谓"治怀"是指对公共问题的主动关怀。法学家关心"政情"为的是锤铸"治怀"，彰扬"治怀"是为了疏通"政情"——两者兼具才算有了基本的政治情怀。没有政治情怀的内在支撑，法学家就容易在纷繁的故纸堆中迷失自我。寻章雕句沉思苦吟，慢慢地，一门公共学问就会蜕变为私人学说，追捧者日众，但智识性日减。一旦追捧者发现所谓的学术明星不过是徒有外皮的话语游戏大师，这种难得的"学术追星"也会如经济泡沫一样崩裂，绽出一片狼藉。真正的法学家一般是主流的产物。对于那些以边缘自居的法学话语，我们最好怀三分敬意和七分警惕。说不定，新潮画皮后冷不防就冒出一个血淋淋的骷髅头。任何一种话语体系背后都蠹立着某种利益机制，或显明或隐缩，刺动着言说主体和倾听主体的间性勾连，使他们不经意间就成为一种新意识形态的共同制造者和受害人。

现在就有这样一种流行的"新意识形态"，把政治等同于罪恶。③ 什么是政治？施密特的答案是"所有政治活动和政治动机所能归结成的具体政治性划分便是朋友和敌人的划分"④。在反人治的口号声中，很多人认为"区分敌友"最终是为了贯行天才人物的主观意志，从本质上属于人治的范畴，与现今的"依法治国""法治国家"不相投契云云。其实，真正的政治家眼中虽然有可能没有法律，但他们绝对不可能不信奉更高级的法

---

① 〔英〕沃尔特·白芝浩：《英国宪法》，夏彦才译，商务印书馆，2005，第22页。
② 〔英〕沃尔特·白芝浩：《英国宪法》，夏彦才译，商务印书馆，2005，第11页。
③ 例如〔法〕路易斯·博洛尔《政治的罪恶》，蒋庆等译，改革出版社，1999。
④ 〔德〕卡尔·施密特：《政治的概念》，刘宗坤等译，上海人民出版社，2004，第106页。

理。政治家眼中的"法治"或许不同于学术家构想的法治,他们推行的是以其自身的独立法理为本位的"战略型法治"。公允地讲,有些曾经被我们钉在"人治耻辱柱"上的暴君,从某种意义上讲,都是真诚的法理统治论者,只不过,他们的法理不易为凡俗理察,很难被常识融通,带着相当的神魅,飘游无形、天马行空,荡迹于民众的想象空间,毁坏了学术家苦心孤诣的法治乌托邦,同时也建构了另一种形式的"法治理想国"。他们往往为历史铭记,无论是赞颂还是批判,他们都没成为历史弃儿。不要成为历史的弃儿,这是我所理解的法学家最应铭记的信条。不要太注重一时的喧嚣、片刻的欢愉而忘却了长久恢宏、万世不朽的伟业。我们的法学家应当诚挚地与政治家合作,安定全局,注目细微,不要在"具体法治"的短浅呼吁中阉割了建构热忱,也不要在"自然精神"的无根畅想中丧失了程序理性。

本质而言,杰出法学家应当首先是法理学家。他们讲求的是法理而非法律,他们看重的是说服而非镇压。他们是法理话语的生产者、修补匠,拥有知识制造、道德裁判的权能。他们不大瞧得起庸常的法官,后者仅仅是法律机械的发动者,无心也无力规划法的过去、现在和未来,对法律的原理相当生疏,对法律的精神相当漠然,对法律的解释也相当粗糙。从理论上完美诠释法律的阴阳双面,使之呈露完美的法理形廓,是法学家的必备素质。但要在理论上完美,就必须首先于实践中会通。法学家的知识必须随时更新,话语也应不断转变,不然就无法维持他们在一般人心中的神圣和崇高。谁都不想让相信自己的人失望,法学家们也不例外。总之,他们需要一种沟通法的应然与实然的均衡模式来应对与时俱变的法理现实。

三　法理世界:如何均衡

法学家与政治家虽然相距甚近,但两者毕竟是不同的主体,他们的法理世界有许多区别,但最终可构成一个统一的精英法理循环。

先看政治家的法理。政治家之所以能统领众人,凝聚诸心,关键在于其言说与践履可映射出让受众痴狂的信念,使万人迷恋的预期。对包括知识分子在内的绝大多数人而言,"我们完全不是精神的追随者,是现世的事物,一个政党、一个国家的使徒。"[①] 政治家用炽热的情欲烈焰照亮晦暗

---

① 〔法〕米里安·本达:《知识分子的背叛》,孙传钊译,吉林人民出版社,2004,第35页。

不明的未来，让不愿自立思考的"沉默大多数"方便快捷地攫得稳定预期，确立大致的理想追求和大概的行动框架。政治家的法理是行动的过程，是动态的博弈，是寻找的均衡。应然而论，政治家法理起点是法伦理，兼具了法律与道德两种政治要素的法伦理，可应对众多的难局和挑战。进程是法推理，运用法伦理解决政治问题的过程就是法推理，这也是政治法治化的原生模态。终点是法情理，这是法推理的出品，也是老百姓喜欢的公共品，正所谓"合情合理合法，一个也不能少"。

与政治家法理不同，法学家法理强调学术探究，看重理性超越，摒弃机缘巧合，反对委曲求全。法学家的立场是批判的，话语是辛辣的。他们不像政治家那样善于斡旋、圆润周到。他们喜欢先寻找法理据，为一些本质、本原、起源、发生、发展、变异、衰亡等形而上问题大伤脑筋。对这些难破之题的求解，有利于让世人看清法律背后的理性根据即"法理据"，同时有利于法学家树立"宏整而独立的承担感"。[1] 除了追问理据，法学家的法理流程还包括法理想的构建。法理想涵盖法律所要实现的功能、作用，所要达致的地位、高度，所要拥有的价值、内涵。可以说，法理想是法理据的展开，或者说具体化。法学家构建的法律理想国可谓模式繁多五花八门，但归根结底都脱离不了自由、权利、义务、责任这样一些基本元素。在法学家的视野里，法理念也是一个重要论域。法理念是一种过渡机制，就像一座桥梁，法理据及其具体化之法理想在这头，现实生活的法运行在那头，要从这头到那头就得靠法理念的牵引。现在，我们特别强调提高公民的法治意识，实质上就是要明确、强化、塑造他们的法理念。法理念同政治家的"法伦理—法推理—法情理"过程也有着密切关联。

法学不是形而上学，其本质是法理之学，既然是法理之学就不应当忘了法理性和法理智。法学家对法理性和法理智的关注，有利于从形而下的微观视角更为清晰地检视现有实在法的良莠优劣。法理性，以我不成熟的想法，它主要是指法律制度化后形成的一种习惯力量。按常理，法律不是人，没有生命，怎么会有理性呢？可法律一旦形成制度，特别是日久天长成为百姓习俗，它就有日常理性了。这种拥有了人之理性的习惯法，可以

---

[1] Jeffrey C. Isaac, "Social Science and Liberal Values in a Time of War", *Perspectives on Politics*, 2004, Vol. 3.

作为实在法的检测标尺，有资格成为它们的母亲、父亲、大哥或大姐。①法理智是对法理性的具体化，就像法理想是对法理据的具体化一样。法理智特别容易在民间生长，在具体个案中勃发。深究具体、生动、多元的法理智，也是新时代法学家的一大重责（见图1-2）。

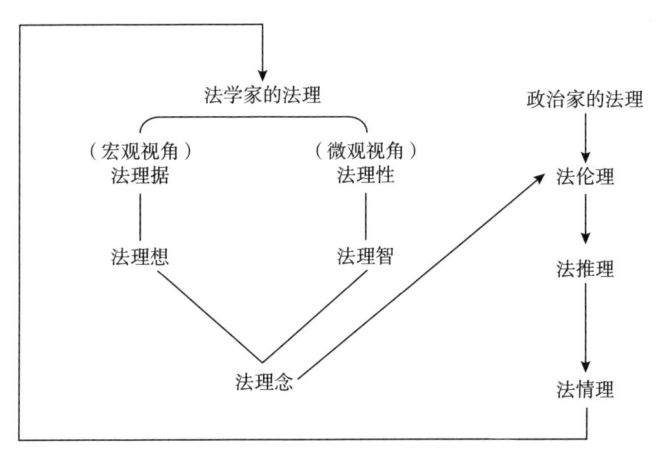

图 1-2　精英法理世界的循环

这种统一描画了一个精英法理世界的大体图景。"我们需要一个全方位意义的'世界'概念，同时也需要一个相应的世界事实。"② 进一步的研究就是精英法理世界与群众法理世界的契合。信息科学研究表明，对包含法理内容因子的信息加以生命化的循环管理，可以增强有机体的效能和广度。③ 法律经济学的研究也表明，合作式的法理建设有利于经济的长效发展。④ 总之，"法理"是个在传统法学知识谱系中未被重视和澄清的繁复概念，它并非如许多法学辞典所说，仅是法律的原则或原理。"法理"包蕴着一个本原性、谐和性和时变性的世界。政治家法理与法学家法理的统一为精英世界作了极佳的注解，但依然还有无数问题未能解答。深刻解说"法理"，就是深刻解说世界。

---

① 自然法意义上的宪法就是一个国家和社会公认的最高法，称它为"母法"，而非"父法""哥法""姐法"或其他，是否有些女（母）权主义的歧视性？宪法确切的称号应当是"国家公法之魁首、社会私法之中轴"。
② 赵汀阳：《没有世界观的世界》，中国人民大学出版社，2003，第49页。
③ Mark, Maby, "Archiving Has Nasty Sting In Tail", *Software World*, 2004, Vol. 6.
④ Klaus Gugler, "Corporate Governance and The Returns On Investment", *Journal of Law & Economics*, 2004, Vol. 2.

第二章

寻找"均衡的法"

第一节 问题与背景

从知识考古的立场审视，近代以降，中国的法理充满了异域与本土的调和，呈现出制度与文化的歧义。法理和法律的区别成为特有的中国法学问题，从中折射出诸多深层次的学术前设迷思。对此问题的深入剖察，有利于当下重构法学知识谱系，对法治均衡理念的廓清也大有裨益。如前所述，"法"的本体应明确为"法理"世界，而非简单机械的法律世界。但基于既成的现实、通行的话语，试想根本拔除"法律"印迹，既非可能亦非必要，通过对既有法学理论的重新解读，建构"法理与法律的二元均衡"，不失为一条可行的折中之策。

首先就方法论而言，对于"法理和法律均衡"这个总体性的哲学问题，要顺利转化为科学理解，就必须将分析哲学和测量科学的优势结合。第一步，"法"总体可分析为"法理"和"法律"两个分体。第二步，将"法理"和"法律"进一步分析为三种不同样态的客观存在。我们可以借用符号/诠释学的话语，同时吸纳西方法哲学/法理学研究的诸多洞见，比如哈耶克的法律与立法的区分，庞德"有法司法"与"无法司法"的范畴，直至更广泛的自然法与实在法的对峙等，从中提炼出新的概念和解释形式。第三步，也是最关键的，对不同类型的法理与法律分体进行非均衡性的分析，从中找到均衡的对象和要点。

概而言之，现实中法理与法律的非均衡格局包括三种表现形式：第一，"法真理"与作为符号本体之法律的非均衡。"法真理"的发现、把握、占有、传播和弥散直至消亡，要么是通过知识/技术权力，要么是借助物理/身体暴力，总之是与人对物、人对人的控制密切相关。"法真理"

的历史是一部残酷的现实主义画卷,而法符号本体却始终呈现超验、神秘的特征,它与法真理或许存在转换意义上的关联(即法符号本体可以转化为法真理或者法真理转化为法符号本体),但两者在主体和知识源头层面很难契合。质言之,法符号本体更多是一套法神学(形而上学)建构,而法真理更多是一种法政治学主张。两者更多时候是非对应的,是紧张的、战斗的,而非互相支援、彼此转化的。

第二,"法文理"与作为符号诠释的法律之间的非均衡。作为语言的法内在要求一系列的语义、语用、语态规则,对法条的理解自然也必须遵循这些内生的法则。但是,作为符号诠释的法律却超越了语言诠释的范围,呈现一种广阔的相状,使得语言学的法文理面临被"解构"甚至虚无化的危机。它们的冲突反映了法律人与哲学家的观念龃龉。这个世界究竟是以"语言"为本体?还是以"人"为本体?这是个问题。维特根斯坦的语言哲学未曾说清,康德的人本哲学也未阐明,法律人的法律哲学更是懒得理会它。这个悬疑似乎永远在人类心智的理解限度之上,它提示我们,法文理与法诠释的接合永远只是暂时的欢愉,其内在的不对应、不谐和才是事实与常态。法律在世俗生活中扩散的同时,人对法律的诠释也趋向多元化。每个人都可根据自己的利益要求、资格能力与客观处境解说法律,呈现出法文理的多样性,而法律人的符号诠释却相对确定,具有行业主义的历史惯性。对于普通人而言,对法律无论是赞同性引用还是批判性分析,抑或暧昧不明的笼统其辞,都代表了社会多元境态下的法律多元局面。群众法理不仅要与法律人的精英法理均衡,还要解决自身内部的均衡。这应当成为法律社会学的重点研究对象,因其关涉法治的核心内涵,亦即良法普遍遵守和均衡服从的法律实效问题。[①]

第三,也是至关紧要的,"法论理"与作为符号规范之法律的非均衡与不对应。此处,先要澄清一些可能的误解:法论理不能完全等同于法逻辑,法论理是"就法论法"之理,既非"高高在上有预设"的法真理,亦非"影影绰绰无心骨"的法文理,它本身是一种理想类型的法理,具有均衡哲学家法理与政治家法理意向的法学家法理,如果非要称其为法逻辑,它也是根本性、兼容型、开放态的法逻辑。很显然,法论理在很多方面都

[①] 法律实效问题不属于规范法学研究之范畴,准确而言,它是一项法律社会学课题。

超越了法规范的界限。当然，法规范也是一种"应然"的理想，但它不能承载非法律的内容，例如大众道德、习惯和宗教等。但法论理却可以包容整体性的法理要素，对法律符号规范加以全方位的观测、检阅、评定，甚至是大胆而富有创意的整改与修缮。

必须指出，法律与法理的非均衡，在测量上具有差异性。依照经验排序，法论理与法规范的差池度、法真理与法本体的差池度、法文理与法诠释的差池度。可见，寻求法律与法理的均衡，破解法论理与法规范的非对应格局是一条便捷的途径。事实上，法学发展的历史也表明了这一点。诸多法学流派不断在争议中融合，背后隐藏的主线就是寻求法律规范的理性建构，换言之，就是法论理与法律符号规范的契合与均衡。

在法学发展的回望分析中，我们发现，法律内部的界限和壁垒依然坚固，虽然跨学科研究早已兴起，但传统法律思维仍支配着多数法学家的头脑。各法学流派对"法论理"的建构，都具有一定的闭门造车色彩。即使法学家兼顾了哲学家法理与政治家法理，并完成了二者的融通和对接，但这种博弈还是未能脱离"精英内"的范式。站在开放的学术立场，我们应将群众/大众法理作为基本变量纳入分析范围。既有的理论和实例都告诉我们，法论理的过程实质上遵循着"社会博弈"的路径。各种法理要素都具有某种恒定的功能性区位，只有将这些区位统筹观察，我们才能发现这幅博弈图景的背后的科学测量体系。利用它，可以有效推测法规范的形式表现，尤其是那些由司法过程生发的"动态法规范"。利用它，"法论理"的博弈模型可以适用于司法运行的一般过程，并检测其均衡化程度，预测其均衡化趋向，甚至评估其均衡化特性。

这与常人期待的"法治均衡"不谋而合。在此观念背景下，我们看重的"司法"不是纯哲学意义的公平正义，亦非纯教义学层面的法条诠释/适用，而是复杂螺旋结构下的均衡模型，是法论理牵引下的法规范运行，以及法规范前提下的法论理构造。司法既源于"法"，又创生"法"；既是法的胎儿，又是法的母体。司法之"法"或许正是均衡法律与法理的"根本法"，也是在法律与法理博弈格局中差池度最小的法，一种法论理与法规范的契合法。

所以，与法理学研究直接相关的是，法律之中的法论理与作为规范符号的法律之间的均衡关系。一方面，法论理结构具有外在的受制性，它受到精英法理（主要是哲学家与政治家的法真理）的强大影响，在基本前提与逻辑起点上很难完成独立；另一方面，它还要考虑群众法理对其实际的认可与接受度，特别是当民众法理以一种非理性的愤怒（即所谓"民怨沸腾"）或其他方式表现出来时，它不得不做出实质与程序的多重退让，以保全法论理形式上的权威与整齐。职是之故，法论理结构呈现的内部规则性，无论是体现为"法律推理"还是表现为"法律论证"，它都必须遵循根本的均衡法则，在法理的螺旋结构中完成动态的建构。

在此问题背景下，我们对于西方法学史的回顾与审视，就不属于知识的重复，而是别有意涵的拓新。通过本章，我们可以看到，寻找"均衡的法"，一直是法学的"高贵梦想"，也是法治前行的知识动力。法学流派的争议和融合，推动了法论理与法律规范在理论上渐趋均衡，而现实的螺旋结构又不断打破既定的均衡，从而形塑了法学的整合化品格。如果将法的要素形容为基因分子，它们正处于不断变动和发展的螺旋结构。对法律要素的序列发现和科学重构，一直是法学家关注的焦点。只有在此种源头理论上实现创新，法治实践的均衡战略才有望得以推动，成为人文关怀之下的技术实践。

第二节　自然法与实在法

一　理论争议与对峙

（一）争议焦点

就基本立场而言，自然法理论坚持法真理（以自然法形式表现）对法规范（以实在法表现）的支配，试图通过自然理性发现客观的道德真理，实在法必须以这些道德真理为依据，违反法真理的实证法就不是"真正的法"。原初的自然法思想将设想法真理如同自然界一样永恒长久。中世纪自然法理论将法真理进一步发展为"上帝法"的神圣理念，试图以独一无二的至高神格代表法的本体。古典自然法学派从"天赋人权""社会契约"等世俗生活原理入手论证自然法，目的在于论证权利与权力的制度均衡。与之不同，经典分析法学认为，价值与真理问题无法通过理性论证予以解答,法律与道德之间并无必然联系,"法律是什么"与"法律应该是什么",应当分离。① 在分析法学看来,只有规范性的"实在法"才是法理学研究的对象,所谓"自然法"只是一种"比喻意义的法"。分析法学虽然没有明确探讨法的本体问题,但其理论纲领实质上预设了法律规范内部循环和自我证成的本体性。

自然法学与分析法学的方法论也长期处于对峙状态。由于自然法学坚信实在法之上"法真理"和"高级法"的存在,在方法论上以抽象绝对的价值论法哲学为取向。"自然法学者可说无不承认有一种较高法或理想法之存在,以为实证法之终级根据;同时此等学者亦可说无不相信绝对的价值,无不追求绝对的正义。"② 分析法学认为,法律是一种具体实在(positive)的规范,是可以感觉的存在,是理性规划的律令。分析法学要么不承认存在一种超验的或更高级的"自然法",彻底否认法真理的效力;要么拒绝将有法律有关的道德真理纳入法学研究的范围,而将其归入伦理学或政治学。分析法学主张,法律研究应注重从逻辑和形式上分析实在的法律概念和规范,并形成了一套系统而精密的法学方法。

(二) 对峙源起

自然法学与分析法学的争议,滥觞于希腊哲学史上的"physis"(自然)与"norms"(人定)之争,并以"事实(facts)—规范(norms)""正当性(legitimacy)—合法性(legality)"等对立范畴,贯穿于西方法学史甚至整体知识论传统。③

公元前8世纪,自然法的思绪就已在古希腊神话的胚胎中孕育。希腊人创建了等级分明的众神谱系,将自然万象置于诸神控制之下,诸神假以自然力量统治着人类。神的正义普照万物,维护宇宙秩序,成为自然和人类的共同律法。将这种超验法则正式定名为"自然法"的,是古希腊的自然主义哲学家。与神话时代的自然法思维不同,这些哲人不再将神的存在

---

① Kent Greenawalt, "Too Thin and Too Rich: Distinguishing Features of Legal Positivism", in The *Autonomy of Law: Essays on Legal Positivism*, Oxford University Press, 1996, p. 2.
② 马汉宝:《自然法之现代的意义》,载《社会科学论丛》(台湾大学法学院) 第17辑。
③ Donald R. Kelly, *The Human Measure: Social Thought in the Western Legal Tradition*, Harvard University Press, 1990, pp. 1 – 14.

作为自然法的最高理据，在他们眼中，人的自然本性才是法真理的本原。例如赫拉克利特主张，人类行为应符合自然本性，并规劝人们"悉心倾听本性呼声，顺从本性行动"。他把法律最早分成人法和神法。他所说的"神"乃是抽象的"自然神"，与希腊神话中的人格神已有所不同。在他看来，自然法不是指神的意志，而是指"逻各斯"（Logos）即自然理性、规律或法则。人的法律不是来自神或者某个人的意志和权威，而是来自于自然法则或规律；人们遵从自己制定的法律也就是遵从自然的法则或规律，因为人法是由神法派生的。①

与希腊哲学家的自然法思维形成分野的，是古希腊的悲剧作家们。他们并不反对神法与人法的区分，但他们不像哲学家那么乐观，认为二者并非先定和谐，其冲突才是无时不在的常态，这正是人之悲剧性命运的根源。人法的规范总是难与神法符合，总是显出人类自身的局限，其根本因由何在？悲剧作家们虽然没有从理论上去阐述这个事关法学根基的问题，但是他们通过惊心动魄的文学叙事，展示了直指法本体的深度反思。著名的安提戈涅的悲剧，就是索福克勒斯对赫拉克利特的挑战书，也可看作分析法学对自然法学的最早质疑。② 但是最终，这些剧作家还是臣服在"神法"的脚下，安提戈涅的故事也被普遍地解读为自然法的早期宣言。

如果说悲剧作家只是用文学的委婉手法隐喻自然法的不圆满，那么，智者学派则更进一步，以精巧逻辑和犀利言辞痛击了自然法学说的致命处，使得自然主义哲学出现了重述的必要，为后继的雅典法哲学树立了难以绕过的理论标靶。③ 智者学派不仅宣称人定法与自然法存在冲突，并将

---

① 参见汪太贤《从神谕到自然的启示：古希腊自然法的源起与生成》，载《现代法学》2004年第6期。
② 继埃斯库罗斯之后，索福克勒斯拒绝接受赫拉克利特关于人类的法律与自然或神的法律一致性的观点，明确揭示出人类的制定法与自然法的极不和谐一面，这一人定法与自然法冲突的思想明确表露在他的剧作里，在《安提戈涅》中这种质疑体现得尤为强烈。参见前引汪太贤文。
③ "智者派的运动，是代表着用类似的方法满足同样需要的各种独立的努力的总和。这些需要，是这样一个时代和这样一个国度的需要：在这个国度中，一切公民对于他这城邦的事务的处理或领导都有一份，并且只要靠言辞来取得个人的优越地位；在这个国度中，因个人活动的竞争增加了许多民事法庭上的冲突；在这国度中，每一个人都要在一切人眼前证明他自己'德性'的高超，这所谓的'德性'，就是指管理自己及管理他人的生活的才干和能力。"〔法〕罗斑：《希腊思想和科学的起源》，陈修斋译，商务印书馆，1965，第168~169页。

这种冲突上升为不可调和的"截然对立"。既然自然法与人定法无法均衡，那何不将两者彻底分离，各自存立，互不牵扯？智者学派将自然法和人定法的纽带截断，开启了实证法学"分离命题"的先河。智者生活的年代，是城邦政治繁荣的时期，也是人的理性自信时期。许多智者都是当时有名的法庭辩论士，他们接触的法律更多的是具体的人定规则，他们的德性更多要靠实际的功业来证明，这就决定了他们的哲学带有浓厚的实证主义与价值相对主义色彩。①

雅典学派是对智者学派的"反动"与"超越"。针对智者学派的法律实证思维与价值相对主义立场，雅典学派重申了自然法的真理观，同时将寻求确定无疑的客观知识作为证立自然法的重要任务，有力改变了早期自然法思维的空洞与主观。在苏格拉底看来，自然法的存在是客观普遍人性法则的体现，发现这个法则，乃是人的核心任务。柏拉图沿此路线，进一步指明这种自然法是"理念"的造物，人只有通过理念世界才能进入真理领域，成为理性之人。为了让人更好地获知自然法的客观秩序与具体知识，亚里士多德创建了形式逻辑的思想工具，并深入讨论了自然法与实在法的关系，认为，自然法是普遍有效的，它不是来自人的外在行为，而是永恒的内在倾向；实在法是偶然的，不完美的，因为不公正的邪恶法律是时常出现，所以，必须要通过自然法的"公道"来填补和救济实在法的弊漏。② 在亚里士多德关于法治即良法统治的观念中，我们可以感受到经典自然法哲学的均衡魅力。③

将雅典学派自然法思想推向普世主义高峰的，乃是斯多葛学派的贡献。斯多葛学派的成员自称是世界主义者，意欲打破希腊人和野蛮人之间的界限，宣扬人类是一个整体，只应有一个国家、一种公民（即宇宙公民）。他们认为，尽管世界表面上混乱无序，但是，万事万物的背后存在着一种普遍的理性。人们如果能够顺应自然的安排，接受自己的命运，世

---

① 考夫曼认为，智者学派可以被视为科学实证主义的源头，也可以称为相对主义民主之源头。参见〔德〕阿图尔·考夫曼《法哲学的问题史》，载〔德〕阿图尔·考夫曼、温弗里德·哈斯默尔主编《当代法哲学和法律理论导论》，郑永流译，法律出版社，2002，第57页。
② 参见葛洪义《法理学基本问题的形成与演变——对法理学知识谱系的一种考察》，载《法制与社会发展》2004年第2期。
③ 详见第三章第一节对亚里士多德《政治学》的分析。

界就将会成为一个有序的世界。自然法是普遍存在和至高无上的世界理性，它的效力远远超过人类所制定的法律。因此，人类制定的法律应该符合代表理性的、统治世界的、永恒不变的自然法。

在蓬勃兴旺的普世主义自然法理论面前，怀疑主义者并未退却。在他们看来，真理的探寻是无止境的，所谓"客观自然法"与"普适自然法"只不过代表了一种理想化的观念，更多的时候，这是一种武断的总结和智识的退却。面对法律的存在，重要的不是像自然法论者那样去探寻所谓的最终判断与真理，而是区分法律与习惯传统，分析各自的具体种类和范围，因为，法律的真理终究是一个超越了人类认知能力的悬疑。[①] 的确，由于没有实质性的方案，理想主义的自然法难以在实践中落成。但是，在罗马帝国大一统的洪流中，此种怀疑已然阻挡不了政治真理裹挟自然法学的熠熠光辉和滚滚红尘。

二　争议中的融合与汇通

经由斯多葛学派的传承，古罗马法哲学继承了希腊法哲学的自然法传统，并通过西塞罗等法政精英得到重要发展。需要注意的是，这一时期的自然法与实在法呈现出了实践均衡的趋势。特别是，职业法学家阶层的形成，让纷繁的理论争议成功转化为制度型构的动力。[②]

作为法律专业人士的代表，罗马法学家在法理上力图将自然法与实在法加以实践均衡。在罗马法学家眼中，"法"和"法律"是二元并立的，"法学"的任务在于统合两者的关系，寻求基于自然法的客观实在法。罗马法学家在构筑罗马法体系时，将自然法理论中的"法"与分析法学思维中的"法律"相区别：一部分是"法"（Ius/diritto），另一部分是"法律"（Les/Legge）。[③] 一方面，他们承继了希腊自然法哲学，认为一切法律都是

[①] 关于怀疑论者的主张可参见〔英〕韦恩·莫里森《法理学：从古希腊到后现代》，李桂林等译，武汉大学出版社，2003，第55~56页。

[②] 即便是西塞罗，在他的法学观念也带有浓厚的分析法学痕迹。据说，在一部未能流传下来的著作中，他呼吁将法学学科发展为一门科学，并强调运用哲学方法发展法律的区分术与辨别术。参见〔德〕霍恩《法律科学与法哲学导论》，罗莉译，法律出版社，2005，第185~186页。

[③] 参见〔意〕桑德罗·斯奇巴尼《法学家：法的创立者》，薛军译，载《比较法研究》2004年第3期。

从永恒的普遍的神法——自然法则中产生出来的。法本源于正义，正义来源于自然，可谓当时罗马法学家的普遍看法。另一方面，罗马法学家还探讨了法的现实来源，提出了立法权寓于"人民"和君主的分析法学观点。比如，法学家尤里安就认为，"在不采用成文法的情况下，必须遵守由习俗和习惯确定的那些规范。……我们遵守它们仅仅是因为人民决定接受它们。"[①] 最终，罗马法学家把自然法与实在法统合起来，以实践性的"自然"概念为基础，建构了自然法与市民法和万民法的内在联系，从而使自然法在罗马社会体现为实在的万民法和市民法。[②] 如此这般，罗马法学家使神秘难知的自然法融凝为现实可见的法律生活，自然法与实在法首度在实践中得以制度化融合。

但这种均衡并不长久。随着西罗马帝国的崩溃以及基督教的兴起，神学自然法思想开始从罗马法学中分裂出来，构成了新的自然法学说。面对罗马官吏的腐败、社会风俗的堕落以及实在律法的无能，基督教神学家开始探寻新的天国。在伟大教父奥古斯丁看来，"自然法是人对上帝的真理或上帝的永恒法的智性参与"。[③] 与此同时，蕴藏在罗马法中得实在法智慧也没有因为"黑暗时代"的到来而烟消云散。基督教的神职人员被允许在意大利中北部的教皇领地进行世俗法研究，形成了波伦亚法学派的前身。随着基督教法律体系的形成，这种理论的分野又开始出现新的融合。神学背景下注释法学派、评论法学派、人本主义法学派的渐次出现，代表了新的自然法与实在法之均衡秩序正在形塑。

中世纪唯名论取代唯实论，导致了经院哲学的终结，并重启了法律实证主义的进程。在托马斯·阿奎那的学说中，哲学与神学已经严格区别开来，从而限定了在可证实性意义上的真理和知识的范围。约翰·邓·司各脱更进一步地限制了理性的范围。他认为，神圣的性质、目的、先知等等，都不是能够在理论上进行有效论证的。神学高于一切科学，但是，哲学也有它自己的原则，是一门独立的科学，并不从属于神学。他还认为，

---

① 参见〔意〕桑德罗·斯奇巴尼《法学家：法的创立者》，薛军译，载《比较法研究》2004年第3期。
② 张锐智：《论罗马法学家对西方法学史的独特贡献》，载《辽宁大学学报》（哲学社会科学版）2006年第2期。
③ 〔英〕韦恩·莫里森：《法理学：从古希腊到后现代》，李桂林等译，武汉大学出版社，2003，第64页。

共相（一般概念）作为上帝心目中的形式，先于事物而存在；人心目中的概念，后于事物而存在，属于共相的具体对象。他提出，不从具体、个别的对象开始，就不能思维；而思维则必须运用共相话语。著名的"奥卡姆剃刀"为分析法学重整旗鼓奠定了基础，对神学自然法构成了沉重的打击。奥卡姆也因此被称为"主张由实证法律一统天下的实证主义之清道夫和伙伴"。①

16世纪基督教改革运动颠覆了教会的法律权威，蕴涵在神学中的自然法革命思维借机跃出，在复兴"人的理性"的思想大潮中结出了古典自然法学派的累累硕果。实证主义思维也风生水起，随着罗马法的继受，成为支配近代法理学的主导性思维。自然法学与分析法学作为独立法学流派的理论格局，在近代得以真正确立，此时二者其实已经完成了新的均衡。古典自然法学派的理论促成了资产阶级革命正当性论证，为近代民族国家从教会法体系中独立出来奠定了法理基础。随着民族国家的建立和强大，世俗法律的稳定与秩序价值开始占据上风，并一步步挑战和取代古典自然法学派。在经历了革命时期的无限风光之后，古典自然法学派在分析法学的攻击下开始走向落魄和孤独。整个19世纪，自然法学无所作为，分析法学扶摇直上，历史法学迅速崛兴——近代三大法学流派鼎立的格局初步呈现。

在自然法学与分析法学的融合过程中，历史法学派是重要的成果结晶。它独出心裁，强调整合，创生了一种以"民族精神"为自然法本体的实在法学体系。一方面，历史法学强调法律的民族精神，带有自然法的形而上关怀；另一方面，历史法学主张实证的体系研究，兼收了分析法学的优长。历史法学的兴起，让法学真正作为一门"科学"。19世纪德国的法学几乎就是以萨维尼的历史法学为中心建构的。② 在历史法学的视野中，法律是源自历史精神的科学体系，呈现均衡的双面性：既有价值定向的一面，又有规范实证的一面。但历史法学也有致命的缺陷，那就是神秘莫测的"民族精神"与普世主义的传统自然法理念并不符合，极易滑向偏狭的法律民族主义，成为现代暴政的学理凭借。

---

① 参见葛洪义《法理学基本问题的形成与演变——对法理学知识谱系的一种考察》，载《法制与社会发展》2004年第2期。
② 参见谢鸿飞《追寻历史的"活法"——法律的历史分析理论述评》，载《中国社会科学》2005年第4期。

第三节 转型时代的"均衡"法学

一 危局下的法学重整

20 世纪以后，世界陷入诸种困境与危机。两次世界大战、纳粹暴行、新的专制统治、种族歧视政策，如此种种，唤醒了人们对自然法的记忆和激情。满足于法律形式而悬置价值判断的实证法学、局限于本国历史而迷信渐进演化的历史法学、沉醉于先验理性而脱离经验现实的哲理法学都无力应对危局，于是"重归自然法"成为西方学术界的呼声。[①] 面对复兴的自然法学说，传统的分析法学也积极改造自身的理论结构，吸收新自然法学与社会学法学的合理之处——20 世纪 60 年代以哈特为代表的新分析法学派得以形成。在以哈特为中心的"三场论战"中，新自然法学与新分析法学也都得到了实质性的发展。[②] 在法律社会化的浪潮中，社会学法学的整合性功能日益强化，与新自然法学与新分析法学的距离不断拉近。在法学流派鼎立与合流的过程中，综合化研究的趋势也日益明显。许多法学家很难将之归于哪个确定的学派，面对法学发展的均衡螺旋，他们不断寻求理论和实践的整合与超越。

（一）均衡性的新"正义"

作为公认的新康德主义法学派领袖，施塔姆勒却不同意康德对法的定义，他认为其混淆了法的概念和法的理念。在他看来，法的概念（the concept of law）与法的理想（the idea of law）必须严格区分开来：法的概念属于纯粹理性，代表了法律的形式化要求；而法的理念则是实践理性，以实现"公道"的本质与已任。"正义"（Justice）的基本含义和判断标准在于，个人的目的与社会目的是否实现调和与均衡。基于此种新的正义标准，法律秩序应当符合下述要求：一个意志应当不隶属于任何他人的专横权力；任何人在承担义务的同时必须保持人格之尊严；任何人都不应被专横排斥于法律共同体之外；授予权力的前提条件是被授权人能够保有人格尊严。

[①] 参见申建林《西方自然法学理论的当代走向分析》，载《环球法律评论》2007 年第 3 期。
[②] 这三场论战分别是哈特与德福林论战、哈特与富勒论战、哈特与德沃金论战。

不难看出，施氏的新正义观具有强调社会利益均衡的特征，这说明社会学法学对其思想影响之深。施塔姆勒所处的时代，正是自由资本主义向垄断资本主义过渡的时期，也是法律社会化浪潮席卷而来的时期。施塔姆勒反对分析法学派的恶法亦法观，指出"国家之上有法，法之上有正义"。在施氏看来，历史法学虽然在德国近代史上发挥过一定作用，但其将民族精神神秘化的做法从本质上违反了法的科学性与"公道"观。对于社会学法学，施氏虽不吝赞词，但也坦率指出，它在重大问题上或许颇有说服力，但"在解决特殊司法问题的领域，要由此求出什么原则来，未免离题过远"，因而也不足以贯穿于所有法律问题的解决之中。[①]

（二）法的"三元均衡"与"第三条道路"

作为新康德主义价值哲学的信奉者，拉德布鲁赫意欲"克服施塔姆勒苍白的抽象和唯理智论的片面性，而确立一个在内容上加以满足的社会理想"（马克斯·恩斯特·迈耶尔语）。[②] 拉德布鲁赫是 20 世纪前半期德国最有影响力的法哲学家之一，他一生经历复杂，无时不在矛盾和抉择之中，这使他学会了在二律背反中做出均衡。他一生徘徊于学术和实践之间，两次出任德国的司法部长，积极推动德国的司法改革，特别是在刑法改革方面发挥了重要作用。他见证了纳粹暴政，战争的苦难促其反思，意识到先前所倾向的法律实证主义的纰漏，转向关注超越法律的"公正"，深刻检讨了法律的不法问题：

实证主义眼里只有法律，它封杀了法的一切超法律成分，因而，就像我们在 20 世纪体验得多到厌恶程度的，在被政治权力扭曲的法之面前，实证主义者毫无抵抗。自然法论者则贬实证法律而扬先在规范，由于他不能从认识上对先在规范予以证明，尤像 18 世纪自然法随展示的，结果走入法的不确定性和随意性。这两种理论在法的存在方式上都有缺失，因此，法在它们那里均未走向自我。[③]

---

① 参见陈灵海《新康德主义法学家斯塔姆勒》，载〔德〕司丹木拉《现代法学的根本趋势》，张季忻译，中国政法大学出版社，2003。
② 参见舒国滢《古斯塔夫·拉德布鲁赫法哲学思想述评》，载氏著《法哲学：立场与方法》，北京大学出版社，2010。
③ 〔德〕阿图尔·考夫曼、温弗里德·哈斯默尔主编《当代法哲学和法律理论导论》，郑永流译，法律出版社，2002，第 18~19 页。

拉德布鲁赫的法哲学代表了"二战"后自然法学与实证法学的整合性超越，最终目的在于探寻一条超越二者的"第三条道路"。在他看来，法律的价值目标不是单一确定的，而是多元均衡的，即法律的理念由三项动态价值均衡化构成：正义、合目的性和法的安定性。在这个法律理念的价值序列中，没有任何一项占据绝对的、排他性的主导地位，但这三项价值也不是等同排列的，根据具体条件和环境，在某一特定的历史时期，可能侧重于其中一个。早年的拉德布鲁赫更侧重于法的安定性，但经历了第二次世界大战期间纳粹的暴政，以及面对战后清理纳粹时期的法律和战俘审判的问题，拉氏法哲学重心发生了重大调整——他在法的价值问题上更倾向于正义，主张一种超越法律的公正，否定某些极端邪恶法律的法之属性——这被许多学者视作拉德布鲁赫法哲学的自然法转向。这一时期的拉德布鲁赫认识到，法律实证主义即使不是纳粹暴政的帮凶，但至少使部分德国法学人士丧失了对恶法的抵制能力。

事实上，拉德布鲁赫并非如我们想象的那样彻底接受自然法观念，在毫不留情批判法律实证主义的同时，他并未顺势投向自然法的暖怀。其最终目的在于超越自然法学与实证法学的长久对峙，开出法哲学的"第三条道路"。拉氏的后继者考夫曼认为，拉德布鲁赫的理论转向带有明显的法律诠释学倾向。在法律诠释学看来，"一切法具有关系特征，法是某种联系的事物，它存在于人的相互关系之中，并面对物而存在。……在'敞开的体系'中，只能存在'主体间性'……"[①] 现代法律论证与商谈理论的代表哈贝马斯，也在续写拉氏未竟的事业，试图通过放弃真理意义上的商谈，追求"主体间性的合意"，达成法律本体论与认识论的整合性超越，走向一种均衡本位的法律理论。

（三）"社会事实"与"最低限度的自然法"

面对"新自然法学"和社会学法学的双面夹击，就实证主义法学的回应而言，哈特的观点可作为范例分析。受后期维特根斯坦影响，哈特坚持牛津大学分析哲学的传统，通过分析语词在具体语境中的用法，获得有关

---

① 〔德〕阿图尔·考夫曼、温弗里德·哈斯默尔主编《当代法哲学和法律理论导论》，郑永流译，法律出版社，2002，第146页。

法律的知识。哈特并没有坚持如传统分析法律实证主义的观点，把法律归结为一个主权者或者国家的产物，而是从社会生活中人们对法律这个词的实际语言使用习惯的角度，讨论法律的本体问题。在他看来，法律是一种社会事实，其含义是社会（而非国家）赋予的，法律规则不是外部强加的，而是社会制度内部的产物。他认为，奥斯丁的法律概念，既不能解释国际法，也不能解释国内法的许多制度，例如授权性规则在私人领域的运用。

如同前贤，哈特也试图超越法律实证主义与自然法学的二元对立。在他看来，严格的形式主义和规则怀疑主义都是不可取的，法律语言具有一定的开放性，所以，法律规则实际上是一个法官可以行使自由裁量权的开放结构。[①] 在与富勒及德沃金多次论战中，哈特逐渐承认自然法学说的某些合理之处，提出了"最低限度的自然法"这一重要主张。哈特认为，最低限度的自然法的存在是出于社会共同体维系的必要，自然法主要起的是功能与手段的作用，与传统自然法追求的那种终极正义目的并无丝毫关系。哈特提出，生存和继续生存是人类生活的"自然目的"，为了保障这个目的，有五个基本事实必须通过法律加以确证。（1）人的脆弱性，这个理由决定了法律对于暴力行为的否定；（2）人类大体上平等，所以法律必须保证相互克制与妥协的实现；（3）有限的利他主义，使得法律应以"中人"（既非天使也非魔鬼）的标准加以制定；（4）有限的资源，这凸显了财产权规则的重要；（5）有限的理解力和意志力，决定了法律强制的必要性。

在此基础上，哈特构建了某种具有均衡色彩的规则系统，集中体现为法律乃是"原初规则"（Primary Rule）和"衍生规则"（Secondary Rule）的结合。衍生规则是原初规则的进化和发展，在复杂的衍生规则系统中，承认规则又是最重要的核心规则，它是规则系统的合法性基础。"承认规则提供了用以评价这一制度的其他规则的效力标准。在一个重要意义上说，承认规则是一个最终的规则：像通常一样，在标准是依照相对从属和优先的地位排列顺序的地方，其中之一将是最高的。承认规则的最终性和

---

① 〔德〕阿图尔·考夫曼、温弗里德·哈斯默尔主编《当代法哲学和法律理论导论》，郑永流译，法律出版社，2002，第146页。

其标准之一的最高性的观念最值得注意……在每一个法律制度的某个地方，即使是隐藏在法的形式后面，一定有一个法律上不受限制的独立自主的立法权力。"① 通过承认规则的中心凝聚，法律系统呈现均衡运作的格局。

（四）"法律的内在道德"／"程序自然法"

对于哈特的理论，富勒提出了两大质疑：一是哈特完全没有涉及那些使法律成为可能的承认规则的性质探究；二是在法律规则体系外在边界上，法律实证主义有其致命的限度即法律不能基于法律而建立，法律只有凭借非法律规则的效能才使自己成为可能。在他看来，在纳粹邪恶统治下的西德法院，哈特所谓"承认规则"不仅无济于事，而且会引起混乱的结果：一个法院拒绝服从和适用它所承认是法律的东西。哈特的根本性错误在于，他忽略了法律的内在道德问题。缺乏这种道德的法律是根本不能成为法律的。富勒坚持认为，法与道德的严格分离是不可能的。法存在道德性，而且可以分为两个方面：即法的"外在道德"和"内在道德"。法的外在道德，是指"实体自然法"，系法之实体目的；法的内在道德即"程序自然法"，是指法制定和运行中的程序原则（或称法治原则）。正是"程序自然法"，而非"承认规则"，确立了法的均衡效能。

为了推导并阐明"程序自然法"的理念，富勒可谓煞费苦心。他在《法的道德性》一书中杜撰了一则雷克斯国王心力交瘁治国无果的寓言，最后归纳出著名的程序法的八原则：①必须让法律具有充分的普遍性（法律必须是"规则"）；②这些规则必须公布；③这些规则必须充分可预期；④它们应明晰易懂；⑤它们不能自相矛盾；⑥它们应有充分的稳定性从而使人们可以据之规划生活秩序；⑦它们不能要求不可实现之事；⑧规则应以与自身规定协调的方式执行从而使人们可以遵守。② 这八项原则体现了法治均衡的理想化要求，虽然富勒本人并不指望或要求其在法治实践中完全实现，但它们从理论上的确反映了新自然法学与新分析法学的实质性

---

① 〔英〕哈特：《法律的概念》，张文显等译，中国大百科全书出版社，1996，第106页。
② Lon L. Fuller, *The Morality of Law*, Yale University Press, 1964, p. 28

融合。①

(五) 整体主义的"阐释法理学"

就当代法理学的理论争议而言,自然法学与法律实证主义的分歧在继续,自由主义与社群主义的争论又起,经济分析法学、女权主义法学和批判法学等先后从右与左两个方面对主流法学理论发起了攻击。在此境况下,德沃金一方面继续和发展了富勒关于"法律就是使人类服从规则治理的事业"的学说,另一方面他又试图在各种怀疑论的冲击下,重新唤起人们对法律确定性的信念。② 这决定了其法律观必定带有整合主义的均衡论倾向。

概括而言,德沃金致力于为法律寻求一种新的客观性,进而为法治创设一种新的意义结构。法律制度是一个完整的整体,制度内部存在着一个相互关联的平衡结构。法律不仅包括规则,而且还有原则,它们构成了一个整体。原则、规则、政策互相制约,先例与法律规则相互制约,其中的主线是原则,它使法律构成了一个理性支配和控制的整体,从而确保群其内容的客观确定。德沃金的理论贯穿着一种整体性的法律阐释学,其核心在于法律与人类道德原则的一致性。与以往不同的是,这种道德原则不再是先定的超验范畴,而是具体司法过程中对"唯一正解"的理性追求。③

二 社会学法学的"新均衡"

透过自然法和实在法的冲突和融合,我们不难发现,在法学基底深处始终潜伏着"合流"的暗语,只要时机一到,神奇的精灵就会苏醒,破译缝隙中的密码,续造通天的"巴别塔"。兴盛于 20 世纪的社会学法学,正是神奇时刻的神奇力量,为法律理论走向新的均衡产生了重大影响。

---

① Rodney Jay Blackman, *Procedural Natural Law*, Carolina Academic Press, 1999, p. 37.
② 这些批评意见如:经济分析法学认为,追求效率的法理学可以用效率代替幸福、公平、正义这些传统概念;批判法学则认为,法律都具有政治性,从来都不是像其宣称的那样以正义为目的,社会生活本质上就是政治的;女权主义法学认为各种正统法律理论中,都包含着性别歧视,女性是传统制度的受害者。参见前引葛洪义文。
③ 葛洪义:《法理学基本问题的形成与演变——对法理学知识谱系的一种考察》,载《法制与社会发展》2004 年第 2 期。

（一）方法论的批判与更新

社会学法学对 19 世纪法学诸流派的整合，首先体现在方法论的统合上。到 19 世纪末，人们逐渐意识到，三种法理学方法中的任何一种都不能完全自足。于是，学者们开始尝试将这三种方法加以均衡化的统合。社会法学派自 19 世纪末产生的时候起，就采纳了"实用主义"的新方法。① 这种方法在反对抽象的法律价值分析上，与法律分析实证主义志趣相投，它们都对传统"形而上学"的自然法理论持批判态度。但另一方面，社会学法学派的"社会实证"方法并不排斥对法的社会目的和效果加以总体研究。它侧重"从法律以外"来研究法，这与分析法学"就法论法"的方法论立场不同，而与自然法学派产生了某种异曲同工之妙。②

在美国，作为社会学法学派的精神指引与哲学基础，霍姆斯大法官的法律实用主义正是批判 19 世纪三大法学流派的方法论产物。③ 霍姆斯严厉批判了分析法学在法律适用中的逻辑主义观点。在他看来，形成法律并维系其发展的根本不是逻辑，而是经验，包括历史的经验和社会的经验。在这两者之间，更重要的是社会的经验。同时，霍姆斯严厉批判了自然法学的天真与无知。在他看来，自然法学家主张存在着一种处于人类想象之中的事先存在的权利，而实际上，这种权利的基础在于人们对于其所身处的社会的需要。对历史法学派，霍姆斯也毫不留情。他认为，历史法学的法律观点存在以下几个方面的问题：其一，仅在历史中寻求法律规则的正当性理由，未能认识到法律规则所赖以成长的各种社会利益因素；其二，只承认法律是历史发展的产物，否定法律可以通过人为因素加以改进；其三，主张将法律年鉴中记载的法律规则复活利用，成为现行有效的规则，

---

① 需要特别说明的是，"与前述三个法学派不同，社会学法理学虽说在开始时都信奉实证主义，但是在 20 世纪初，他们的哲学观点却发生了分野：有的信奉实证主义、有的信奉不同类型的社会哲理思想、有的信奉极端的经验主义，还有的信奉新现实主义。但是值得注意的是，社会学法理学家都采用一种实用主义的方法，而这种方法又是与他们各自所信奉的不同的形而上学出发点相一致的。"邓正来：《社会学法理学中的"社会"神——庞德法律理论的研究和批判》，载《中外法学》2003 年第 3 期。
② 参见吴予《法与正义的关联：一个西方文化基因演进的考察》，载《比较法研究》1999 年第 2 期。
③ 参见明辉、李霞《霍姆斯法哲学思想的历史地位及影响》，载《国外社会科学》2007 年第 1 期。

这无疑是荒谬和错误的。

作为社会学法学派的代表人物，庞德也曾对 19 世纪三大法学流派的方法论缺陷进行了批判，并在此基础上勾画了社会学法学的整合法律观。①在他看来，19 世纪所有的法学学派都存在这样的症结性问题，即它们都局限在法律内部建构学科，分析法学派和历史法学派体现得尤为明显。分析法学的方法在被夸大为法律科学方法的唯一时，导致了概念主义法理学与法律命令理论两种极具危害的后果。概念主义法理学只注重形式逻辑的完美，忽略了法律的目的；法律的命令理论则直接影响到通过司法发现并发展法律的成效，使得法律与主权者意志完全等同。把历史法学的方法当作唯一的方法使用，也会导致两种恶果：一是僵化地坚守传统法的某些过时做法，反对任何有意义的改进努力；二是将法律史上的某些偶然误为普通法的必然原则。尽管 19 世纪的哲理法理学试图发展出一种从外部对法律的批判，但是事实上它仍然只是根据法律本身的所谓精神和理念在进行论述，并且，其方法的滥用使得"法律哲学在 19 世纪下半叶声誉扫地"。②

（二）法的整合与重构

以庞德为代表的社会学法学派对法的概念进行了整合性重构，具体表现为：

1. 法律是统合性的社会控制手段。社会学法学家所关注的是全面的法律运作，而非权威性律令的抽象内容。庞德考察了经院哲学、近代物理学、语言学、政治经济学中"法"（law）的不同用法，他发现每一种意义的后面都存在着一种有秩序和有规则的观念。他称之为"法的思想"，它"向人们展示了某种根本性基础的画面。这种基础超越了个别人类意志的范围，在生活变化的旋涡中始终不变。"③ 他指出，真正的法律是三方面内

---

① 以庞德为代表的社会学法学派之所以走向整合性法学的道路，与法学家理论渊源的多样性关系密切。据庞德自述，他在形成社会学法学思想以前，曾信奉功利主义、分析法学和历史法学，在 20 世纪初结识罗斯并阅读沃德的著作后，才开始认真考虑社会学法学的相关问题。参见沈宗灵《现代西方法理学》，北京大学出版社，1992，第 282 页。

② 〔美〕罗斯科·庞德：《法理学》（第一卷），邓正来译，中国政法大学出版社，2004，第 110~111 页。

③ 朱晓东：《庞德法理学提纲初论：评〈法律的社会控制〉和〈法律史解释〉》，载北大法律信息网，http：//article. chinalawinfo. com/Article_ Detail. asp？ ArticleID = 19571，2014年 4 月 21 日最后访问。

容的综合：(1)"法律秩序——即通过有系统、有秩序地使用政治组织社会的强力来调整关系和安排行为的制度"；(2)"一批据以做出司法和行政决定的权威性资料、根据和指示"；(3)"公务上所做的一切"即司法和行政过程。他认为这三个方面可以"用社会控制的观念来加以统一。我们可以设想一种制度，它是依照一批在司法和行政过程中使用的权威性法令来实施的高度专门形式的社会控制。"他进一步指出，第二种意义上的法律也有着复杂的结构，它"包括各种法令、技术和理想：即按照权威性的传统理想有一种权威性的技术加以发展和适用的一批权威性命令"。这就是说，它包括法令、理想和技术三个方面。其中，技术部分包括"发展和适用法令的技术、法律工作者的业务技术，都是同样具有权威性的，也是同样重要的。其实，正是这个技术成分，足以用来区别近代世界中两大法系"[1]。这种统合性的法律概念，代表了社会学法学在法律本体论方面具有明显的均衡化取向。

2. 法律是均衡经验和理性的社会控制系统。分析法学认为法律是指导审判的权威规范，可以人为制定，而历史法学和哲理法学家则把法律视作是某种发现的而非制定职务。与上述不同，社会学法学把法律视作是一种将经验和理性均衡一体的社会制度。法律乃是经由理性发展起来的经验或经由经验检测的理性。

3. 法律通过社会利益的均衡保障确立自身的权威性与具体形式。分析法学坚持认为有形的国家力量就是制裁之源；历史法学认为法律背后的社会压力赋予了律令以无形的强力；哲理法学认为是法律的伦理光照赋予了其道德约束力。面对这些观点，社会学法学认为，法律乃是从其对社会利益的均衡保障中获致终极权威性的，即使律令的直接效力源于政治社会。[2]

在1954年修订版《法律哲学导论》一书中，庞德将其法律功能观做了集中阐述，这一精彩的理论概括代表了社会学法学派对于"法律是什么"这一法哲学根本问题的核心主张：

---

[1] 〔美〕庞德：《通过法律的社会控制 法律的任务》，沈宗灵译，商务印书馆，1984，第22页。
[2] 〔美〕罗斯科·庞德：《法理学》（第一卷），邓正来译，中国政法大学出版社，2004，第294~296页。

为了理解当下的法律，我满足于这样一幅图景，即在付出最小代价的条件下尽可能地满足人们的各种要求。我愿意把法律看成这样一种社会制度，即在通过政治组织的社会对人们的行为进行安排而满足人们的需要或实现人们的要求的情形下，它能以付出最小代价为条件而尽可能地满足社会需求——即产生于文明社会生活中的要求、需要和期望的社会制度。就理解法律这个目的而言，我很高兴能从法律的历史中发现了这样的记载：它通过社会控制的方式而不断扩大对人的需求、需要和欲望进行承认和满足；对社会利益进行日益广泛和有效的保护；更彻底和更有效地杜绝浪费并防止人们在享受生活时发生冲突——总而言之，一项日益有效的社会工程。①

由此，法律应通过社会均衡的判准，确定具体的形式类型。分析法学把制定法视作法律的类型，历史法学把习惯视作法律的渊源，社会学法学则从功能的角度来看待和区分法律制度、法律准则和法律律令，法律的形式取决于何者最契合特定时空法律秩序目的，更接近于社会均衡目标的功能实现。

三 迈向全面均衡的"综合法学"

如前所述，各个法学流派其实都隐藏着"片面"的"软肋"。在"道术将为天下裂"的背景之下，为了让法学理论的探照灯能够照亮法律大楼的每一个房间，诸多有识之士开始倡导"综合法学"研究。所谓综合法学，简而言之，就是要把法律的价值、规则、事实等方面的要素结合起来，从整合性的立场寻求"均衡的法"。② 它顺应了法学发展的大趋势，推进了法律本体论和方法论的整体性研究，为法均衡观的形成和兴起奠定了理论基础。

（一）"作为行动的法律"

美国法学家霍尔（Jerome Hall），法律跨学科研究的先锋，综合法学运动最早的倡导人，历来反对法学研究的门户之见，主张打破各派"特殊论

---

① 〔美〕博登海默：《法理学：法律哲学与法律方法》，邓正来译，中国政法大学出版社，1999，第147页。
② 参见喻中《法律立场·人文考量·社科眼光》，载《检察日报》2007年2月12日。

法学"的隔阂，实现自然法学、分析法学与社会学法学的"三位一体"。[①] 霍尔认为，黑格尔以降，法理学中的实证派强调法律的形式（逻辑、结构、语言），自然法论者强调法律的价值（正义、理性、权利），社会学法学则强调法律的事实（心理事实、社会事实、文化事实）——它们各执一端，肢解了法律的统一性。只有把法律的形式、价值、事实三者整合起来的综合法学研究，才是"适当"的法理学。

霍尔首先对自然法学提出了批评。他对自然法学的总体评价是："自然法是一个社会的产物，自然法的伦理原则是受社会历史条件制约的。如果要了解自然法及其伦理原则，就必须将它们放在具体的时间、空间结构中，只有在实际问题上和关系到利益冲突时，这种伦理原则及其更高的批评才是有意义的。"[②] 接着，霍尔检讨了社会学法学的局限性。在他看来，社会学法学虽然强调法律的事实因素，但是它一般仅限于司法活动的法律事实，忽视了司法者的道德倾向与价值态度，也忽视了立法、执法、守法领域的法律事实问题。同时，社会学法学力图排斥对法律价值和法律基本形式与概念的研究，试图将自然科学的方法机械移植到法学领域，这在霍尔看来，都是过于片面和特殊化的严重问题。对分析法学所谓的"价值中立"，霍尔也进行了激烈批评。在他看来，法律的社会目的和正义价值是客观存在的，分析法学的价值中立立场是虚假的故作姿态，事实上本身就带有强烈的价值倾向。

在霍尔看来，法理学的发展史遵循着"合-分-合"的均衡化路径。从柏拉图到19世纪（大体至黑格尔止），法理学归属于哲学。从19世纪开始，法理学独立建制，愈益专门化。而致其时其境，法理学应恢复综合性的研究。这并不意味着退化和复古，也不意味着法学成为无所不包的大杂烩，这只是意味着法理学应当注重科际整合，走出特殊论法学的局限。霍尔最终的结论是："第一，无论从特殊论法学的缺点或我们时代需要和人们要求来讲，任何特殊论法学都是不够的。第二，我们对自然法学、分析实证主义法学和法律的社会学都不应忽视，它们对综合法学研究的某些

[①] 他在1958年的著作中将美国现实主义法学列为三大派之一，但在20世纪70年代的著作中已将现实主义法学改换为社会学法学。事实上，美国现实主义法学也属于广义的社会学法学。参见前引沈宗灵《现代西方法理学》，北京大学出版社，1992，第452页。

[②] 转引自沈宗灵《现代西方法理学》，北京大学出版社，1992，第453页。

重要方面都做了贡献。第三,我们也不能简单地从这些特殊论法学中挑出某种东西把他们拼凑起来。为此,我们必须以'作为行动的法律'(law-as-action)作为综合法学的主体或基本论据。"[1]

在霍尔的"作为行动的法"这一核心概念中,规则、价值和实际的法以下列方式有机贯通:规则起着解释官员规定、评价、发布和适用法律的行为的作用。价值通过法的效力观念进入法的概念,而如何理解法的效力,这取决于是把法作为规则的法,还是作为行动的法。"作为规则的法"这一概念代表了凯尔森式的效力观——一个法律规则有效,即等于法律规则符合一个更高的法律规则;而"作为行动的法"则引出一个包括道德态度、原则和理想在内的综合效力观。因此,关于官员的活动,仅仅指出他们的决定合法还不够,还必须指出他们的决定是否正确、适宜或有益。这就涉及法律规则的价值,亦即法的道德效力。实际的法律行为通过法的实施观念进入法的概念,它包括制裁、纯粹的一致性、有意识的服从和遵守。

为了证立"作为行动的法律"这一概念,霍尔还专门对 action 与其他类似语词加以辨析。例如,他认为,行动(action)不同于一般性的行为(behavior),前者专指人的动作,后者则泛指所有动物的动作。行动要考虑到行为人的精神状态,人的法律行动是有目的、动机、价值导向的。总之,在他的学说中,"作为行动的法律"这一概念所称的"行动"具有独特含义,是包孕了价值目标与实际行为的综合构造。

此外,霍尔还特别指出,"作为行动的法律"不同于庞德在 20 世纪初提出的"行动中的法律"(law in action)。庞德主张应区分"书本上的法律"和"行动中的法律",二者经常悖离。霍尔认为"作为行动的法律"不存在这种矛盾,因为它并不违反或偏离书本中的法律,"行动"已然可以均衡法律价值、事实和规范等基本因素。[2]

(二)法律是正义和秩序的均衡

另一位综合法学的代表人物,博登海默(Edgar Bodenheimer),1908

---

[1] 〔美〕霍尔:《法理学》,1973,第 20 页。转引自前引沈宗灵,第 455 页。
[2] 参见前引沈宗灵《现代西方法理学》,北京大学出版社,1992,第 456~457 页。

年出生于德国柏林，获得海德堡大学博士学位后，1933 年移民美国。自 20 世纪 50 年代起，博登海默积极响应霍尔的倡导，加入了综合法学运动，并成为中坚人物。博登海默认为，历史上各派法理学都仅代表部分的有限真理，人们对法律的目的及利用手段等问题都没有达成实质性的一致意见。正是他把法律形容为"一个带有许多大厅、房间、四角、拐角的大厦"，并坦诚地指出："在同一时间里想用一盏探照灯照亮每一间房间、凹角和拐角是极为困难的，尤其是由于技术知识和经验的局限，照明系统不适当或至少不完备时，情形更是如此了"。他明确主张："进行这样一种事业，即利用人们过去所做的一切贡献的基础上，建立一门综合法理学。"[1]

为实现综合法理学的理论雄心，博登海默提出了三个"统一"：（1）法学研究方法的统一。20 世纪产生的各种各样关于法的性质和功能的理论，均关注法律问题的某一个方面。如果独立地看这些五花八门的解释法律的努力，那所展示的是一幅令人困惑的、多变的和不协调的图画。但如果根据综合法学的方法论，大部分的困惑即可消除。（2）法的概念的统一。法学发展到今天需要一个整体性的法律概念，这个概念应当把自由、平等、安全等基本的价值因素包括其中，因为任何忽略这些基本价值的"社会秩序"都不配称为"法律秩序"。（3）法的价值论的统一。20 世纪及其以前时代，法理学习惯于将社会生活中一个特定价值视作实现正义的唯一目标，有的以自由为正义核心，而有的以平等或安全为核心。博登海默断言，未来的法哲学将是多元法价值的综合和统一。

博登海默认为，法律是"一个结构复杂的网络，而法理学的任务就是要把组成这个网络的各个头绪编织在一起"[2]。就法律这个复杂的网络而言，正义和秩序的均衡是关键的结点。法律制度想要恰当地完成其职能，不仅要力求实现正义，而且还要致力于创造秩序。在一个健全的法律制度中，秩序与正义这两个价值应当紧密相连、融洽一致，而并非总是冲突、难以协调。一个不能满足正义要求的法律制度，难以为政治实体提供和平

---

[1] 见前引〔美〕博登海默《法理学：法律哲学与法律方法》，邓正来译，中国政法大学出版社，1999，第 199 页。
[2] 见前引〔美〕博登海默《法理学：法律哲学与法律方法》，邓正来译，中国政法大学出版社，1999，第 200 页。

和秩序；而一个缺乏秩序的司法行政制度，则无法确立正义价值的底线屏障。秩序是法律的形式，正义是法律的内容。秩序既指社会使用一定的规则、标准和原则来调整人们的关系，又指社会过程的一致性、持续性和连贯性。人们喜欢秩序，有两个心理根源：一是人人都喜欢不断重复以前的、令人满意的好经验，这种重复给人以精神上的愉快、物质上的满足；二是人们都希望相互之间有着稳定的权利和义务，没有稳定的权利和义务，立身处世就会手足无措。正义是构成法律规范大厦的那些规则、原则和标准的公正性和合理性基石，它关注的是法律制度的内容以及它们对人类生活的影响、对人类幸福的贡献和对人类文明的价值。自由、平等、安全、公共福利都是正义价值的重要组成部分，它们都旨在满足个人的合理需求，加强文明社会的有机团结。

（三）整合性的社会法

如果说霍尔是综合法学运动的纲领开创者，博登海默是解释与完善者，那么伯尔曼（Harold J. Berman）可称得上是真正的集大成者。在他的理论中，综合法学不再只是一种构想和倡议，而是一种包容法律历史和社会理论的整体性解释框架。[1]

伯尔曼认为，法律与宗教关系的破裂代表了西方法律传统的危机，意味着正义与神圣之间的纽带开始断裂。他的名言时常被人引用："没有信仰的法律将退化为僵死的教条"，"而没有法律的信仰，将蜕变成为狂言"。在他看来，西方社会已陷入转型时代的特殊困境，现行法律与宗教制度已经崩坏，但新的制度和价值系统尚未出现。如果期望再生，西方社会就必须克服威胁整体性的"二元论"思维模式——这种"二元论"坚持主体与客体、意识与存在的对立，由此把法律与其他社会范畴截然分离，这导致了法学和法治的整体封闭和僵死。伯氏认为，未来新生的时代乃是一个"综合的时代"，在这个时代里，"非此即彼"让位于"亦此亦彼"，不再

---

[1] 伯尔曼《法律与宗教》一书的中译者梁治平认为："早在20世纪50年代撰写和出版的著作中，伯尔曼就谈到对融合法理学中三个主要派别——实证主义法学、自然法学和历史法学——的需要和可能。20世纪80年代以后，这种想法发展成为一种对他所谓整体法学（Integrative Jurisprudence）的有意识的探究。"〔美〕伯尔曼：《法律与宗教》，梁治平译，中国政法大学出版社，2002，"增订版译者前言"第4页。

是主体反对客体，而是主体与客体交互作用；不再是意识反对存在，而是意识与存在同在；不再是理智反对情感，而是整体的人在思考和感受。在《法律的历史基础》一文中，伯尔曼开宗明义：

> 今天我们聚集一起，从不同但又紧密联系的角度即从法律的历史基础、社会关系基础以及道德与宗教基础来探讨法律。在讨论之前，我将从对三大法学学派——实证主义、自然法理论和历史学派做简短的分析开始，这三者在过去的两个世纪里在欧洲和美国彼此竞争相互影响。我这么做，是因为我相信：今日我们所取得的成就之一将会带来三大学派的融合，即或许可称作整体性法学（an integrative jurisprudence）。我将强调需要复兴历史法学以便解决其他两个学派之间的冲突，同时我也将强调需要整合三大学派以便应对我们的法律传统在21世纪所遭遇的历史挑战。①

在他看来，历史法学与社会学法学是一脉相承的整体，他的综合法学观念最终导向一种"法的社会理论"。② 在《法律与革命》中，伯尔曼结合西方法律传统的形成过程，系统阐述了自己的综合性法社会理论。他批评将法律及其因果关系过于简单化的观念。综合性的法社会理论应当寻求一种均衡的法，在对它的定义和分析中，应强调精神和物质、观念和经验之间的互动均衡。伯尔曼站在此种角度，主张把三个传统的法学流派整合成一体性的法学。

伯尔曼认为，政治、经济、法律、宗教和思想之间存在着互动关系，这种互动关系排斥了它们之间简单地决定与被决定关系。同时，他也反对相对论。他认为真实的情况是：在某时某地经济的因素较为重要，在某时某地政治的因素较为重要，在某时某地法律或者宗教的因素较为重要。在

---

① 〔美〕伯尔曼：《法律的历史基础》，范进学译，载《学习与探索》2006年第5期。
② 伯尔曼在"法律的历史基础"一文的结尾对这种关联性作了总结："历史法学并不像一些学者所认为的那样仅是社会学声明，它实际上在尤金·艾利希和马克斯·韦伯这样的社会理论家手中变成了法律社会学的一部分，一项研究社会、经济和意识形态因素对法律发展进程的影响的学科。作为一项法学理论，它强调扎根于有机发展之中的信仰，而不是关于这样的发展会继续存在的信仰。它将法律过去的传统视为今天和未来法律自觉成长的重要渊源。"〔美〕伯尔曼：《法律的历史基础》，范进学译，载《学习与探索》2006年第5期。

所有时间和地点，居支配地位的重要因素则是这些不同因素的均衡作用。正是有这种认识，伯尔曼才推导出整合性的社会法理论——法律既是从整个社会的结构和习惯自下而上发展而来，又是从上层统治者们的政策和价值中自上而下推广而来，处于多元化的动态整合之中。法律既是社会基础的构成部分，又是社会发展的必然结果。在综合性的社会法视野中，法律的存在至少具有三个方面的意蕴：首先，法律是一种相对独立的因素，从其内部生发并成长起来，它不仅维护现存权力结构和社会秩序，同时又对其提出挑战。其次，法律能够独立参与和影响社会进程。最后，法律固然体现了精神内容，但同时也是一种物质力量。

| 第三章 |

法治均衡的思想系谱

法学家对"理想的法"总是拥有无穷无尽的辩论理由和探究动能。在源远流长的法学发展过程中,寻求"均衡的法"是一种相对确定的趋势。但法治终究不是纯粹的理论建构,它需要综合的战略思维予以支撑和指引。立基于此,本章以类型化的法理主体和系谱式的思想深描方法,在更为实践化的语境下阐释法治均衡的理念细节,揭示其效用,也指陈其难题。本章论述的出发点,可以借用詹姆斯定位实用主义的一句名言:"新瓶装老酒"(A New Name for Some Old Ways of Thinking)[1]。无论是古典时代的哲学家,还是诸多法政精英,他们的法治战略思维其实都具有某种导向均衡的默契,也都面临某些家族相似的谜题与悖论。

第一节 古典时代的哲学家

一 永未完结的《政治学》:理想政体的法治与均衡

亚里士多德在《政治学》中将"城邦"定义为"至高而广泛的社会团体"[2],并指出:"城邦以正义为原则。由正义衍生的礼法,可凭以判断(人间的)是非曲直,正义恰正是树立社会秩序的基础。"[3] 在探究理想政体的过程中,亚氏采纳了应然与实然的均衡分析法。一方面,全面探究公认为治理良好的城邦体制;另一方面,全面考究思想家构建的各种政体理

---

[1] Milton R. Konvitz & Gail Kennedy ed., *The American Pragmatists: Selected Writings*, Meredian Books, 1960, p.31.
[2] 〔古希腊〕亚里士多德:《政治学》,吴寿彭译,商务印书馆,1965,第3页。
[3] 〔古希腊〕亚里士多德:《政治学》,吴寿彭译,商务印书馆,1965,第9页。

想形式。① 他希望，这种研究"使（实际的和理想的）各种政体的合乎道义而有益的各方面能够明示世人"。② 接下来，亚氏考察了政体的财产制度，批驳了柏拉图（苏格拉底）的纯粹公有设想，提出了"产业私有而财物公有"（私财公用）的均衡性主张③，并提出，"城邦应该是许多分子的集合，唯有教育才能使它成为团体而达成统一。"④ 亚氏着力批评了柏拉图在《法律篇》中提出的"共和政体的中间形式"⑤，认为这种政体实际缺乏君主政体的要素，专重寡头制或民主制且更偏向于寡头政体，这实际上并不是真正的均衡政体，至少不如另一些哲学家及政治家倡议的政制构思。⑥

亚氏欣赏法勒亚政制思想中的"以教育为财产衡平之标准"的观点。⑦亚氏对希朴达摩的政制思想也给予了高度评价，他说，"没有从政经验而创制出最优良的城邦制度当以米利都人、欧吕丰的儿子希朴达摩为第一人。"⑧ 对于希氏的司法改良思想，亚里士多德作了重点评述。亚氏将希氏列入毕达哥拉斯学派，认为这一学派尚"三"，言万物分于三而合于三。希氏将阶级三分，将财产三分，将法律三分（他认为法律只有三类，分别适用于三类刑事诉讼——殴辱、伤害、杀人）。但希氏还是建议设置单独的最高法院，并主张对法庭判决方式做出改革。具体而言，就是变"全罪或完全免罪"的独断判决为三种情形的均衡处理（有罪，完全无罪和一部分有罪、一部分无罪），亚氏对希氏司法改良主张的不满意之处主要体现在，他认为希氏混淆了仲裁法庭和公审法庭的区别。希氏只看到了仲裁法庭的作用，主张"仲裁员虽然也有若干人，但他们可以合议，经过共同斟酌而后确定某种适当的罪罚"。⑨ 但是，"至于在一个公审法庭中，这样的

---

① 〔古希腊〕亚里士多德：《政治学》，吴寿彭译，商务印书馆，1965，第43页。
② 〔古希腊〕亚里士多德：《政治学》，吴寿彭译，商务印书馆，1965，第43页。
③ 这种主张的均衡性质还可体现在亚氏言论的其他地方。如，他提出，"人们在处理财富上表现过弱（吝啬）或过强（纵滥）的精神都是不适宜的，这里唯有既素朴而又宽裕，才是合适的品性。""宽裕（自由）将不期而流于奢侈，素朴（节制）又将不期而陷于寒酸。"〔古希腊〕亚里士多德：《政治学》，吴寿彭译，商务印书馆，1965，第64页。
④ 〔古希腊〕亚里士多德：《政治学》，吴寿彭译，商务印书馆，1965，第57页。
⑤ 〔古希腊〕亚里士多德：《政治学》，吴寿彭译，商务印书馆，1965，第65页。
⑥ 参见〔古希腊〕亚里士多德《政治学》，吴寿彭译，商务印书馆，1965，第67~68页。
⑦ 参见〔古希腊〕亚里士多德《政治学》，吴寿彭译，商务印书馆，1965，第68~75页。
⑧ 〔古希腊〕亚里士多德：《政治学》，吴寿彭译，商务印书馆，1965，第75页。
⑨ 〔古希腊〕亚里士多德：《政治学》，吴寿彭译，商务印书馆，1965，第78页。

论罪方式是不可能的,大多数城邦的法规都特别注意到在公审法庭上,所有审判人员都不得互通声气。"① 在法律改革问题上,亚氏明确表达了他的均衡立场,指出了变革应当综合考量成本效益、法律稳定性、权威以及具体操作等问题:

> 变革实在是一件应当慎重考虑的大事。人们倘若习惯于轻率的变革,这不是社会的幸福,要是变革所得的利益不大,则法律和政府方面所包含的一些缺点还是姑且让它沿袭的好;一经更张,法律和政府的威信总要一度降落,这样,变革所得的一些利益也许不足以抵偿更张所受的损失。……变革一项法律大不同于变革一门技艺。法律所以能见成效,全靠民众的服从,而遵守法律的习性须经长期的培养,如果轻易地对这种或那种法制常常作这样或那样的废改,民众守法的习性必然消减,而法律的威信也就跟着削弱了。关于〔变法〕这个问题还有一些疑难:即使我们已经承认法律应当实行变革,仍须研究这种变革是否在全部法律和政治上要全部进行或应当局部进行,又变革可以由任何有志革新的人来执行还是只能由某些人来办理。②

谈论完思想家们的理想政制构思后,亚氏转而评述三种现实政体:斯巴达、克里特政制和迦太基政体。他主要从两个方面进行评述:政制所依之法是良法还是恶法?立法目的和政体宗旨是否真正得到贯彻?这与亚氏法治的两重含义主张是契合的,前者关注法律良善目的,后者关注法律实行问题。亚氏以斯巴达的"贫富不均"问题为例分析了其法制的缺点,他精彩的分析雄辩地证明:法制的目的与实际后果的差池乃是社会问题之根源,也是城邦衰败之肇因。③ 对于克里特政制,亚氏更是一针见血地指出:"不遵循法律的途径而让某些人逞其私意,这总是邦国的祸患。"④ 在三种政制中,亚氏评价最高的当属迦太基,但这种满意也颇为勉强。⑤

---

① 〔古希腊〕亚里士多德:《政治学》,吴寿彭译,商务印书馆,1965,第78页。
② 〔古希腊〕亚里士多德:《政治学》,吴寿彭译,商务印书馆,1965,第81页。
③ 关于这一精彩分析的细节,可参见亚里士多德《政治学》,第85~92页。
④ 〔古希腊〕亚里士多德:《政治学》,吴寿彭译,商务印书馆,1965,第96页。
⑤ 参见〔古希腊〕亚里士多德《政治学》,吴寿彭译,商务印书馆,1965,第102页。

亚氏政体分析的第三个视角是"实际立法家"的观点。① 他把理想政体观的提出者分作两类：思想家和立法者。柏拉图、法勒亚、希朴达摩属于前者，而随后谈论的莱喀古士、梭伦属于后者。对梭伦立法，亚里士多德给予了重点关注和公正评价，他引用一个学派认为梭伦是一个优良立法家的观点，指陈了其进步性；同时又引用了批评家的观点，指陈了其局限，最后结合实事，指出"史迹的变迁到这样，这不是梭伦当初所能料想到的"。② 亚氏对梭伦立法的肯定，集中体现在对其方式之得当（因袭与创造相结合）及政体均衡成就（尚富政治、尚贤政治和民主政治的融合）的表彰上。对于引起争议的公审法庭，亚氏也没有讳言其消极影响，即"在梭伦以后，这些法庭的权威既日渐增强，历任的执政好像谄媚僭主那样谄媚平民，于是雅典的政体终于转成现世那种'极端民主'的形式"③。

在卷三中，亚氏开始转入自我观点的陈述。亚氏采用了"本质主义"进路。他首先追问城邦的本质。答曰："城邦正是若干（许多）公民的组合"④ 这样，先行研究公民的本质也就顺理成章了。亚氏将符合公民本质的人称为"全称的公民"⑤，把公民界定为"凡有权参加议事和审判职能的人"。⑥ 在对公民品德的考量中，亚氏指出："公民兼为统治者和被统治者，就应熟习两方面的才识。"⑦ "好公民必须修习这两方面的才识，他应该懂得作为统治者，怎样治理自由的人们，而作为自由人之一又须知道怎样接受他人的统治——这就是一个好公民的品德。"⑧

讨论完公民性质后，亚氏顺理成章地指出："政体（宪法）为城邦一切政治组织的依据，其中尤其着重于政治所由以决定的'最高治权'的组织。城邦不论是哪种类型，它的最高治权一定寄托于'公民团体'，公民团体实际上就是城邦制度。"⑨ 亚氏将统治分作三种类型：主奴统治、家务

---

① 亚氏把"实际立法家"分为两类：一是只有某一城邦拟订法典，另一些则既订法典又兼定政制，如莱喀古士和梭伦。
② 〔古希腊〕亚里士多德：《政治学》，吴寿彭译，商务印书馆，1965，第105页。
③ 〔古希腊〕亚里士多德：《政治学》，吴寿彭译，商务印书馆，1965，第104页。
④ 〔古希腊〕亚里士多德：《政治学》，吴寿彭译，商务印书馆，1965，第109页。
⑤ 〔古希腊〕亚里士多德：《政治学》，吴寿彭译，商务印书馆，1965，第111页。
⑥ 〔古希腊〕亚里士多德：《政治学》，吴寿彭译，商务印书馆，1965，第113页。
⑦ 〔古希腊〕亚里士多德：《政治学》，吴寿彭译，商务印书馆，1965，第123页。
⑧ 〔古希腊〕亚里士多德：《政治学》，吴寿彭译，商务印书馆，1965，第124页。
⑨ 〔古希腊〕亚里士多德：《政治学》，吴寿彭译，商务印书馆，1965，第129页。

统治和城邦统治，明确提出判断政体正当（正宗）与否的标准就是"公共利益"。① 在城邦统治语境下，亚氏所谓的正宗政体有三种：王制（君主）政体、贵族（贤能）政体、共和政体。"相应于上述各类型的变态政体，僭主政体为王制的变态；寡头政体为贵族政体的变态；平民政体为共和政体的变态。"② "僭主政体以一人为治，凡所设施也以他个人的利益为依归；寡头（少数）政体以富户的利益为依归；平民政体则以穷人的利益为依归。三者都不照顾城邦全体公民的利益。"③

在政体论述中，亚氏重申了他在《伦理学》中的正义理论。其基本观点是，"政治团体的存在并不由于社会生活，而是为了美善的行为（我们就应依照这个结论建立'正义'的观念）。对政权之分配理应以政治品德与贡献之大小为据，而政治贡献又应以对美善行为付出的多少为据，分配之法则应秉持'正义即公平的精神'。"④ 亚氏指出，法律的实际意义"应该是促成全邦人民都能进于正义和善德的（永久）制度"。⑤ 亚氏进而提出关于城邦最高治权应该寄托于什么的疑问。他依次否决了群众、富户、高尚者、全邦最好的一人及法律。⑥ 亚氏观点倾向于将"群众"转化为"集体"——"集合于一个会场的群众就好像一个具有许多手足、许多耳目的异人一样，他还具有许多性格、许多聪明。"⑦

在政体比较研究过程中，亚氏提出了"王治（人治）还是法治"的问题。亚氏并未作非此即彼的回答，而是细致考察了各种情形，做出了不同回答：①在尊重法治的情况下，法律有所未周而不得不倚仗人治，亚氏倾向于集体智慧优先个人智慧，也即"众人之治优于一人之治"；②在君主制下，法治作用仍得以存在，也即所谓"依法为政的君王"。

---

① 亚氏的具体论述，参见〔古希腊〕亚里士多德《政治学》，吴寿彭译，商务印书馆，1965，第131~133页。
② 〔古希腊〕亚里士多德：《政治学》，吴寿彭译，商务印书馆，1965，第184页。
③ 〔古希腊〕亚里士多德：《政治学》，吴寿彭译，商务印书馆，1965，第184页。
④ 〔古希腊〕亚里士多德：《政治学》，吴寿彭译，商务印书馆，1965，第140页。
⑤ 〔古希腊〕亚里士多德：《政治学》，吴寿彭译，商务印书馆，1965，第138页。
⑥ 亚里士多德说："法律本身可以或倾向寡头，或倾向平民；以倾向寡头或平民（民主）的法律为政，又有什么不同于寡头派或平民（民主）派执掌着最高治权？"〔古希腊〕亚里士多德：《政治学》，吴寿彭译，商务印书馆，1965，第142页。
⑦ 〔古希腊〕亚里士多德：《政治学》，吴寿彭译，商务印书馆，1965，第143页。

> 法律训练（教导）执法者根据法意解释并应用一切条例，对于法律所没有周详的地方，让他们遵从法律的原来精神，公正地加以处理和裁决。法律也允许人们根据积累的经验，修订或补充现行各种规章，以求日臻美备。谁说应当由法律遂行其统治，这就有如说，唯独神祇和理智可以行使统治；至于谁说应该让一个个人来统治，这就在政治中混入了兽性的因素。常人既不能完全消除兽欲，虽最好的人们（贤良）也未免有热忱，这就往往在执政的时候引起偏向。法律恰恰正是免除一切情欲影响的神祇和理智的体现。①

亚氏以医疗和锻炼为喻，指出，"要使事物合于正义（公平），须有毫无偏私的权衡；法律恰恰正是这样一个中道的权衡。"② 法治的本质决非简单的法律判断，其内设的精神底蕴乃是法律秉持的"中道权衡"。法治成败系于理想政体要求的以公共利益为本位的法律权威与集体、个人或其他联合体行使的法律权力能否均衡与契合。③ 一方面，法律权威依仗于良法之订立，而这取决于政体之理想和类型。另一方面，法律权力必须以法律权威为前提，同时又反过来弥补法律之不周详。法律权力的正常行使和非常行使都以维护和增进法律权威、捍卫政体理想为前提，这样，法治才能实现其本质要求，捍卫公共利益。

为了阐述理想均衡政体的产生和起源，亚氏从人类最崇高的生活性质切入。④ 他认为，最好的生活方式就是"中庸"：

> 大家既然已公认节制和中庸常常是最好的品德，那么人生所赋有的善德就完全应当以［毋过毋不及］中间境界为最佳。处在这种境界的人们最能顺从理性。趋向这一端或哪一端——过美、过强、过贵、过富或太丑、太弱、太贱、太穷——的人们都是不愿顺从理性的引导的。……中产阶级（小康之家）比任何其他阶级都较为稳定。他们既

---

① 〔古希腊〕亚里士多德：《政治学》，吴寿彭译，商务印书馆，1965，第168~169页。
② 〔古希腊〕亚里士多德：《政治学》，吴寿彭译，商务印书馆，1965，第169页。
③ 亚氏对"理性"的强调，可见诸其论述中产阶级的理性（参见《政治学》第205~206页）及理性为成善三端（天赋、习惯、理性）之首要（参见《政治学》第384~385页）。
④ 亚氏在卷三之末指出："最优良的政体就是由最优良的人们为之治理的政体。"

不像穷人那样希图他人的财物，他们的资产也不像富人那么多得足以引起穷人的觊觎。既不对别人抱有任何阴谋，也不会自相残害，他们过着无所忧惧的平安生活。①

他以最好的立法家都出身于中产家庭为例证，梭伦、莱喀古士、嘉隆达斯以及其他大多数的立法家都是属于中产阶级。② 亚氏还具体分析了中产阶级主导的均衡政体的基本要素：城邦构成上的"质"与"量"的均衡、仲裁的均衡机能以及政体内部机能（议事、行政和审判）的总体均衡。③

严重的不均衡会带来政体的非正常变革。他以身体为喻，指出某一部分畸形发育势必会导致政体性质的变化。④ 经过对"政变通例"的详尽考察，亚氏提醒后人，"对于各个要素（部分）业经调和好了的政体，最切要的事情莫过于禁绝一切违法（破坏成规）的举动，尤其应该注意到一切容易被忽视的小节。"⑤ 总而言之，亚氏的理想政体就是均衡政体。它以均衡（中庸）的生活方式为终极依归，以均衡（中产）的阶层力量为根本依托，以均衡（中道）的法律权威为直接依据，以均衡（中和）的政体安排为具体依靠。

接下来，亚氏着重探讨了均衡政体的具体构建。依据他一贯的研究程序，他分别论述了平民政体、寡头政体的不同情形。值得留意的是，亚氏提出的第五种和第六种职司。"第五种职司办理民间契约和法庭判决的注册事务；一切诉讼和司法预备程序都得在这里先行登记。"⑥ "次于第五种的职司，实为各职司中既是必不可缺又是最为艰难的一种业务。这一（第六）职司专事执行已经判决并已登记于册籍中的各种刑罚，他们须替城邦追取应缴的罚金或债款，也须为城邦监守罪犯。"⑦

最后，亚氏又回到了人类最崇高生活的性质的讨论上。均衡生活的达成需要理性之谐和，作为先天承继之天赋与后天训导之习惯都不足以导生

---

① 〔古希腊〕亚里士多德：《政治学》，吴寿彭译，商务印书馆，1965，第205~206页。
② 〔古希腊〕亚里士多德：《政治学》，吴寿彭译，商务印书馆，1965，第207~208页。
③ 参见〔古希腊〕亚里士多德《政治学》，吴寿彭译，商务印书馆，1965，第215页。
④ 参见〔古希腊〕亚里士多德《政治学》，吴寿彭译，商务印书馆，1965，第239页。
⑤ 〔古希腊〕亚里士多德：《政治学》，吴寿彭译，商务印书馆，1965，第265页。
⑥ 〔古希腊〕亚里士多德：《政治学》，吴寿彭译，商务印书馆，1965，第331页。
⑦ 〔古希腊〕亚里士多德：《政治学》，吴寿彭译，商务印书馆，1965，第332页。

良善的生活。但依照三者产生次序，我们又应首先关注人之躯体，挨次留心他们的情欲境界和灵魂。"可是，恰如对于身体的维护，必须以有造于灵魂为目的，训导他们的情欲，也必须以有益于思想为目的。"① 卷八主要探讨儿童教育（音乐教育）问题。

罗斯在1956年出版的《亚里士多德》一书中指出：《政治学》这书，"不但关于教育的讨论未曾完篇，亚氏理想国的其他好多事情也付之缺如……是否他的想象力有所不足，或讲稿遗失了一部分，我们现在无可考明；也许他像柏拉图一样，认为具备了良好的教育，城邦所需其他种种就会跟着实现"。② 的确，亚里士多德非常重视公民品德教育，但他也极为重视社会结构的均衡要素。尤其是它对法治双重含义的均衡界定，使得法律品格与法律效能有机契合于政体实践。在此意义上，《政治学》中的法治均衡理念也是永未完结的，并且很难为后人超越。

二 看不见的儒家权力：法治均衡的德性构造

在古典中国，孔子开创的儒家学说，可与亚里士多德的法治均衡观形成映照。

《尚书》记载："周公若曰：'太史，司寇苏公！式敬尔由狱，以长我王国。兹式有慎，以列用中罚。'" "非佞折狱，惟良折狱，罔非在中。"意思是，只有那些具备良好德性的司法官员才能做出符合中道的裁决。这表明，与"神本"时代的殷商司法不同，西周的统治精英（周公）开始有意将"天命"与"人德"有机均衡，提出了"以德配天"的学说，进而将统治阶层的使命明确定位于"敬天保民"，在"天命"与"民本"间凭借优良政治品德完成"天棐忱辞，其考我民"的大业。据此，有学者将西周称为"中国历史上'人的觉醒的时代'"③。在孔子生活的年代，中国已进入"人文的世纪"。④ "其时，人与超越世界（天）的沟通，已经无须凭借'巫'这一外在媒介，而是直接转向人的

---

① 〔古希腊〕亚里士多德：《政治学》，吴寿彭译，商务印书馆，1965，第395页。
② 〔古希腊〕亚里士多德：《政治学》，吴寿彭译，商务印书馆，1965，第434页。
③ 徐忠明：《古典中国的死刑：一个文化史与思想史的考察》，载《中外法学》2006年第3期。
④ 徐复观：《中国人性史论》（先秦篇），上海三联书店，2001，第41页。

内在心理；也就是说，通过'心'的道德自省机制，即可与'天'交流。"① 孔子的哲学突破体现为"仁学"结构的确证，在孔子那里，人的本质是'仁'，法治均衡的主轴也围绕着仁本的德性旋转。

(一) 为政在人的仁本政治

  哀公问政。子曰："文武之政，布在方策。其人存，则其政举。其人亡，则其政息。人道敏政，地道敏树。夫政也者，蒲庐也。"故为政在人，取人以身，修身以道，修道以仁。仁者人也，亲亲为大。义者，宜也，尊贤为大。亲亲之杀，尊贤之杀，尊贤之等，礼所生也。

——《中庸》

在这段论述中，孔子的仁政思想被解读为以人为本的政治。所谓"人存政举，人亡政息"——"人"成为决定政治兴衰的根本要素。孔子的"人"与"仁"是互通的，《孟子·尽心下》就说："仁也者，人也。"《礼记·表记》也说："仁者，人也。"仁是"做人的根本原则"。② 人本政治产生礼法规则，这是孔子司法权理论之根本前提。脱离了人本的礼法和司法，孔子讽喻为，本无美人之姿而徒以脂粉服装为饰的丑女。③

(二) 人本政治的中和理想

  喜怒哀乐之未发，谓之中。发而皆中节谓之和。中也者，天下之本也。和也者，天下之达道也。致中和，天地位焉，万物育焉。

——《中庸》

  仲尼曰："君子中庸，小人反中庸。"

——《中庸》

  子曰："质胜文则野，文胜质则史；文质彬彬，然后君子。"

——《论语》

---

① 徐复观：《中国人性史论》（先秦篇），上海三联书店，2001，第41页。
② 沈知方、蒋伯潜：《四书读本·中庸新解》，浙江人民出版社，1986，第19页。
③ 沈知方、蒋伯潜：《四书读本·论语新解》，浙江人民出版社，1986，第24页。

在孔子看来，中庸之道是天下大道，是判定君子与小人的根本标尺。人本政治应当倚仗秉行中庸之道的君子。[①] 标准的中和君子形象在《中庸》中也有描述："大哉圣人之道，洋洋乎发育万物，峻极于天，优优大哉！礼仪三百，威仪三千，待其人而后行。故曰：苟不至德，至道不凝焉。故君子尊德性而道问学，致广大而尽精微，极高明而道中庸，温故而知新，敦厚以崇礼。是故居上不骄，为下不倍。国有道，其言足以兴；国无道，其默足以容。诗曰：'既明且哲，以保其身。'其此之谓兴。"为政的君子一定要适应各种情状，执中而行，保常不易。"是故君子动而世为天下道，行而为天下法，言而为天下则，远之则有望，近之则不厌。"（《中庸》）"君子不器"（《论语·为政第二》）意为践行中和的君子（成德之人）体无不该用无不适。

（三）政刑与德礼的均衡

子曰："为政以德，譬如北辰，居其所而众星共之。""道之以政，齐之以刑，民免而无耻。道之以德，齐之以礼，有耻且格。"（《论语·为政第二》）表面上看，孔子是德礼之治的倡导者，其实，我们只看到了问题的一个方面。孔子强调人本政治的中和理想，行中庸的君子也应当力求在"德"和"刑"之间达至均衡。所以，孔子又说："君子怀德，小人怀土。君子怀刑，小人怀惠。"（《论语·里仁》）

孔子反对盲目的兴讼，主张刑与德有机均衡。"听讼，吾犹人也。必使也无讼乎"，表达了曾作为司法首长的哲人面对诉讼的矛盾心理：在听讼与无讼间的艰难均衡。面对实定法的刑罪，孔子也表现出了既不完全否定也不一味迷从的均衡理智。"子谓南容'邦有道不废；邦无道，免于刑戮'。以其兄子妻之。"为了侄女，孔子考量了免于刑罚的好处；同时，孔子也不忌讳被判罪之人成为他的亲属。"子谓公冶长：'可妻也。虽在缧绁之中非其罪也。'以其子妻之。"在他看来，公冶长虽在狱中，但其所受刑罚并非其所应得，故"非其罪以其子妻之"。

[①] "中庸之道"并非孔子提出，系宋明理学家的阐发。郑玄注曰："庸，常也；用中为常道也。"朱子中庸章句题下注曰："中者，不偏不倚，无过无不及之名；庸，平常也。"又引程颐说："不偏之谓中，不易之谓庸；中者，天下之正道，庸者，天下之定理。"参见《四书读本·中庸新解》，第1页。

（四）君子的"沟通理性"

孔子并不要求为政者拥有天才般的智慧，而是反复强调平常人与平常心。君子之"德风"，关键就在于他们掌握了一套能与民众（小人）沟通的理性方法，借之可以形塑日常生活的公共话语。立基于普遍性知识、思想与信仰的世界往往具有超稳定的结构，王朝政治变动难以从根基上动摇其内在的均衡主轴。孔子缔造的"与民同乐"的君子儒教，不苛求通达博雅，也不陷失于盲信、粗俗（不语怪力乱神就是一个很好的例子），在超验的形而上世界与经验的形而下生活中往复顾盼，拈捻出了一条实用生活的均衡红绸，将整个社会从上至下串联、包裹起来，在政治风波的涤荡下，鲜活显耀。孔子希望，每个人都能像"好色"那样"好德"，他衷心构造的"德"，绝非悬浮于太空之外的飘尘，而是根植于民众之心的生活守则。"礼""刑""政"等范畴都围绕并服务着实用的均衡生活、美善的中和理想这一人生哲学中轴。

（五）君子不器与德性法治

孔子说："君子不器"。这一训诫包含多重含义。首先，作为社会精英的君子不应当成为某种专业技艺的代言者，哪怕这种技艺关系重大，也不能受其束缚，"使自己的才能受卑劣统治者的支配"[1]。其次，君子"自己应准备从事广泛的活动，不能仅仅局限在非常狭窄的专门化的社会或官僚政治活动中。他至少应是文化典范的活化身"[2]。最后，君子还应懂得以文化典范权能制约政治强势权威之道，学会利用道德天性的先定和谐，调处人世各种纠葛，达致天道均衡的"至圣"功夫。

这种理念在《中庸》第三十章（朱子以为是三十一章）中有一套颇具诗意的概括：

> 唯天下至圣，为能聪明睿知，足以有临也。宽裕温柔，足以有容

---

[1] 〔美〕杰罗姆·B. 格里德尔：《知识分子与现代中国》，单正平译，南开大学出版社，2002，第12页。

[2] 〔美〕杰罗姆·B. 格里德尔：《知识分子与现代中国》，单正平译，南开大学出版社，2002，第12页。

也。发强刚毅,足以有执也。齐庄中正,足以有敬也。文理密察,足以有别也。溥博渊泉,而时出之。溥博如天,渊泉如渊。见而民莫不敬,言而民莫不信,行而民莫不说。

是以声名洋溢乎中国,施及蛮貊;舟车所至,人力所通,天之所覆,地之所载,日月所照,霜露所坠,凡有血气者莫不尊亲;故曰配天。

倘如司法官者,依孔教理想,其应具备"圣""仁""义""礼""智"五德,凭此五德,其必能敬民、信民、悦民,声名广播——正所谓"以德配天"。

(六) 德性法治的思想绵延

后世儒家就如何达致德性法治之理想均衡,涌现出了多种学说,譬如孟子的"君民仁政论"、荀子的"圣士学养论"等。无论是强调君民互动的仁政风尚,还是奉求圣士修身的学养文化,都是为了使法治权力主体具备高于常人却又能影响大众的优良品德。只不过,在孟子眼里,所有的美德都属于君王,官吏和民众不过是德性权能的受动者。而荀子却不大相信人性皆善,主张从上至下莫不齐乎礼,莫不始乎学。[①] 孟子和荀子将孔子的理论分为两端:一端是自然天成的王权至上,一端是人为修造的圣人本位。这可谓儒学内部紧张的历史渊源,也是后轴心时代中国法治与德治、表达与实践二元对垒的思想基底。

其实,连接儒家理论与政治现实的桥梁,如格里德尔所言,是"官场"。[②] 由于孟子理论的强大影响,后世的王权逐渐垄断了"美德"的占有。同样是治国精英,王权的臣僚行使职权的合法性又从何而来呢?他们是一群特殊的"人"——既非授命于天的"王",亦非求生于地的"民"——他们既是王权的受托者,亦是民权的保护人;既要明悉上层的礼教,学会"以德配天",又要懂得下层的疾苦,做到"与民安乐"——

---

① 《荀子·劝学》曰:"是故无冥冥之志者,无昭昭之明,无昏昏之事者,无赫赫之功。其数则始乎诵经,终乎读礼;其义则始乎为士,终乎为圣人。真积力久则人,学至乎没而后止也。故学数有终,若其义则不可须臾舍也。为之,人也。舍之,禽兽也。"
② 〔美〕杰罗姆·B. 格里德尔:《知识分子与现代中国》,单正平译,南开大学出版社,2002,第 15 页。

特别是当"天命"与"民生"相勾连，正所谓"天视自我民视，天听自我民听"，这种角色的重要性不言自明。

随着帝制中国时代的降临，皇权独大的局势使得官员阶层独立性日渐削弱。孔子主张的以文化制约权力的理念慢慢变成一种危险的思想，甚至是一个纯粹的幻想。皇帝开始以"圣人"自居，通过自身的理论修养成为官员文化的典范，身兼文化与政治的双重霸主。① 在这种局面下，作为官员候补集团的"士"开始发挥关键性的沟通作用。"士在普通人民的阶层中居第一位，但实际上，他们的社会作用使他们处在统治集团和绝大多数被统治者之间的一个中介地位上。"② 如何开发法治过程中士人的均衡功能，整合现代知识分子的法权资源，可视为当代新儒学的一个新的现实问题。

第二节　法政精英的均衡观

一　万民法与国务家

经过了古典哲学的淬炼，笼罩法治理念的神秘主义被逐渐祛除，实践导向的法治均衡思维在法政精英的锻铸下蓬勃生长、日渐成熟。③

广为人知的法政精英时代，首推西方的古罗马。这一时期的法政精英之代表，首推西塞罗。西塞罗可称得上自亚里士多德以来，西方第二位百

---

① 坎恩说乾隆皇帝"在古代经典方面的训练，并未使他成为一个哲学家，却成了一个理论家，完全有能力控制哲学家，让他们提供皇帝行使皇权所需要的支持"。Harold L. Kahn, *Monarchy in the Emperor's Eyes*, Harvard University Press, 1971, pp. 115-116.

② 〔美〕杰罗姆·B. 格里德尔：《知识分子与现代中国》，单正平译，南开大学出版社，2002，第17页。

③ 此处所谓的"法政精英"主要指的是以法律与政治的良性调和为行为目的，以正义追求、国族太平甚至宇宙和谐等宏远价值为行为准则的卓越人士。法政精英不同于一般大众，他们虽然很多出生于大众家境，也以大众疾苦为悲愁，但他们掌握了法律这门特殊技艺并在政治场域谋得了施用机会，可以做出许多大众难以想象的伟业，承担了"为生民立命"的职责。法政精英也不同于普通的法律职业人或政治人。以法律或政治为职业的人，可能是纯事务性的匠人与雇员，没有创造性，亦无为正义竭心尽力的勇毅，所以不能称其为真正的"精英"。只有那些以法律和政治为器具，以宏远根本之均衡价值为功业的卓异人士，方可称为法政精英。这里的"卓异"，也是相对而言的，主要以思想的"创造性"为标尺。

科全书式的人物。与亚氏不同,他除了在哲学上深有造诣外,于法律和政治实践的结合上,更是取得了不俗的业绩。尽管他个人最终被政敌刺杀,头颅悬于曾经演讲的广场,但作为一位出色的法政精英,他以其不朽的功业征服了世界,至今仍被誉为沟通希腊文明与罗马文明的桥梁和"冰人"。

黑格尔曾高度赞誉西塞罗,将其与孔子相比,认为其学说比孔子更富创造性。① 毋庸讳言,孔子道德学说的确缺少西方哲学理论的系统性,但它在思想深刻程度上丝毫不逊于任何一种伦理学说。如果单就思想成就和影响而论,孔子显然比西塞罗更加伟大。孔子作为一位旷世之哲圣,其言说、思想形塑了一个民族的理念传统,而西塞罗,作为西方历史长河中的一位卓异精英,文武全才,光辉夺目,但其理论也只限于特定时空,无法穿透历史回廊的重重雾霾。

作为著名的政治家和法律人,西氏的法治观点在很多方面都值得关注,比如,他认同普适主义的自然法,以万民法建构"世界国家"。他在《论国家》中指出:"真正的法律乃是正确的规则,它与自然相吻合,适用于所有的人,是稳定的、恒久的,以命令的方式召唤履行责任,以禁止的方式阻止犯罪……一种永恒的、不变的法律将适用于所有的民族,适用于各个时代;统治万物的神是这一法律的创造者、裁判者、倡导者。"② 西塞罗的"世界国家"理论竭力宣扬的是自然法对于人类的无限管辖权。在此基础上,他通过研究大量的希腊和罗马政治法律文献,提出了共和政体论和一整套具有立宪色彩的共和主义法制构想,继承并发展了古典哲学的法治均衡理论。

西塞罗对法治均衡理论的另一大贡献在于,他首创了一种基于法律理想与政治实践紧密结合的"国务家"论。对于"国务家"的重要性,西塞罗在《论义务》中如此表达:

> 管理国家的人丝毫不亚于,而且甚至可以说还超过哲学家们,需要表现崇高的心境和对凡俗事物的藐视——我常常谈到这种藐视,——以及心灵平静无烦恼,如果希望自己能够无忧无虑、庄严、

---

① Giorgio Federico Hegd, *Vorlesungen uber die Geschichte der Philosophie*, Werke18, Suhrkamp, Frankfurt am Main 1982,p. 142.

② Morrison, Wayne, *Jurisprudence*, Cavendish Publishing Limited, 1997, p. 54.

坚定地生活。这些对于哲学家来说显得要容易一些，因为他们生活中较少受命运的打击，因为他们需要的不多，并且由于他们在遭到什么不顺时不可能如此沉重地跌落下来。因此，从事国务活动的人并非毫无原因地比生活平静的人产生更强烈的内心激动和更强烈的追求，由此他们更需要保持心灵的伟大和避免忧烦。①

在西塞罗眼里，法律实践是重要的国务活动，法律家"不仅应该认真考虑事业本身如何的高尚，而且应该考虑他自己具有怎样的完成事业的能力；他需要仔细考虑情势，以免自己能力不够而意外地失望，或者由于自己贪求而过分地自信"②。"官员的职责在于认识他代表国家，应该保持国家的尊严和荣耀，维护法律，确定法权，铭记这些是委托给他们的责任。"③

西塞罗认为，国务家要赢得人们的信任，必须兼具公正和智慧的品格。西塞罗认为，"在这两种能够赢得信任的因素中，公正更有力量，因为公正没有见识，仍然具有足够的威望，然而若见识没有公正，对于赢得信任便毫无作用。"④ "公正的力量如此巨大，以至于即使那些为非作歹地生活的人们如果没有一点公正，他们也不可能生活。"⑤ "更何况据说在盗贼中也存在法律，他们都得服从那些法律，遵守那些法律。……就这样，既然公正具备如此巨大的力量，以至于甚至能够巩固增强强盗们的势力，那么在我们看来，它在存在法律、存在法庭的情况下，在一个秩序严谨的国家里又该具有多么强大的威力呢？"⑥ "在我们的祖辈那里，为了能享受公正，人们总是立道德高尚之人为王。要知道，人们平时由于受到势力强大的人们的压迫，他们便求助于某个德性出众之人，此人为了保护弱者免遭欺凌，建立平等制度，以使地位崇高的人们和地位低下的人们享有同样的权利。制定法律的原因与拥立国王的原因是一样的。……如果他们从一个公正而高尚的人那里达到了这一点，他们便会心满意足了。既然未能达

---

① 〔古罗马〕西塞罗：《论义务》，王焕生译，中国政法大学出版社，1999，第71页。
② 〔古罗马〕西塞罗：《论义务》，王焕生译，中国政法大学出版社，1999，第71页。
③ 〔古罗马〕西塞罗：《论义务》，王焕生译，中国政法大学出版社，1999，第121页。
④ 〔古罗马〕西塞罗：《论义务》，王焕生译，中国政法大学出版社，1999，第187页。
⑤ 〔古罗马〕西塞罗：《论义务》，王焕生译，中国政法大学出版社，1999，第191页。
⑥ 〔古罗马〕西塞罗：《论义务》，王焕生译，中国政法大学出版社，1999，第193页。

到这一点，因此便发明了法律，让它永远用同一个声音同所有的人说话。"① 统治者公正的品格集中体现为让强弱均衡。如果没有这样的统治者或统治者的德性达不到这样的水平，法律的出现可以弥补此种不足。由此可知，在西塞罗眼中，法律的核心功能正是保障基本的平等和均衡。

法政精英还须智识不凡。对法律的把握，必须通过高超的司法智慧和技能展示出来，尤其是与法律辩论有关的演讲术、修辞术。西塞罗说："存在两种语言类型，其中一类是谈话，另一类是演说。毫无疑问的是，演说对于争求荣誉具有更重要的意义——这就是我们称之为'雄辩'的类型。"② "在我们的国家……最能引起称赞的是在法庭上。法庭演说有两种形式，包括控告和辩护。"③ "进行辩护可以特别赢得声誉和感激，尤其是如果有时发生这样的情况，即受辩护人显然处于某个权势之人的淫威的迫害和压迫之下。"④ 对于当时演说术停滞、演说家消失的状况，西塞罗深深为之忧虑。他大声疾呼："对于一个富有口才、乐意以行动帮助人，并且按照祖先习俗无条件地、不计报酬地为许多人的案件辩护的人来说，广阔地敞开着做善行和法庭上保护人的可能。"⑤ 西塞罗鼓励人们利用法律辩护，并向法律家学习。在他看来，"尽管不是所有的人，也不是许多人都能通晓法律或精于讲演，但是他们仍可以用效力为许多人提供帮助：为人们谋求利益，在承审员、官员面前进行辩护，警觉地保护他人的利益，向法学家和律师请求帮助。"⑥

此外，西塞罗还在"万民法"的新视野中拓展了司法功能范围，从传统的依法律裁断发展为补充法律之不足。确而言之，西氏勾画的"新司法"处于市民法向万民法过渡的语境，具有直接通联自然法的均衡内涵与意蕴。西氏以法律上的"欺诈"和"善意"为例，指出习俗认可的行为，法律一般也无力禁止，但这并不意味着它就是合法的，因为"自然是禁止这样做的"。⑦ 罗马人相信，市民法不可能同时是万民法，但是万民法同时

---

① 〔古罗马〕西塞罗：《论义务》，王焕生译，中国政法大学出版社，1999，第195页。
② 〔古罗马〕西塞罗：《论义务》，王焕生译，中国政法大学出版社，1999，第201页。
③ 〔古罗马〕西塞罗：《论义务》，王焕生译，中国政法大学出版社，1999，第203页。
④ 〔古罗马〕西塞罗：《论义务》，王焕生译，中国政法大学出版社，1999，第205页。
⑤ 〔古罗马〕西塞罗：《论义务》，王焕生译，中国政法大学出版社，1999，第225页。
⑥ 〔古罗马〕西塞罗：《论义务》，王焕生译，中国政法大学出版社，1999，第225页。
⑦ 〔古罗马〕西塞罗：《论义务》，王焕生译，中国政法大学出版社，1999，第309页。

也是市民法，实在法不可能等同于自然法，但自然法一定高于实在法。西氏将自然法/理性法比喻为"真正的法律和真正的公正任何完整而清晰的形象"，实在法则是其"影子和映像"。西氏认为，这些话语都属自然法之训诫："但愿我不会由于你和我对你的信任而蒙受损失，被欺骗！""如同正派的人们之间做事应该正派而无欺诈！"但是，究竟如何确定"信任""正派"这些含糊的语词？在这一点上，他赞同昆图斯·斯凯沃拉的观点，即司法裁判对于明确自然法之真意具有非常重要的意义。① 司法官应当透过表象的含糊，析定内藏的诚理："任何人都不应该利用他人不明情况而获利。"② 通过精准的解释，司法可以弥补实在法的不足，甚至创生新的规则。但前提是，司法官必须具备国务家的品格，以公正和智慧的均衡力量，战胜奸诈及一切可鄙的恶性。

二 衡平的法治与一统的主权

弗朗西斯·培根为法律人熟知，很大程度上归功于他的那句名言："一次不公的司法判断比多次不平的举动为祸尤烈。因为这些不平的举动不过弄脏了水流，而不公的判断则把水源败坏了。"③ 但是，多少人真正了解培根，这样一位集科学家、文学家、法学家和政治家为一身的精英，对法治均衡观的创造性贡献在哪儿呢？暂不论其自身是否践履了自诩的司法伦理，单论其复杂的思想源流及多变的性格情绪，就使得这一问题扑朔迷离。

比西塞罗对政治的热忱更为直接，培根在1603年唯一的自传片段里明确贬抑哲学工作：

> 按照我的出生，我所接受的教养和教育，我不应该从事哲学工作，而应该从事政治工作：从儿童时代起，我就确确实实地被政治所浸透了……我还怀着这样一种希望，假如我能在政治上获得显赫的职位，这对我的科学事业将有很大的帮助……由于这样的想法，我就投

---

① 参见〔古罗马〕西塞罗《论义务》，王焕生译，中国政法大学出版社，1999，第309页。
② 〔古罗马〕西塞罗：《论义务》，王焕生译，中国政法大学出版社，1999，第311页。
③ 〔英〕培根：《培根论说文集》，水天同译，商务印书馆，1983，第193页。

身政治，极谦恭地请求有权势的朋友们眷顾。①

也许是出于对莫尔之死的镜鉴及悲悯，培根一方面顺从王权，不择手段谋求政治高位，另一方面又悄悄承继莫尔爵士的遗志，完成他的乌托邦事业。② 坦率地讲，莫尔比培根更具法律人的品格。他坚贞，敢于蔑视国王的特权；他冷醒，懂得政治的无情；他不畏死亡，临刑前还讲笑话。而培根呢，虽然同样出生于高级法官家庭，虽同样是精通法律的学者与律师，虽同样都做过仅次于英王的大法官，但培根却贪渎、小气、暴戾、迷恋权势，最终以很不光彩的方式退出了政坛。他在遗著《新大西岛》中仍念念不忘构造一个子虚乌有的"所罗门宫"来寄托权势理想，虽然这种理想以"科学"为包装，仍遮盖不了其内藏的腥臊之味。③

尽管如此，我们还是要认真研究培根，特别是他的法治论。作为英国资产阶级革命时期法政精英代表，他的理论具有不容忽视的典型性，以及过渡期的特殊性和复杂品格。透视其理论，有利于我们把握西方法治理论是如何经由沉闷、雄浑的上帝法／神本法时代跨越到世俗、嗜欲的国家法／资本法时代的。

不错，培根法治论特有的性格，正在于体现了"由神本向资本"的这种转型。中世纪的奥古斯丁和阿奎那以其教父的虔敬，搭建了立意高远、逻辑严整的法理巨厦，将法权定义为一种"圣品"，剥夺了世俗王权对其染指的可能，与中世纪的法律多元形成了强烈反差。为了弥合理论与现实的这种冲突，一种基于经验理性的法治论是时降生，应当说符合历史潮流。但这也不一定就是所谓的历史必然，历史本可以按照"大一统"模式继续下去，取代神权的王权本也可以将法权垄断为一，真正实现为布丹所论的"主权"。④ 或者，激情四溢的民权也可以立起身来，踢翻遥不可及的上帝和耶稣，成为自我裁判的最高权威。可历史并未这样单向度地发展。它犹如一个怯懦新妇，左右顾盼之中，徐徐而行，步履轻盈而不乏恭敬，

---

① 〔英〕本杰明·法灵顿：《弗兰西斯·培根》，张景明译，上海三联书店，1958，第44页。
② 参见〔俄〕彼得罗夫斯基《莫尔小传》，载《乌托邦》（中译本），第151~156页。
③ 所谓"所罗门宫"的构造，参见培根《新大西岛》，何新译，商务印书馆，1958，第29~37页。
④ 布丹在《论主权》中即明确将国王最高裁判权定义为"主权"之一部分，但他毕竟还未将全部的司法权囊括于"主权"的铁掌。

目光游离而透露坚贞。历史造就了培根在法政史上的独特位置，也造就了他的理论及其代表的经验主义法哲学。

基于哲学立场、法律学术和政治利益的多重考量，培根将自己法治论紧紧系于对衡平法的倡导，他与柯克的激烈争论代表了当时衡平法还是普通法的路线斗争。有人把培根对柯克的非难及其成效与美国马歇尔大法官的"马伯里诉麦迪逊"一案的判决类比，指出培根无意识地奠定了衡平法制度的基本原则。① 这显然是高估了"培柯论战"的制度创新意义。众所周知，如同普通法一样，英国衡平法的发展也历经了一个漫长的历史过程，是在无数的个案中缓慢演进而成的。培根对衡平法的捍卫只不过是一个学术的表达，缺少制度型构的意义。所以，我们不妨认为，培根与柯克之争主要是一种围绕在既定制度体系内如何更好实现均衡的法治哲学之争。

以柯克为代表的普通法拥护者坚奉法律的"人工理性"，其逻辑可从柯克与英王的一次著名争辩中推演出来。在 1608 年 11 月 10 日国王与全体大法官之间的一次会议上，詹姆斯寻求大法官们认可大主教给他提出的一个建议，即准许国王从法院拿走有些案件，由他自己"以其国王身份"对其进行裁决。詹姆斯认为，法律是以理性为基础的，而除了法官之外，他和其他人也一样具有理性。柯克的巧妙回答被很多法律人传唱至今：

> 确实，上帝赋予了陛下以卓越的技巧和高超的天赋；但陛下对于英格兰国土上的法律并没有研究，而涉及陛下之臣民的生命或遗产，或货物，或财富的案件，不应当由自然的理性，而应当依据技艺性理性和法律的判断来决定，而法律是一门需要长时间地学习和历练的技艺，只有在此之后，一个人才能对它有所把握；法律就是用于审理臣民的案件的金铸的标杆和标准；它保障陛下处于安全与和平之中；正是靠它，国王获得了完善的保护，因此，我要说，陛下应该受制于法律；而认可陛下的要求，则是叛国；对于我所说的话，布拉克顿曾这样说过：国王不应当受制于任何人，但应受制于上帝和法律。②

---

① 参见何勒华主编《西方法学家列传》，中国政法大学出版社，2002，第 64 页。
② 〔美〕小詹姆斯·R. 斯托纳：《普通法与自由主义理论》，姚中秋译，北京大学出版社，2005，第 48 页。

不难看出，英国的普通法理论的逻辑起点是法律的自生自发性，高度繁杂的法律与民众的繁杂生活相对应，因而仅凭高贵的神性或由神性赐予的英明，是无法掌握其中技巧的。所以，在柯克党人看来，司法权应通过由职业训练与实践磨砺养成的人工理性发挥作用，国王尽管具有神授的权威与英明的才识，但因为未经过专门的训练和磨砺，无法应付繁杂法律纠纷。这对王权干涉司法不啻是一种根本的能力否定。

对此，培根以哲学家的睿智和政治家的手腕，击败了柯克的逻辑。他构造了一种"绝对权力"理论，主张以此支配法院。为此，他甚至不惜篡改15世纪《法律年鉴》中"绝对权利"的表达，将其换为"绝对权力"的阐述。可以说，培根完成了中世纪自然法和一统性的现代转换，将宗教的圣品法权转化为世俗的君主法权，在承接传统的同时，运用新的论证方法与研究范式，进行了符合时势要求的新解说。至此，培根促使英国法治完成了"衡平法优于普通法"的原则建构，也使自身的学说得到了证立和完善。[1] 在这一争论中，培根的政治技术发挥得淋漓尽致，他想方设法将柯克免职，自己最终取而代之，成为万众瞩目的大法官。

但培根并不满足于充当一个法政家，他心中最高的理想是成为科学王，一个如同"所罗门宫元老"那样的至高至贵之人。在成功确立自己的地位之后，他仍念念不忘知识的拓展和权力的提升。"培根要求全面改造各种科学、艺术和所有人类知识，用感觉的权威代替宗教的或哲学的信念的权威。"[2] 他提倡人们突破所有的偏见。当然，这一呼声首先适用于法官，超越洞穴、种族、市场与剧场假象，通过关注事实、经常试验获得真知。[3] 这正是培根法治论的方法要义，也是他对中世纪经院主义法律方法

---

[1] 参见冷霞《大法官弗朗西斯·培根与英国衡平法的发展》，载《华东政大学学报》2011年第3期。

[2] Morrison, Wayne, *Jurisprudence*, Cavendish Publishing Limited, 1997, p. 82.

[3] "洞穴假象"指人们囿于自身的习惯与偏见而形成的虚幻意念；"种族假象"指人们事先被同类之人的先见所支配；"市场假象"指人们通常赋予日常生活的话语以不适当的意义；"剧场假象"指诸多哲学著作形成的规模巨大的系统教条。运用现代哲学话语诠释，培根所谓的四种假象实质上是指人的习惯性偏见、流俗性前见、不精准的日常意识和非科学的理论教条，要突破它们不受其影响，必须做到养成公正无偏私、独立判断的思性习惯及重视实验研究、反对盲从权威尤其是哲学理论教条的科学思维方式。无疑，这些告诫对法治理性思维建构是相当重要的，尤其对于以公正求真为灵魂的均衡法治思维塑造，更是裨益不尽。

的突破与发展。

培根的思想,尤其是法治论,影响了不少后来的知名人物。比如霍布斯,他青年时期曾做过培根的秘书,对培根充满景仰,终生未渝。[1] 霍布斯的思想可视为培根法治论之延展。

阅读霍布斯《论公民》《论人》等著作,感觉到他是一个对宗教多么虔敬的君子![2] 尤其在《论公民》中,霍氏不遗余力地强调信仰对于制度的作用。但很快他就摇身变回培根的信徒,主张用理性的方法探究上帝的存在,结果不外乎上帝是不可知的,人的理性是有限的;或者,上帝是自然的上帝,与人合一,成为人的自然理性。无论是何种结局,霍氏都在实质上否决了上帝权威。[3] 这种对宗教权威的否决,彰昭于其传世名著《利维坦》中。

在《利维坦》中,霍布斯构想了一个由各种权势元素组成的竞斗状态。"永恒的永不停止的不断获取权势的愿望,至死方休。"[4] 所谓的宗教也是一种权力竞斗过程,"人与宗教的关系核心是权威(mana)或对于权力的畏惧"。[5] 人的这种争权夺利之自然本性,需要一系列自然法则加以规约。霍布斯阐述了19条自然法则,但他明确将之区别于"法律"。他说,"所谓法律是有权管辖他人的人所说的话。但我们如果认为这些法则是以有权支配万事万物的上帝的话宣布的,那么它们也就可以恰当地被称为法。"(《利维坦》,15:111)[6] 在这些自然法中,重要一条就是"个人不能裁判与己有关的纠纷",这为裁判纠纷机制的建立奠定了理论基础。在霍氏看来,司法裁决是一种判别"过错与无辜"的科学和权力。[7] 法治首

---

[1] Morrison, Wayne, *Jurisprudence*, Cavendish Publishing Limited, 1997, p. 87.
[2] 现今人们常以"霍布斯主义"(Hobbesian)一词来形容一种无限制的、自私、而野蛮的竞争情况,不过这种用法其实是不恰当的:首先,霍布斯在《利维坦》里描绘了这种情况,但仅仅是为了批判之;其次,霍布斯本人其实是相当胆小而书呆子气的,一生基本上在从事家教的工作中度过。《利维坦》出版后,霍布斯似乎一夜成名,但因为此书对教权的批判,得罪了不少权贵,他只能到处表示归顺,苟延而活。最后,他并未提倡所谓彻底的无神论以及"强权就是公理"的观念,相反,他呼吁人们必须建立信仰,遵守社会契约,按照法律的规则行为和生活。
[3] 在《论人》中,霍布斯明确提出要将宗教纳入国家法律控制的范围。Morrison, Wayne, *Jurisprudence*, Cavendish Publishing Limited, 1997, p. 89.
[4] Morrison, Wayne, *Jurisprudence*, Cavendish Publishing Limited, 1997, p. 91.
[5] Morrison, Wayne, *Jurisprudence*, Cavendish Publishing Limited, 1997, p. 86.
[6] Morrison, Wayne, *Jurisprudence*, Cavendish Publishing Limited, 1997, p. 95.
[7] Morrison, Wayne, *Jurisprudence*, Cavendish Publishing Limited, 1997, p. 95.

先是科学，其次才是权力。

在对法治的权力分析上，霍氏承认法律官员们在决定和解释法律内容方面的权力。"刑法是宣布对违法者施以何种惩罚的法律，其内容是对被任命为司法大臣和官吏的人提出的。"（《利维坦》26：197）"所有的法律，成文的和不成文的，都需要解释。"（《利维坦》26：190）① 对法律的解释权归根结底属于法官。法官可以决定是否存在违法行为以及是否施以制裁措施，但法官的决定必须符合主权者的训令。他明确指出，"世俗社会的维持在于司法，司法的维持则在于国家的主权者所操的生杀大权以及程度较轻的赏罚。如果主权者以外还有人能颁赐比生命更高的赞赏，施加比死亡更重的惩罚，那个国家就不可能立足。"（《利维坦》38：306－307）② 在霍布斯眼里，主权是一个不容分割的整体过程，法律从颁布到实行都是一以贯之的权力运行过程，宽泛地讲，都是法治运行过程。为了寻求这样的主权形态，在《利维坦》的后半部分，霍氏承继了培根《新大西岛》的乌托邦关怀，构想了一个理想的"基督国"。

特别值得一提的是，霍布斯延续了培根与柯克的论战，他始终坚定地站在培根阵线，对柯克的普通法理论发起了第二轮猛攻。在《利维坦》第二十六章"论国家法"中，他语气肯定，词锋犀利："在所有的法院中，进行裁判的就是主权者（他是国家的人格化身）：处于从属地位的法官应当尊重主权者的理性，这种理性驱使他的主权者订立了法官赖以做出判决的法律，因而，法官的判决就是主权者的判决；否则的话，判决就是法官自己的判决，因而也是不公正的判决。"③ 他把法院的"君"定义为"主权者"，将法官逐出了贵族席位。法官判决必须依据主权者命令，成为司法权运行的第一法则。在没有成文法律可以依循的情况下，也就是通常所谓的须依据公认的衡平原则处理纠纷时，法官也无权自主判决，必须"在该个别案件中充分核实自然法"。④

在围绕法律理性的争议中，霍氏竭力否定英国普通法的判例原则。

---

① Morrison, Wayne, *Jurisprudence*, Cavendish Publishing Limited, 1997, p. 96.
② Morrison, Wayne, *Jurisprudence*, Cavendish Publishing Limited, 1997, p. 98.
③〔英〕托马斯·霍布斯：《哲学家与英格兰法律家的对话》，姚中秋译，上海三联书店，2006，第158页。
④〔英〕托马斯·霍布斯：《哲学家与英格兰法律家的对话》，姚中秋译，上海三联书店，2006，第161页。

"法官的判决并不能约束他或别的法官在以后类似案件中必须做出类似的判决。"①他还特别举了一个"无辜者逃跑而受罚"的例子与"伟大的英格兰普通法法律家"（柯克）进行虚拟的辩论。那场著名对话这样开始，哲学家说："普通法不是别的，就是理性……衡平法是一种相当完美的理性，它解释并修补纸上的法律……它只由正确的理性构成。"那位法律人——普通法学生则引用柯克的《判例》回答说，就影响而言，《判例》恰恰是法律中一种人为的完美理性，而法律本身是"许多相延续的时代"的产物。但哲学家反过来强调主权者的权威，这种权威来自于其所拥有的理性，这场讨论随之愈来愈趋技术化。在随后的对话阶段，那位法律人被哲学家指控试图破坏国王的权威。哲学家还尝试通过展示历史和法律常常与柯克的一些著名言论相抵牾，以驳斥后者的观点。哲学家试图使对话转变为对柯克式立场的嘲弄，以致那位法律人愤怒地吼道："但我了解在法律方面，历史和先例并非像你所说的那样。"但这位学生最终在实例辩论中彻底陷入了困境，霍布斯通过哲学家之口迫使他承认："普通法的某些内容的确不可理喻，不过人们不用头脑那般行事已成为传统。"对话就这样又继续下去了。②

霍氏指出，法官的推论与法律推论是截然不同的，前者不能与后者违背。"尽管法官的判决是提起诉讼的当事人的法律，但却不是将会继任他的职位的法官的法律。"③ "法律乃是主权者的普适判决"（general Sentences）。④既然法官的判决本身并不创造法律，法官职责和能力的核心也就不在于法律本身，而是关注事实。他以议会的贵族和普通人充当法官为例证，说明专门的法律问题并不会成为这些人做出正当裁断的阻碍，因为这些法律问题可由专门的法律家提供解答。这些法官必须具备关注事实的能力，首先体现在对"衡平原则"的正确理解，有赖于"一个人自己的自

---

① 〔英〕托马斯·霍布斯：《哲学家与英格兰法律家的对话》，姚中秋译，上海三联书店，2006，第163页。
② 〔瑞典〕罗兰德·肖特：《爱德华·柯克爵士的法律保守主义》，苏薪茗译，载《法学文稿》2001年第2期。
③ 〔英〕托马斯·霍布斯：《哲学家与英格兰法律家的对话》，姚中秋译，上海三联书店，2006，第165页。
④ 〔英〕托马斯·霍布斯：《哲学家与英格兰法律家的对话》，姚中秋译，上海三联书店，2006，第166页。

然理性之优良和深思",以及其他的免于偏见、看淡名利、耐心注意的品格与能力。①

在这场对话中,以柯克代表的普通法主义遭到了全面抨击。对此,黑尔首席大法官做出了回应。理性之律法(Law of Reason),还是法律之理性(Legal Reason)?——霍氏与黑氏争执之焦点就集中在这一问题上。在霍布斯看来,无论普通法知识多么完美都不是法律。法律根本而言仍是自然理性,而非人工理性。简言之,法律是自然法则先定的主权者命令,是人工理性无法更易的客观体系。司法者的任务只能是通过"衡平"方法去补其不足,对之加以符合自然公正原理的解释。但在黑尔看来,理性首先"被视为是事物中可被知道或可被理解的内在的理由,也即一个事物与另一个事物的一致性关联和一定的依赖性"。②"如果人们不通过研究和阅读了解前代及其他法院与法庭做出的判决、法庭决定、裁断和法律解释,从而使法律自身保持某种一致性和连贯性,则法律就不可能在其边界和界限内得到维护。"③"在这种推理能力所从事的所有领域中,没有一样比将这种推理能力投向法律并熟悉掌握它更难的了,因为法律涉及管理文明社会,并使之井然有序,涉及确定衡量正当与不当的标准,这涉及许多具体细节。"④

细细推敲,霍氏与黑氏谈论的其实不是一个问题:霍氏着力探寻的是何为"法律",即法律的理性本源之问题,而黑氏看重的则是"法律"何为,即法律的理性功用之问题。前者事关立法之标尺,后者意合司法之方式,二者处在平行的话语轨道。何况,霍布斯并不反对在司法中钻研法律的理性。所以,在某种程度上,黑尔并未真正回应霍布斯的挑战,只是对其主权法律观作了笼统的评论,远未点到霍氏法治论的真正痛穴。

培根也好,霍布斯也罢,他们的法治论具有明显的转型印迹,都试图

---

① 参见〔英〕托马斯·霍布斯《哲学家与英格兰法律家的对话》,姚中秋译,上海三联书店,2006,第167~168页。
② 〔英〕托马斯·霍布斯:《哲学家与英格兰法律家的对话》,姚中秋译,上海三联书店,2006,第198页。
③ 〔英〕托马斯·霍布斯:《哲学家与英格兰法律家的对话》,姚中秋译,上海三联书店,2006,第207页。
④ 〔英〕托马斯·霍布斯:《哲学家与英格兰法律家的对话》,姚中秋译,上海三联书店,2006,第200~201页。

通过经验与理性的结合,将中世纪的神俗二元法律观转化为"新时期"一元化国家主权的均衡主义。这种理论倾向具有完美主义的夙愿,也就注定了其目标实现的高难。首先,一统的王权司法必将遭遇传统宗教势力的攻击,教会不会放弃既得的法权限;其次,一统的王权法更难以获得新兴的资产者之支持,他们宁愿吹捧柯克那样的"民权法官",也不会去礼赞培根、霍布斯那样"王权卫道士",除非他们攫得政权之后,但那还是遥远的后话;最后,培、霍的理论也过于偏强"一统"而忽略了"分殊",尤其缺乏对法治运行过程的细致分析,习惯于将立法司法混为一谈,无形削减了法治均衡理论的解释力。①

三 分权与制衡的迷思

孟德斯鸠深受霍布斯影响,但没有遵循其一统化的主权进路,而是通过更为广阔的法理因素考察,特别是政体比较,力图揭示法的整体性奥义,亦即"法的精神"。现今公法学者对孟氏思想的赞誉,都集中在他的古典自然法理论,特别是其著名的"三权分立"学说。其实,孟德斯鸠的本意并非于此,"分权"不过是更为宏大和现实的"宽和"(适度)理论的副产品,自然法理论更是他意欲否定的对象。② 下面,我们以孟氏的司法权论为切入点,看看其究竟体现了怎样的法治均衡思维。

孟德斯鸠首先通过比较公治与独治、民主与君主政体,强调即使在君主制下司法权也必须遵循既定的原则。"君主之国,虽有承讯之分权,未足也。夫既有一王之法矣,则必有人焉为守司其法典,使无至于愆忘。"③

---

① 例如,《利维坦》第三部分记录了霍布斯对贝拉明主教《论教皇》的反驳和批判,其中他反复强调的一个论点就是,"如果根据政治制度具有世俗主权,那么任何反对他们的任何法律的行为,他们都当然可以依法给予惩治"。这就是说,任何教会所采取的强制性权力,不过是来源于世俗主权,而非教权。

② 这种理论导向与孟德斯鸠的政治立场和目的有关。一方面他要说服贵族们,如果失去了君主,那就会有一场暴动,另一方面他又试图说服君主们,如没有了贵族的支持,他们就会失败。从这个角度看,孟德斯鸠所宣扬的"适度"不过是为了让贵族们分享部分权力。Jean Goldzink 在 2011 年发表的《孟德斯鸠的孤独:找不到自由主义的代表作》(*Dans La Solitude de Montesquieu : le Chef-d'Oeuvre Introuvable du Libéralisme*)一书中也提出孟德斯鸠不属于洛克所代表的自然法学流。他认为孟德斯鸠反对存在超越特别法的个体权利,其政治学说是建立在形势和环境的多样性基础上的,与自然法学派主张的普世主义完全相反。

③ 〔法〕孟德斯鸠:《法意》,严复译,商务印书馆,1981,第24页。

孟氏还特别强调司法官的权威地位，以及司法权对于护法、修法这类传统上被认为是"立法"范围之事的掌控。"守司法典，莫便于无上法廷之理官，使为之宣布其新成，而弥缝其旧阙。"① 这种司法职能并非一般官吏所能担当。"且为此者，亦非王朝左右之所任也。左右之所谨者，王者随时之意向耳，成宪旧典，非所重也，其在位不常，其曹僚较寡，其人非国民之所倚信而不疑，以是之故，不足以当疑难，扶颠越，使群下奉法而泯诪张。"② 这就对司法权行使主体提出了专重法律、职位恒常、人员规模及民众信任之要求，这些资格要求可归结为内在和外在两大方面：专重法律并依此获取民众之信任乃司法者之内在要求，涵摄素质与资格；具有组织体制上的职位待遇及确定的人员规模乃司法者之外在保障，包括形式要件。

但从另一方面来看，君主制下的法官虽然不至于无度臆断，毕竟比民主制下的法官更少有"按律定拟之实"。③ "专政之政府，无法守者也，故讞狱之官，凭臆断事。寻常之君主，有法守者也，故其断狱也，使律有明文，则按律以定拟，使其无之，则附其所有之意而造律焉。若夫民主公治之制，所谓有治法而无治人者也，故一切之狱，非按律定拟不可；盖使不然，将人人得以意为之出入轻重，国民将无所措其手足，而产之得失，名之荣辱，身之生死，皆悬于不可知者矣。"④

所以，在君主制下，司法权的行使者尤其需要精挑细选，君主担当法官存在诸多弊端：①侵夺辅治者之职权，破坏治制与法度；②君主本身就是"原告"，无法确保公平；③法官之权重在"罚"，君主之权重在"宥"，故"君主之与法官，于义本不可以并居也"。⑤ 同时，行政官也不宜为法官。对此，孟氏着力论述了"法廷"与"枢府"之性质区别。"盖国家之法廷与朝廷之枢府，是二者之为异，乃从其制之性质而已然，故其为用，必不可合。枢府之同寅宜寡，而法廷之令鞫宜多。枢府事重，为君主之股肱，其于政也，宜将之以热诚，而具奋发有为之志气，是唯人寡，而后能之，故枢府密勿之地，为数鲜过四五人者，多则败矣。而法廷之道

---

① 〔法〕孟德斯鸠：《法意》，严复译，商务印书馆，1981，第24页。
② 〔法〕孟德斯鸠：《法意》，严复译，商务印书馆，1981，第24页。
③ 〔法〕孟德斯鸠：《法意》，严复译，商务印书馆，1981，第110页。
④ 〔法〕孟德斯鸠：《法意》，严复译，商务印书馆，1981，第110~111页。
⑤ 〔法〕孟德斯鸠：《法意》，严复译，商务印书馆，1981，第114页。

反此，以亭法之必期于至平也，故其集议也，宜人怀淡定之天，雍容之意，唯治以多数，则虽欲为不平不能。"① 在孟氏看来，司法权的行使主体应当多元，最好用民主的法则约束不公的判断。

孟氏的司法民主理论及三权分立观，集中展现于《法意》第十一卷（论自由法律之于宪典者）第六章（英伦宪法）。"无论何等政府，其中皆有三权之分立：曰立法之权，曰行政之权，曰刑法之权。行政者，执国家之宪典，以奉行庶政者也。刑法者，凭国家之刑章，以裁决庶狱者也。"②"今谓第一为宪权，第二为政权，第三为刑权"。"欧洲诸国之治，所犹享平和之福者，大抵其君上皆分宪、政之二权，而其三之刑法权则全予民也。"③ 在孟氏看来，唯有司法机构理当常设，并予于全民，"以法为主"，"无所专属"，所以，司法权虽重，但也近于"无权"。④

梁启超曾对孟氏三权分立学说的叙事语境如此交代："孟氏既叙各种政体，乃论各政体所由立之本原，于是举英国政体，谓此所谓立宪政体，最适于用，而施行亦易，实堪为各国模范。其言曰：苟欲创设自由政治，必政府中之一部，亦不越其职而后可。然居其职者，往往越职，此亦人之常情，而古今之通弊也。故设官分职，各司其事，必使互相牵制，不至互相侵越。于是孟氏遂创为三权分立之说，曰立法权，曰行法权，曰司法权，均宜分立，不能相混，此孟氏所创也。"⑤

沿着梁氏思路，检视孟德斯鸠的分权理论及其背景信念，我们发现，孟氏的分权主张首先建立在"均衡政体"这一观念基础上，其法治论自然也带有浓厚的均衡论色彩。孟氏向往的理想国家是一个君主、贵族、人民三者均衡的政体，而分权与制衡正是达到政体均衡的必要手段。孟氏所谓的"分权"显然是对国家权能的一种区分，是一种理想境态的描述。他把"三权"分析为"立法、执法公共决定和裁判个人案件的权能"，不能等同于现今所说的立法权、行政权与司法权的三分，虽然两者具有思想源流上的承继性。

---

① 〔法〕孟德斯鸠：《法意》，严复译，商务印书馆，1981，第116页。
② 〔法〕孟德斯鸠：《法意》，严复译，商务印书馆，1981，第221页。
③ 〔法〕孟德斯鸠：《法意》，严复译，商务印书馆，1981，第222页。
④ 〔法〕孟德斯鸠：《法意》，严复译，商务印书馆，1981，第228页。
⑤ 梁启超：《法理学大家孟德斯鸠之学说》（1902），载《梁启超法学文集》，范中信选编，中国政法大学出版社，2000，第23页。

孟氏提出，执行公共决定的行政权能应由君主行使。"行政者应当有权否决无法接受的立法（即被认为将侵害行政权的立法），规划立法机关的会议（会议时间和会议长度）"，控制军队。而立法机关不仅有权权衡政策，增补并修改法律，还有权使行政者为其非法行为负责，通过保留对国家财政基础的控制权来限制行政者的权限，而且，如果有必要的话，有权解散军队，或者以年度经费规定来控制军队。以英国宪制为模本，孟氏还具体将立法权分为由贵族院行使的立法否决权和人民院行使的立法创制权。孟氏所谓的权力制衡主要基于立法与行政的相互制约，在这一点上，他显然误会了英国宪制"议行合一"的精神。但这并不紧要，因为，孟氏很高明地将司法权从立法与行政的纠缠中分离出来，赋予它法理上的独立品格，并未对其具体分析，为以后的司法独立留下了可贵的思辨空间。

根据维尔的叙述，西方分权学说历经了一个波折的发展过程。如前所说，亚里士多德等古典圣贤强调构建一个多元汇集的混合政体，其中的"权力分立"主要依权力行使主体为标准。但到了17世纪的英格兰，在内战的动荡中，国王、贵族与平民的混合政制已无法适用，破裂的社会结构无法继续保证均衡政体创生的可能，于是，需要有新的政治理论作为回应。这种新政制理论在分析标准上摒弃主体原则，采用"默认主体"前提下的职能分立标准。作为政体学说的分权理论开始转变为操作性的政治设计，不再具有广阔的主体博弈均衡色彩，而平添了不少精微的职能平衡技巧。该理论趋向之肇端，当属孟德斯鸠的学说。但是19世纪的政治实践又对这种理论开了一个不大不小的玩笑：新兴资产阶级随着"夺权"成功，地位日渐巩固，对精密的职能分权设计不再像当初那么热心，而是有意识地承接"传统"，对之加以新的修正。他们开始从关注权力的分立转向强调权力的均衡，"均衡观念从先前的均衡政治理论蜕变为这种新理论中的一个不可或缺的部分；均衡观念仍然要求组织和职能的分立，但伴随了一套不同的、必须适合这种新政制理论框架的概念。"[1] 边沁和奥斯丁曾激烈抨击孟德斯鸠的三权分立论，主张建构一种"法律的主权"。"到了20世纪初的几十年里，18世纪那种漂亮的、简单化的关于政府职能的观点已被打得血肉模糊、残缺不全。"[2] 尽管如

---

[1] 〔英〕M. J. C. 维尔：《宪政与分权》，苏力译，上海三联书店，1997，第4页。
[2] 〔英〕M. J. C. 维尔：《宪政与分权》，苏力译，上海三联书店，1997，第5页。

此，当时仍未出现一种全新的标准来取代这一濒临死亡的学说，它依旧享有着"活死人"的种种荣光。随着英国非政治化的文官制建立，以及世界范围内对官僚制的不满，一种新的"分权"要求渐趋凸显，那就是强调"政府的政治性部门与官僚制之间的分权"。[1] 这种分权实质上是对"政治"与"行政"、"统治"与"管理"的区分，这种区分有利于处在二者之间的"准政府部门"的发展。

如果要对这种新的分权预设一个理论标准，我个人觉得，"过程标准"比较合适。相对于古典分权学说的主体标准，这种分权强调确定主体行使法定权力的过程区分，从统治权之决策到管理权之执行，再到中介权之联结——它们构成了政制运行的一个完整过程。相对于近代分权学说的职能标准，这种分权又不是那么形式化，细密得天衣无缝，而是通过特定的有意模糊处理，将各种具体的权力职能纳入一个有机的过程博弈，从而更有效地实现分权背后的均衡理想。

但是，这一标准并非没有缺陷，显见的问题包括：理想政体的主体力量无法在这一理论标准中得到均衡化阐明，究竟是何种主体，单一的还是混合的，精英的还是平民的，传统的还是现代的，能够塑造政制过程？假定这些问题可以解决，这一标准也不便于解释统治为什么以及凭什么区别于管理，毕竟，政治与行政在很多方面是无法分离的。它们的重合区域如何用"分权"程式加以调控？这肯定是个不好回答的难题。另外，那些"中介权"，或者说准政府组织是如何形成的，它们是否必须通过政治权的确认才能得以运行？如果是，那么三权区分就失去了意义；如果不是，那么为什么只能是"准政府组织"才享有中介权？其他那些具有类似功能的社会团体为什么就不能行使这种权力？当然，我们可以提出有力的理由辩论。比如，这种新的分权标准尚未正式成型，还只是雏形、构想而已。又如，这种分权严格来说只是"二分权立"，即"政治"与"行政"之区分，所谓的准政府组织只能算是"副产品"等等。无论作何辩解，我们都难以回避这样一个悖论，那就是，这一新的分权标准并不是真正意义上的"三权分立"理论之承继，它只是将政制职能（审议、裁断、执行）从内部名义转换为外部名义——以一种"过程"的表见暂时平息古典政体均衡

---

[1] 〔英〕M. J. C. 维尔：《宪政与分权》，苏力译，上海三联书店，1997，第6页。

与近代政治制衡的紧张。

在彻底的均衡过程论视域中,分权学说应当是多维的,既有政体性又有政制性,既有主体性又有职能性,它们均衡存生于政权运行过程。在这种理论视域中,法权既应被视作均衡政体之权,也是制衡政制之权。法权的政体意蕴在于它是主体均衡的形成过程。政体之订立、选择、混合而臻均衡,各种主体力量的博弈都是凭借各自的法理进行角力,都在"司法",最后的结果即均衡点便构成了政体的路径依赖与制度模型,继而启动了政制意义的司法权。这一层面的司法权,更多属于一种职能履行,主要体现为"法律司法",它与立法权、行政权等权能一道完成政体均衡的具体使命。在这一过程中,无论是作为统治权的司法权还是作为管理权的司法权,都会"依法而行",即以"法的统治"和"法律治理"为圭臬,实现本原/第一性司法权的承诺,也为其自身的合法性创造实践的依凭。相对于政体均衡意义的本原/第一性司法权,它是衍生/第二位的司法权。此外,在国家/政府司法权运行之外,还存在一些经由合法授权或历史形成的"准司法权"——它们零散不成系统但又不可或缺,因为它们在细节和缝隙处弥合纰漏,现今所谓的"法律多元主义"正是此种机理的实证。这些内容在孟氏包罗万象的《法意》中可以发现模糊的影子,却找不到清晰的图景。

还有一个悬疑,那就是为什么孟德斯鸠对中国的礼法政体秉持一种既否定又肯定的矛盾态度?在孟德斯鸠针对"各民族的历史"的比较研究中,英国和中国是两个重要的"典型",但二者都很难完美纳入其新政体类型学中。他对英国过于理想主义,以至于犯了常识性的错误,误将三权分立归入英国政制;他对中国又太过于悲观主义,武断地认为其适合于专制制度,无论是气候和身体等自然原因,还是人民不独立的精神和怠惰的行动,以及没有古今之变的社会格局,都构成了专制政体最合宜的生长温床。[1] 孟氏对中国政制的激烈批评,与莱布尼茨、伏尔泰、蒙田、卢梭、黑格尔、斯密的高度赞誉截然对立。孟氏既不认为中国的风俗美善无瑕,更不同意中国的法政独特优良,他几乎通盘否决了中国的学问、政治与道德。但在诸多事实面前,他又不得不承认中国虽然是专制政体,但在刑罚

---

[1] 参见李猛《孟德斯鸠论礼与"东方专制主义"》,载《天津社会科学》2013 年第 1 期。

的"宽和"方面却"与共和政体和君主政体相同",中国的政体也制定了"非常优良的法律",特别是建立了专制政体往往不需要的完备的监察系统。孟德斯鸠对中国皇帝的治国之道也有不少肯定和赞赏,但最终他还是为了捍卫自己理论的逻辑,毅然否决了古典中国的法治和政体。孟氏的立场在当时并不是个例,以他为代表的18世纪西方法政精英对待中国的态度为什么会发生激进的转折?这一问题关涉到许多复杂的历史因由,择其要有三:

其一,当时欧洲人的中国印象及知识,多数源自缺乏同情心的观察家的报道,有机会直接了解中国的人,除了定居中国的传教士外,大部分都是以利为本的商人。面对贸易的逆差和皇廷的轻视,他们从情感上和理智上都无法忍受一个永远"独大"的中国,所以,对中国的偏见开始成为定论,并不断弥散、传播。

其二,西方知识分子阶层"独立"意识的觉醒。中世纪后期城市生活和文化的复兴,使得知识分子开始逃出庇护人的宫廷或修道院,投身于一个新的场域,运用自己的独特才能为新兴的资产者效力。他们的玩世风格与怀疑主义构建了所谓的知识人独立品格,他们逐渐习惯性地与宗教、政治权威对抗,在宣扬上帝沉默的同时,力图摒弃一切以前被奉为"神圣"的东西,以保有自身知识绝对权威之地位。中国形象的高大,正在消解之首列。

其三,中国礼法之治的"乌托邦"性格与西方哲学传统的某些暗合,无形中也刺激了19世纪谋求变革的知识分子。他们虽打着"文艺复兴"的旗号,实际上也同中国知识分子一样,带有"托古改制"的味道。对于那些根本传统,他们肯定是要废除,或用新的原则和方略加以替换的。稍不同的是,中国知识分子没有西方人那样的"末世论"观念,对改革与革命的坚奉永是缺乏信仰的内在激情,所以总是一波三折反反复复,结果无形中又强化了中国文化特有的循环时世观,变革与传统成了一对名分实合的欢喜冤家。中国礼法儒教的德性主义与亚里士多德倡导的中庸思维在终极追求上颇有神通之象,由此也就不难理解,为什么当时的西方法政精英要竭力推翻传统的中国形象,构造一个腐化、无能、愚昧的"他者",其用意与心机,无非是"借中喻西""推人及己"的老套手法。

四　施密特的模型与遗憾

毫无疑问，施密特的人生履历完全合乎"法政精英"的各项要求，对于施氏的不同看法，也无形中加强他作为一位法政精英的个人魅力。正是这样一位说出了"传统政治的主体是国家，现代政治的主体是人民"之经典名言的宪法学家兼政府高官，对权力均衡的宪政思想始终热忱，并结合魏玛宪法对其做出了精致的模型设计。

施氏认为，权力分立是近代法治国理想的基本原则之一，与宪法确保公民各项基本权利的原则相比，它是"一项组织原则，对它的实施可以确保一切国家权力的可预测性和可监督性"。[①] 权力区分的理论与实践最早起源于法律与国家意志的区分，法律的本质源于理性，传统西方法哲学向来注重将"理性"与"意志"对立起来，所以法律与国家意志是截然不同的。"法律是对所有的人——甚至对立法者本人——均有拘束力的永久规范，因而就是一般规范，任何人都不得因某一个别情况而打破它。"[②] 基于普适法律理性与特别立法命令的区别，议会权力势必应当受到法律上的限制，究竟由何种权力代表法律理性，随之成为政治斗争的幕后根蒂。克伦威尔三次解散议会，在施氏看来，并非复辟君主制的倒退，而是"力图针对议会建议一个强大的、拥有行动能力的政府"的权力区分尝试，这种尝试为后来权力区分理论的正式提出奠定了经验之基。无论是哈林顿在《大洋国》中对相互监督、相互掣肘的政府系统的乌托邦勾勒，还是洛克在《政府论》中对立法权、执行权与对外权的正式区分，都不约而同地指向了权力均衡的宪政理想，而这一宪政理想又建立在法与法律、法律与立法二元区分的法理基底之上。

对于孟德斯鸠的经典权力分立理论，施氏并未给予过多的赞词，他平静地指出，孟德斯鸠的分权理论事实上受到了博林布鲁克（Bolingbroke）的深刻影响，博氏才是"权力平衡学说的真正始作俑者"。[③] 博氏并未通过系统的学术著作阐述其思想，而是通过一系列论战性的政论和短文表达了权力相互制约、相互监督、相互钳制、相互遏制的光辉论

[①] 〔德〕卡尔·施密特：《宪法学说》，刘锋译，上海人民出版社，2005，第193页。
[②] 〔德〕卡尔·施密特：《宪法学说》，刘锋译，上海人民出版社，2005，第193页。
[③] 〔德〕卡尔·施密特：《宪法学说》，刘锋译，上海人民出版社，2005，第194页。

点，并提出了三重平衡、权力均衡等不朽命题，"对英国宪法的理想设计具有特殊意义"。① 施氏认为，这种有关权力平衡的思想还可前溯，因为，"自 16 世纪以来，对立力量的相互平衡（Gleichgewicht，Balance）一直支配着欧洲人的思想。这一观念在形形色色关于平衡的学说中表达出来：外交上的平衡；商业决算中的进出口平衡；沙夫茨伯里（Shaftesbury）道德哲学中利己主义与利他主义冲动的平衡；牛顿万有引力学说中引力与斥力的平衡。"② 施氏还特别指出，权力分立学说的根本目的不是要造成权力的分离，"因为若是这样的话，就会导致一系列孤立的国家活动的毫无联系的并置；相反，区分的目的是为了达到一种平衡，准确地说是一种'均衡'（Equilibrium）"。③ 施氏特别不满孟德斯鸠对于司法权的定位，他说："孟德斯鸠有一句令人不解的格言：它（司法权，引者注）在某种程度上是不存在的。"④ 所以，孟德斯鸠的权力区分实际仍是立法与行政的两权区分，真正创设出三权分立框架的美国宪法并非孟氏理论的实证。在总结前人学说的基础上，施氏提出了自己有关权力分立与均衡的主张：权力分立不等于权力分离，也有别于权力分享。完整意义的权力区分应当包括权力外部的分立与权力内部的分享。"分享"（Teilung）的正确含义是同一项权力的内部区分，例如，立法权由两个议院——比如说参议院和众议院——共同分享。⑤ 权力均衡也应当是全面、深入的，外部权力分立应是立法、行政和司法这"典型的三权组织模式"的全面均衡，内部权力分享也应是同一项权力中不同行使主体与方式的深入均衡。

接下来，施密特开始建构一种严格的均衡模型，在他看来，这是建构权力均衡的宪政框架之必要一步，在实践中不可能完全实现，但在理论上却有说明立法、行政、司法三权组织原则之不同特性的功用。施氏用 L 代表立法，E 代表行政，J 代表司法，列出了下述基本要点：⑥

---

① 〔德〕卡尔·施密特：《宪法学说》，刘锋译，上海人民出版社，2005，第 195 页。
② 〔德〕卡尔·施密特：《宪法学说》，刘锋译，上海人民出版社，2005，第 194 页。
③ 〔德〕卡尔·施密特：《宪法学说》，刘锋译，上海人民出版社，2005，第 194 页。
④ 〔德〕卡尔·施密特：《宪法学说》，刘锋译，上海人民出版社，2005，第 196 页。
⑤ 参见〔德〕卡尔·施密特《宪法学说》，刘锋译，上海人民出版社，2005，第 197 页。
⑥ 参见〔德〕卡尔·施密特《宪法学说》，刘锋译，上海人民出版社，2005，第 198～208 页。

1. E 不对 L 发生影响（政府对议会）

1) 政府无召集国会之权

2) 政府无立法创制权

3) 政府与议会没有共同的法律决议

4) 没有授权法，不得转让立法权

5) 没有行政否决权

6) E 不得针对 L 的议决案下达公民投票的命令

7) E 不得偏就和公布法律

8) E 不得解散议会

9) E 无赦免权

10) 在法院和其他官署面前，国会议员享有免责权和豁免权

11) 严格实行职务不相容原则

2. L 不得对 E 施加影响（议会对政府或行政机关）

1) 一般性地禁止 L 实施行政行为

2) L 不得选举国家元首或政府官员

3) L 对 E 无控告权和审判权

4) 政府无须取得议会的信任（无不信任案）

5) L 不得提出通过公民投票罢免国家元首的动议

6) L 无权同意对国家元首的刑事追诉

7) 议会对政府的影响仅限于预算法上的监督，不能采取直接下达指示等直接干预做法

3. E 不得对 J 施加影响（政府和行政机关对司法机关）

行政与司法的分离有助于确保法官的独立性，尤其有助于确保法官不受免职和调任。魏玛宪法第一〇二条规定："法官独立，只服从法律。"第一〇四条规定："普通裁判之法官为终身职。唯依据法律规定之理由及形式，由司法机关决定，始得不顾本人意愿，将其免职、停职、调任或退休。法官之退休年龄，以法律定之。"

4. J 不得对 E 施加影响（司法机关对行政机关）

1) 特别行政法庭建制。

正是依靠这种建制，排除了普通法院对国家行政机关的监督，从而也就拒斥了纯粹的司法国。

2）负责裁决权限之争的特别法庭建制。

3）对公职人员进行刑事追诉或对其提起民事诉讼时冲突的发生，导致行政机关从普通法院调回诉讼案件，交由行政法院裁决或自己先行裁决。

5. L 不得对 J 施加影响（议会对司法机关）

1）法官独立性的合宪保障。

2）法治国的法律理念：个别命令和议会司法不得进行。

3）议会调查委员会不享有法官的权力。

4）负责立法的议院没有司法权：政治裁决导致权力混乱，只有当这种司法类型仅仅影响到公职人员，才被允许。

6. J 不得对 L 施加影响（司法机关对议会）

1）法院对法律一般没有审查权：法院不得就议会议决的普通法律是否与宪法法规相符进行复审，行使司法审查权意味着司法对立法的干预。

2）法官出于某种原因拒绝适用一项形式上合规的法律，并没有干预立法过程，只是监督和制约立法权的滥用。

3）法官司法审查的限度：法官必须服从法律，但这并不排除如下情形：如果一项法律或其中的某些个别规定与优先于它们的、必须受到法官重视的其他法规相抵触，法官可以否定其个案的有效性。

值得关注的是，施密特在为"司法审查权"的存在合理性进行论证时，出现了罕见的矛盾立场（这与他作为以"政治决断论"著称的铁腕法学家的一贯形象不符）：一方面，他质疑法律合宪审查权交由法院行使的合理性，认为"问题并不在于违宪的法律是否无效（这是不言而喻的），而在于谁来裁决一项法律是否合宪，谁负责做出这种特殊的裁决，在遇到疑难情况时，究竟是由颁布法律的机关在其权限范围内予以裁决（正如一切主管机关通常所做的那样），还是由法院予以裁决？如果只是说，宪法没有指定一个别的机构，因而法院就是裁决机构，那就并没有解决这个问题"①。施氏的洞察力是深邃而"致命"的：他看到了法律合宪性审查的实

---

① 〔德〕卡尔·施密特：《宪法学说》，刘锋译，上海人民出版社，2005，第208页。

质其实就是权力的争夺,法院要获得这项权力,必须有法律的依据,而现实法体系并未给予法院以合宪性审查的权力。另一方面,他又不得不承认:"鉴于普通法律必须符合宪法律,我还是想对司法审查权表示肯定,因为权力分立的原则仍然得到了维护。"① "在这种情况下,司法并没有对立法施加任何影响,它根本不能像其他国家活动那样,施加影响,进行干预。司法要受法律约束,就连在裁决涉及法律的有效性的疑难案件时也并未离开纯粹的规范性;它仅仅起钳制的作用,并不下达任何命令。司法不是一种'权力',在这一点上不同于其他权力。孟德斯鸠说,司法'在某种程度上是不存在的',大概就是这个意思。据此,我认为,对法律有效性的司法复审并不违反法治国的权力分立原则,因为这里并没有发生真正意义上的'干预'。"②

推理至此,施氏已精疲力竭,他已然肯定了曾经的否定,连孟德斯鸠那句令他费解的格言也绽放了真理的光芒。司法不是一种"权力"(Power),这一推理的底线已逼近了真理的极限,只需再向前一小步,他便可以完美达成论理的全部。可惜,施密特止步了,他所承认的司法审查只是一种客观无力的规范研究,不会对立法过程产生任何实质性影响,但这样的司法审查究竟有何实践功用?司法权在权力均衡理想的重担承担中,难道命定只是一个可有可无的看客,一种无权力的摆设?

抛开具体均衡性内容不谈,施氏的均衡模型设计从形式上首先是残缺的,如果贯彻他的权力均衡学说,三权外部均衡中他只勾画了"立法与行政"、"立法与司法"、"司法与行政"付之阙如。三权内部均衡,他独独缺了"司法",凡与"司法"有关的,他在最后都省略了,是一时疏忽,还是刻意为之?我想,这是施氏无奈的"刻意"。因为,他在构造纯粹的三权分立框架时涉及了"司法审查权",推论的尴尬使他不得不认真面对"司法不是一种权力"的底线,他害怕理论的前后矛盾,所以"宁肯少些,但要好些",干脆将"司法权"排除于权力均衡体系之外。回避或许是当时最佳的策略,但也为后人深刻理解法治的均衡本质留下了悬疑,这是施密特的贡献,也是施密特的悲哀。

---

① 〔德〕卡尔·施密特:《宪法学说》,刘锋译,上海人民出版社,2005,第208页。
② 〔德〕卡尔·施密特:《宪法学说》,刘锋译,上海人民出版社,2005,第208页。

五 "人民神"的整体均衡

按照法政精英法治均衡理论的思路，我们很容易推导出法权的类型学框架：第一性法权：谁来设计"基本规范"？第二位法权：统治与治理如何进行？第三域法权：受托之权如何左右逢源？《联邦党人文集》记载了美国国父们的"立宪心语"，他们的观点不尽相同，甚至相互之间还存在尖锐差异，但在第一性法权的归属问题上，他们惊人一致，他们将基本规范的设计主权赋予了"人民"这样一个至上的主宰。

"人民"作为第一性法权之专享主体，是均衡政体的现代创造。在美国的开国元勋这样一个奇特的叙事背景下，法治论也充满了奇特的异形。正如"詹姆斯·麦迪逊既是一个伟大的思想家，又是一个蓄奴者"，① 美国建国者的法治论一方面表现出言辞宏大、境深意远的"文本崇高"，另一方面也容忍了历史造就的制度恶性。在美国国父们眼中，以最高法院为至上权威的司法运行面临着"反民主"的立论困境，因此，首要任务便是对其进行合乎民主本性的正当化说明。如何将司法权描述为一种体现民主、保护民主而决非推翻民主决议、制造民主麻烦的权威，这实在让他们头痛。于是，在他们内部，有了所谓"一元民主"与"二元民主"的分歧。"一元论者将司法审查的每项措施推定为反民主的，并竭力通过一两次机敏的辩论，从'反大多数人的困境'中保全最高法院。相比之下，二元论者则将法院的保守作用视为秩序井然的民主制度的基本部分。"② 二元民主论者相信在美国，人民是最终的权威，他们与一元论者最大的区别就在于，"二元论者不赞同仅有一条简便的方式，即普选出的政治家能充分利用人民的权威来要求立法。"③ 对此不妨这样理解，美国法治论的成熟，标志性事件正是这种"谁能最终有效代表人民权威"之争议，无论一元民主论，还是二元民主论，都不否认人民权威的至上性，都主张司法背后人民权威的决定性作用。由谁来选择政体？政体选择中的司法权究竟由谁来行

---

① 〔美〕布鲁斯·阿克曼：《我们人民：宪法的根基》，孙力、张朝霞译，法律出版社，2004，第4页。
② 〔美〕布鲁斯·阿克曼：《我们人民：宪法的根基》，孙力、张朝霞译，法律出版社，2004，第8页。
③ 〔美〕布鲁斯·阿克曼：《我们人民：宪法的根基》，孙力、张朝霞译，法律出版社，2004，第8页。

使？第一性的司法权所依之"法"究竟为何种法？它如何被设计，以何种方式和面目降生出世？这些问题的唯一答案都是——"人民"！

阅读《联邦党人文集》的过程，就是一个玩味人民法治权威如何被置于至上地位、止于至善境界的道路探险。多数阅读者会被颂歌式的语言打动、俘虏，坚信普布利乌斯们是孟德斯鸠的忠实信徒。① 不是吗？普布利乌斯在第 51 篇明言陈词：防止把某些权力逐渐集中于同一部门的最可靠办法，就是给予各部门的主管人抵制其他部门侵犯的必要法定手段和个人的主动。在这方面，如同其他各方面一样，防御规定必须与攻击的危险相称。野心必须用野心来对抗。……毫无疑问，依靠人民是对政府的主要控制：但是经验教导人们：必须有辅助性的预防措施。"事实上，这段著名的论述是普布利乌斯论述了'通向人民的宪法途径应当被规划出来，而且保持在特定的非同寻常的时期应当是开放的'后，才撰写的。"② 在他们看来，"当进行党争的政治家们突破宪法的限制时，法官们应当宣布他们提议的法案无效并且予以披露，因为他们只是'人民'的代言人，只有人民才能改变宪法，法官必须阻止国会单方面对宪法做出根本性的修改。"③ 在《联邦党人文集》中，有这样一段话可视为美国司法审查理论之完美滥觞：

  以上结论并无假定司法权高于立法权的含义。仅假定人民的权力实在二者之上；仅意味每逢立法机关通过立法表达的意志如与宪法所代表的人民意志相违反，法官应受后者，而非前者的约束，应根据根本大法进行裁决，而不应根据非根本法裁决。（第 78 篇）

果若如此，第一性法权与第二位法权便可完美契合于"根本大法"（基本规范）这一制度均衡面。人民作为最高权威，设计政体、修正宪法、改造国家都是其法治主权应有之义；政治家是人民之代表，法官同样是人民之代表。倘若政治家立法意志与人民意志相违反，法官所行使的司法治理权力显然不能去服从政治家操控的司法统治权，否则，法官就因违逆第

---

① 普布利乌斯是汉密尔顿等《联邦党人文集》作者共用的笔名。
② 〔美〕布鲁斯·阿克曼：《我们人民：宪法的根基》，孙力、张朝霞译，法律出版社，2004，第 136 页。
③ 〔美〕布鲁斯·阿克曼：《我们人民：宪法的根基》，孙力、张朝霞译，法律出版社，2004，第 137 页。

一性司法权而丧失司法主体资格。同理，倘若法官裁判违背了人民意志，政治家同样可以掌控的司法统治权对其加以惩戒和处罚——司法统治与司法治理、司法政权与司法治权之契合与均衡，均无可置疑地系于对宪法的尊重与服从。

反观中国国父们的视界，同样有这样的"人民神"关切，但在具体内容上明显不同。在孙中山的思想深处，民众是一个混乱的集合，必须有赖精英的教育和训导才能发挥革命的功用。所以，与美国开国元勋们不同，孙氏并没有构建"人民司法权威"这样的第一性法权理论，而是力求从精英组织民众、教育民众，进行革命的政治实用主义立场，探求政权与治权的辩证分合。他的法治论可谓一种成熟、纯正的第二位法权理论。毛泽东创立了一种第一性法权与法政权交叉的理论，主要强调在"人民"权威下的法政权建设，主张政治化的司法权运行。

邓小平结合新的时势要求，创立了一种第一性法权与第二位法权交叉、融合的理论。既不否定人民的最高司法权威，也不抽象、玄虚地谈论人民民主，而是务实地将人民权威转化为人民利益问题，并以之为标准构建政权与治权的法制沟通渠桥。在他眼里，依法治国既是强调法律权威的统治，又是奉行法律权威的治理。统治事关国体，所谓"人民民主专政"，司法必须讲政治，民主与专政都不可放弃；治理则事关民瘼，所谓"社会治安综合治理"，司法必须发挥自身优势，运用灵活多样手法完成人民之重托。法律权威之根基在于人民。

将毛、邓等伟人思想贯行于司法实务，在践行中演发出新见解的，不乏其人，他们同样是开国元勋，思想精深，位高权重，虽没有"国父们"的至隆声望，却于细流、默息中悄然推开了现代中国法治思维的新视窗。董必武的法治论代表了这样一种"综合性提升"。在他的思想谱系中，孙中山、毛泽东是对他影响至深的"双璧"。在他担任最高法院院长期间，对第三域法权给予了理论上的高度关注，并化作成熟的表达。他的继任者谢觉哉，通过对人民调解制度的建设，发展并部分落实了董氏的法治思维。

六 回归"法治中国"的思想传统

概而言之，西方法治论基于亚里士多德开创的均衡政体传统，在具体的政治美德中寻求生长契机。西塞罗以罗马共和国为范例完成了这一理论的雏形，从理念、主体、技术上全面拓展，确立了"普适主义"的万民法和均衡本位的国务家之于法治过程的支配与指导地位，为后世的神本法律观埋下了伏笔。然而，追求神圣的中世纪法治理念毕竟与多元世俗法难以契合，新的理论就必须有效回应法治发展的路向。于是，以一统化的国家主权为基源的法治理论应运而生，它强调主权者的道德权威，通过衡平的方式与普通法竞争。随着新兴资产阶级走上政治舞台，自然人权的旗帜颠覆了至上王权，开始了对法权的掌控，作为整体的"人民神"成为国家主权的法理根据，法治被简化为权力与权利的对立均衡。这种均衡观的确立，标志着西方法治理论的成熟，但也遗留了国家与个人在法权上的直接对立这一严重问题。如何有效解决主权与人权的矛盾，协调国家权力与个人权利的冲突，成为当今西方法治理论的核心关切，成为新一批的法政精英努力破解的"斯芬克司之谜"。

　　反观中国的情形，由于法治理论一开始就被置于生活视界，没有直接与政体选择挂钩，所以讨论的语境显得单一质纯。在君主制下，法政精英们关注更多的是政治合法性下的法律治理问题。灵俗一体的至上皇权如何通过层层委托，有效将帝国的法律公正执行，确保天命之不失？基于仁本政治观的主导性支配，古典中国的法权运行从实质上非常强调对民权之保障，体现为"天理、国法、人情"三位一体，均衡裁断案件。法律的是非判断功能被刻意弱化，而社会治理功能被不断张扬。司法权成为"富国强兵""王霸大同"的工具。国家一般不直接与个人短兵相接，而习惯于通过一系列的"中介组织"圆通斡旋，和谐地处理纠争，所以，中国的法治论一直缺少明确的形上本质，所具有的是语境化的、个案性的形下体验，以及某种基于实用理性的"形而中"关怀。这当然不利于法治的整体性发展，一旦王朝政局变化，法治势必随之混乱，无法起到国家与个人的第三域调节之作用，特别是一旦社会结构面临根本转型，传统的中介组织纷纷宣告破产，国家与个人直接相遇，法治运行便会手足失措，左右摇摆，既不能独立也无法圆通，四处讨好不落好，两边逢源难结缘。当今中国学者们也意识到了这个问题，努力建构法权的国家本位或人民本位，但无论何种见识，都显得有些捉襟见肘。归根结底，法治需要一个介于社会整体与局部个体之间的中介体加以支撑，方能发挥其均衡功用，如果这种介体是我们所谓的"民族国家",那么,当今中国正处于全面构建现代国之转型期;如果这个中介体不是国家而是其他什么社会组织或跨国机构,那么,它又如何与国家建立良性互动关系?加之,社会整体的形成、局部个体的自主都是悬而未决的大问题。所以,探讨法治的均衡本质,在当今中国,却有几分"继绝学"的意味。

或许,我们可以"返璞归真",从儒学的仁本精神中开掘资源,与当代人本主义的发展观实现创造性对接,完成法治超验与经验维度的均衡构造。更现实的选择在于,我们可以在社会转型中寻求社会重建的契机,在社会互动中找到均衡构建的要径,实现传统国家的现代接级,使之回复为连接社会与个人的稳定均衡体,将法权贯注其中,合二为一,彼此支撑。届时,国家以法律为治理之本,法律以国家为权能之源,互补互助,共生共荣。

| 第四章 |

重新发现"法治中国"

第一节 "世界法"与"中国话"

本节将采取一种"倒推"的方法，从全球化时代的世界法话语切入，找寻中国法治的本土资源。运用这种方法，可以避免断章取义式的附会，有利于在真实的语境下确立法治中国的均衡本体。

依循西方经典理论，法律权威尤其是良法获得普遍遵守与服从乃是法治的魂魄。这种强调"良法至上"的法治理论揭示了西方法治的价值品格，但同时也遮蔽了法治路径的多样化实情，忽视了东方法治尤其是中国法治理念对西方现代性法治的历史贡献。在全球化的时代，西方法治话语扩张的势头无比迅猛，"世界法"的呼声此起彼伏。透过世界法这一典型的全球化法治话语标本，我们可以体察出西方现代性法治的内在危机与外部陷阱，比如，大国霸权秩序极易通过"世界法"的论证自我正当化，处于边缘和依附地位的不发达国家和地区在"世界法"的话语谱系中明显处于失衡的弱势。吊诡之处在于，西方现代性法治背后的民族国家基础无比牢靠，长期以来的保守主义秩序理念通过政治家与法学家的"政法联盟"不断强化，任何试图挑战"主权标示"的乌托邦冲动都是必须严厉声讨的异端和另类，所谓国际公法沦为"软弱的硬道德"，所谓世界和谐则蜕化为霸权主义的粉饰品。其实，在西方法治的启蒙时代，追求世界和谐的乌托邦精神非常流行，中国的孔教成为西方法治乌托邦的理念原型。不幸的是，中国的天下乌托邦却让西方感到了威胁和敌意，在资本扩张的历史进程中，中国形象的颠覆在所难免——一个曾经启蒙西方的中国成了需要西方启蒙的他者——在西方"国家"与中华"天下"的博弈中，西方的国家取得了暂时的胜利，但它暴露出的问题及其面临的严峻挑战，也表明天下观复兴对于法治中国乃至世界和谐具有极为重要的战略意义。作为"法治中国"的设计者、参与者和推进者,我们应当如何均衡国家与天下的法理关系?如何构造出既彰显世界精神又体现本土特色的中国法治模式?须知,法治旧理论的强弩之末,正是法治新思维的复兴之机。

一 世界法:全球化法治话语的典型标本

当下世界的全球化趋势,如同不断渗透的穿石滴水,从经济、文化、生活方式、政治态度,渐趋接近法治内层。审视当今全球化法治话语的各种表达,"世界法"理论是一个颇具代表性的典型标本,庞德、伯尔曼等法学巨子都曾对之予以理性憧憬,康德、罗尔斯等哲学巨擘也曾不遗余力为之激情鼓呼。综观现有的"世界法"理想图式,主要有如下进路:以哲学家为代表的法价值进路,以法学家为代表的法制度进路和以政治家为代表的法变革进路。这些进路都有一个共同的前提,那就是肯定先验普适性法治原则的存在。

缔造先验普适性法治原则的首推强调法价值进路的哲学家们,在他们看来,世界法实现的过程实质上是把"和谐世界"的最高理想和绝对律令化为现实。无论是康德的"世界自由联盟"还是罗尔斯的"万民法正义",都建立超验和先验的法伦理价值之上。不同于纯粹的哲学思辨,法学家重点考虑的是世界法的现实可能性,但也没有排斥对它存立的伦理及哲理追问。法学家以严谨的法律思维勾勒了以普遍人权为基础的世界法框架,细述了其间的各种制度性难题,同时也预言了世界法可能遭遇的异化和灾变。但最后还是勇敢地接受这些挑战,因为"这是开辟一条人类共同法道路的条件。而这一共同法能够排除危险,保持住一个可居住世界的希望"。[①] 如果说哲学家着眼于世界法的原则证立,法学家着力于世界法的规则设计,那么,政治家则着手于世界法的实体构建。法律结构的一体化、法律精神的普适化都有赖于以"法律移植"为主线的政治变革,法律统一与法律趋同运动的终极趋向就是世界法实施框架的整体塑型。

"世界法"理念的出现,表明了西方法治观念的全球化扩张,从相关的理论与实践争议不难发现西方法治体制的保守主义倾向。在"世界法"

---

① 〔法〕马蒂:《世界法的三个挑战》,罗结珍等译,法律出版社,2001,第160页。

作为全球化法治核心话语的时代,民族国家的主权遭到了空前的危机,特别是已占强势的国家,它们拒斥信息自由条件下的世界一体,甚于惧怕局部的紊乱与恐怖式袭击。倘若全球鸿沟消失、和谐世界长成,他们的垄断性利益恐怕就会丧失殆尽——民族国家的权力危机实质上是这些强势者的利益危机。于是,各种以"全球化"为名目的援助、改革计划被推行,目的就在于巩固既得利益者的优势地位。在这种背景下,警惕"世界法"的理论与实践是有意义的,并非所谓多情的民族自尊心在作祟。对待"世界法",我们应当采取"问题"的立场,不要将"世界法"视作一种当然的趋势与理想,更不能将"世界法"定为所谓法律发展的大好未来,而是需要在脑海中多问几个为什么,特别是要深入分析"世界法"内蕴的中国性。这些疑问至少包括:世界法观念与中国文化传统能否契合?世界法体系与中国天下观是否冲突?世界法倡导的法律统一运动与中国法治进程可否互补?对这些深层疑问的回答,必须以弄清世界法话语的前世今生为前提,必须回溯到西方法治启蒙的历史语境。

二 法治国:世界法理想的西方主导

近代的西方法治启蒙,在政治上掀起的最大风潮便是法国大革命。人称"法兰西制宪之父"的西耶斯当时明确表达过这样的政治哲学:"很明显,宪法只同政府相联系。国家通过规章和宪法来约束其代理人,因此,设想国民本身要受这些规章和宪法的制约,这是荒谬的。……国民性只有通过自然法形成。""国民不仅不受制于宪法,而且不能受制于宪法,而且也不应受制于宪法,这仍无异于说它不受制于宪法。""无论国民以何种方式表达自己的意愿,只需表达即可;任何形式都可以用,而国民意志永远是最高的法律。"[①] 哲学的崇高许诺一旦无法在政治运行中具体兑现势必会引起革命期待受益者的强烈不满。政治要么屈从于这种不满,自动放弃;要么通过非常的方式强力压制这种不满,实行恐怖专政。法国大革命的政治家采取了后一种方式,最终他们自己也遭到了恐怖专政的屠戮,为激进乌托邦理想付出了生命的代价。结果是,激进的世界主义乌托邦成为不散的幽灵。人类的世界性战争、文明冲突下的种族灭绝,还有一系列的全球

---

① 〔法〕西耶斯:《第三等级是什么?》,冯棠译,商务印书馆,1990,第60~61页。

性问题或多或少根源于斯。

　　法治国理念与制度的确立，首先应归功于尊重秩序价值的保守主义者对法国大革命的理性反思。在激进的大革命哲学中，保守和传统被视为不可宽恕的大敌，但在法治主义者的视野中，它们却具有弥足珍贵的重要价值。没有保守的对象，法律便无法确立自身的效力范围；没有传统的骨架，法律也无从搭建通天的"巴别塔"。法律秩序的价值往往需要人们在饱尝混乱后才得以凸显。出于一个反思者的立场，柏克对一个真正的政治家提出了判别的标准，那就是，"一个诚实的改革家不会狂妄到那种黑白不分的程度，把自己的国家视若无物，当成一张他可以在那上面任意涂抹的白纸。一个好的爱国者和政治家则总是在思考他将怎样才能最好地利用他的国家的现实物质状况，保护现存事物的意向再加上改进它的能力。"[①]与伯克相仿，托克维尔也认为法国大革命是以毁坏法治为代价进行激进的社会变革，是"最为危险的革命"。对政治家过度的理性自负，托克维尔也给予了不留情愿的批判，讥讽这些革命家为"可怜虫"和"一个陌生的人种"。由此，以约束国家权力尤其是政治化的非理性意志为核心的法治国理念便呼之欲出。

　　历史地看，法治国理想的出现是近代西方民族国家权力不断强化的结果。用耶林的话说就是"法律的进步在于每一自然纽带的破裂，在于不断地分离和隔绝"。"事实上，国家制造了相互分散的个人，因此官僚和集体成为它的支撑物。"[②] 民族国家的权力之所以需要法律的控制也系于一种精明的技术理性。民族国家的政治家们深谙法律的本质：既然法律的确立本身就是国家主权的产物，又何必恐惧凭借法律来控制行政权力？所以，最初的法治国模型是"行政国"。慢慢地，民众开始发现，行政权力虽然有规则控制，但行政权力之上的政治权力特别是制宪/立法权也应该体现法治的精神。一股司法审查的旋风开始着陆欧美各国并影响了整个世界，"行政国"走向"司法国"。当德沃金宣称，法律帝国的首都是法院，王公贵族是法官的时候，"司法国"的理想也已不再时髦，对"疑难案件"的技术性关切开始成为法学家思辨的焦点。

[①] 转引自蔡礼强《和平改良与暴力革命的内在冲突》，《中国社会科学院研究生院学报》2005年第3期。
[②] 〔美〕博西格诺等：《法律之门》，邓子滨译，华夏出版社，2002，第325页。

法治国理想的确立，为法学家从事政治创生了合法理由和适格权威。当法学家成为政治家或政治家变做法学家，法治国的理想就成了哲学王乌托邦的一个现代翻版。这种新型的"人治"，名曰"法律人的统治"，被认为是兼具了贤人统治与传统法治双重优点的理想政治模式。美国的宪政即是这个模式的最佳代表，也是法治国理想试图摆脱乌托邦情结的一次大胆尝试。当西方法治国制度大放异彩之时，便是西方法治理想与价值观普适之日。建立于西方法治国背景下的世界法构想，自然顺理成章、水到渠成。从这个意义上讲，全球化法治化语的勃兴，应当是西方法治国理想扩张的自然反应，是"西方法治中心主义"的当代表现。但事实真是如此吗？

三 孔教乌托邦：西方法治启蒙的中国悖论

再将历史向前推溯，当西方法治启蒙伊始，为了展开对中世纪教权神权的批判与搏斗，中国的"孔教乌托邦"竟是西方启蒙思想家热衷叙说的精神彼岸与理想国神话。发现了这一重要历史事实，我们再来推究全球化法治话语内蕴的中国性，便有迹可寻了。

1516年，葡萄牙使团准备取道马六甲出使中国的时候，英国首席大法官托马斯·莫尔爵士出版了他的《乌托邦》。这个理想国出现在未知海洋中的一个莫须有的地方。在传教士的书简中，"大中华帝国"的形象继"契丹传奇"之后成为一个现实的世俗乌托邦。1613年，金尼阁（Trigault）神父带着利玛窦（Matteo Ricci）神父的日记自澳门登舟返回欧洲，恰好康帕内拉在意大利纳波利的监狱里写完《太阳城》。1621年，金尼阁神父在德国出版了《利玛窦中国札记》、带着7000余册图书回到中国的时候，培根写出了《新大西岛》。① 这些对未来加以畅想的乌托邦著作都忽略不了金尼阁神父在《利玛窦中国札记》中用第三人称的手法描述的这样一幅美妙的"孔教乌托邦"图景：

> 他们全国都是由知识阶层，即一般叫做哲学家的人来治理的。井然有序地管理整个国家的责任完全交付给他们来掌握。军队的官兵对

---

① 参见周宁《想象中国：从"孔教乌托邦"到"红色圣地"》，中华书局，2004，第8页。

他们十分尊敬并极为恭顺和服从,他们常常对军队进行约束,就像老师惩罚小学生那样。战争政策由哲学家规划,军事问题仅仅由哲学家决定,他们的建议和意见比军事领袖的更受皇上的重视。事实上,这类意见很少,并且只有在罕见的情况下,是交给作战会议讨论的。因此,结果是凡成为有教养的人都不赞成战争,他们宁愿做最低等的哲学家,也不愿做最高的武官,他们知道在博得人民的好意和尊敬以及在发财致富方面,文官要远远优于武官。更加令外国人惊异的是,在事关对皇上和国家的忠诚时,这些哲学家一听到召唤,其品格崇高与不顾危险和视死如归,甚至要超过那些负有保卫祖国专职的人。也许这种情操来自于:人们有了学问,心灵也就高尚了。[1]

前贤梦寐以求的哲学王统治,结果在一个遥远的神秘中国实现了,这让西方思想家感到欣慰和恐慌。一方面,他们亟须这样的乌托邦想象来激活、复兴传统的希腊哲学,以驱逐那些可恶的上帝教士。于是,启蒙思想家们开始利用这样一种哲学化的中国形象糅合西方文化自身的传统理想,构想一个既可欲又可求的美丽新世界。于是,"孔教的中国"成为这个世界的标准模型。但是,另一方面,启蒙斗士们又必须建立一种比较优势,如果全面肯定中国的政体与法治,势必难以确立自身的美好和崇高。于是,这些启蒙思想家在"发现"的同时也选择了"遮蔽":在孔教乌托邦的身后,那个名叫"天下"的乌托邦!

在中国哲学视野中,"天下"是无限的整体,各种要素通过自然的良好安排以及政治的理性统筹达到恒久而坚固的均衡。故而,中国人的世界是"超稳定的",中国哲学对"天下"的理解和追求也超越朝代、时代之限。与中国相比,西方哲学勾画的世界图景要精致许多。无论是柏拉图的《理想国》,还是莫尔的《乌托邦》、培根的《新大西岛》、康帕内拉的《太阳城》、约翰·安德里亚的《基督城》……西方哲人们更倾向于在一个确定的领域实现善治的理想。他们追求自身小我的完善甚于渴望人类大同的实现。从苏格拉底要求人们"认识你自己"开始,在人文思考方面,西方哲学开始逐步放弃宇宙和谐的宏大思维,愈益注目以"人"为中心的哲

---

[1] 〔比〕金尼阁:《利玛窦中国札记》,何高济等译,商务印书馆,1983,第59页。

学思考。

为了避免"天下乌托邦"的同化与蚕食，西方启蒙思想家开始怀疑、否定中国的形象。孟德斯鸠在《论法的精神》中便猛烈攻击了中国的政体和风俗。启蒙思想家设计出一种新的乌托邦，名曰"人类的自然状态"或"原初状态"。不论这种状态是人人自由平等的绝对和谐还是人与人之间无穷斗争的绝对不和谐，他们都一致认为，应当限制君主主权，赋予不确定多数人以最高、最后的权力——布丹称之为"主权"，卢梭则进一步将主权明确地赋予"人民"这一乌托邦的主体。但他们恰恰忘了关键的一点：人民的面目是需要辨认的，而有权（包括权力和权威）辨认的只是少数人。将国家主权赋予人民这个虚构的主体，丝毫无助于彻底解决国家权力对公民权利的侵害问题。放弃了中国"天下"的理想，西方的民族国家只能依靠软弱的"国际法"协调相互关系，最终的结果还是超级大国独占鳌头，形成实质不公正的国际秩序。

四 国家与天下：全球化法治的非均衡博弈

如前所述，尽管西方启蒙思想家发现了中国的"孔教乌托邦"，但随着民族国家主权观念的兴起和新的"人民乌托邦"构造成功，他们迅速滋生了对中国天下观的无穷敌意。特别是当法治国进程取得了不俗业绩后，西方国家俨然成为世界中心，而中华文明的"封闭"和"自大"触怒了敏感的西方使者，他们希望用新的国际法秩序取代中国的天下法治体系，完成世界秩序的重建与一统。在这个意义上，我们可以认为，西方全球化法治话语虽然在精神源头上具有天下观的因素，但在实质内里层面，西方法治文明的推行采取的是国家暴力主导的策略，只有先用武力征服，法律移植才能得以展开。而中国的天下乌托邦，则彻底沦为西方扩张主义的黑夜幽灵。

就以儒学为代表的古典中国"学统"而言，重视"天下"是不争的事实。"天下"是一种超越"国—家"的政治合法性范畴，是政治家法理的经典创造。"天下"理想的型构展示了古典中国哲学家法理与政治家法理的首度交锋与初步融合。均衡的结果是，"天下"体系包蕴的和谐世界法则及其文化涵摄品格之确立。在这一大的环境下，中国的法律退出了国家间关系规则的建构场域，也并未对个人间的权利界限寄予太多的关注，将大多数精力投入了"国—家"的伦理架构之维护。中国法律传统之所以被惯称为"伦理法",很大程度上是因为法律是伦理秩序的维系者,而非创造者。换句话说,由于古典法哲学的"天下"乌托邦之显在,直接导致了"国家—个人"对峙关系的消解,促生了"天下—国—家"三元均衡一体结构之确立,而勾连三者的主要秩序规则不是法律创造的,而是既定伦理,尤其是家庭伦理习惯性衍生而成的。这也可以解释为什么古典中国的法律缺少至高无上的地位和类似宗教的权威。

公允而论,孔子创立的儒家思想及其政治应用,构成了一套完整的人生－法律哲学。简单来讲,古典中国法哲学是人生化的,它把政治、法律的实践价值定位于人生理想之落实,检验标准也不外乎"仁人""君子"这些道德图谱。这是孔教乌托邦的治道精髓,但我们通常看到了其"内部治理"的一面,往往忽略了它还有另外一种品格,那就是拓展性、延伸化的"外部意义"——"天下"视界的现代发现,正有力证明了这种意义。① 由此,我们可以明确古典中国法哲学的几点特殊文化意蕴:第一,贤人政治、圣王理想的治理逻辑与天下为公、四海为家的世界关怀是紧密耦合的,中国的法律从文化性格上来讲是讲究"无外"原则的。第二,不讲内外区分的古典中国法治具有不可避免、具有规范层面的模糊学特征,这使得法律表达与法律实践之间的文化鸿沟成为必然。第三,法律的伦理维系功能限制了其主动精神,自生自发秩序的传统神圣有效阻隔了人之理性的现代创造,使得法律发展呈现缓慢的循环特征。这三种文化意蕴都不是所谓的中国传统法律文化的弊端,恰恰相反,它是一笔珍贵的文化资源,在现代性勃兴的今天,巧妙开掘并借助这些文化资源,将中国传统法治理念与智慧在全球化法治进程中应然的作用与功能发挥到位,非常重要。

反观西方,其哲学从古希腊始,便走向人之世界与神之世界的区分,法律也被分殊为人定法与自然法,后世的法学发展愈益强化这种分析性

---

① 对儒家"天下"视界的阐述,有各种不同的说法,从价值判断的角度,大体上有三种态度:一是积极肯定说,倡言"天下"是古典中国哲学资源之精核,是世界主义的终极超越;二是消极否定说,认为"天下"是专利主义的渊薮,很容易造成"新帝国"毒素,必须予以摒弃和克除;三是中庸调解论,希望通过中国哲学资源之创造性转化,达成与现实需要之接合,所谓"取其精华,弃其糟粕"。

思维，直至分析法学的出现，这种分析已从法律之类型分析发展到法律之要素分析，法律之伦理分析到法律之法理分析的高峰。所谓自然法学与实证法学的分野并不在于它们是不是分析性的——自然法学侧重法律理想的分析、类型分析，而实证法学侧重法律现实的分析、要素分析——并且两种法学分析逻辑发展的走向落脚点都是"规范"之证立。现今引人注目的法律论证、论辩、商谈、沟通理论，实质上正是这种分析性逻辑的代表。与之不同，中国哲学一开始就预构了中庸和谐的人生境界，并默许了人性伦理的广延扩展。在"天下"框架内综合调解、整理各种文化因素，实现文化共同体的融通无碍，任何"异端"的教义在"天下"视界中都能寻找到合适的区位，都需要接受"正统"的检视与再造——但这并不意味着"天下"思维的独断性格，只是说，"天下"为本的和谐世界需要一个恒稳的立足点，涵摄多元的视窗位置，以及融化一切"异端"文化的可能区间（见图4-1、图4-2）。

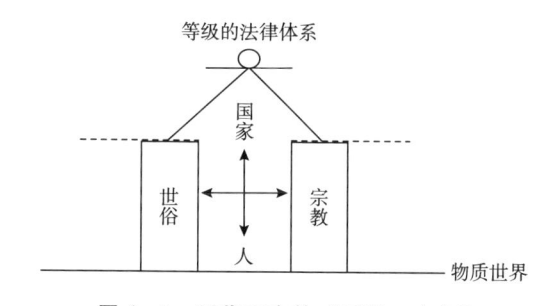

图4-1 近代西方的"国家—个人"

图4-2 古典中国的"天下—国家"

西方法哲学的分析单位是不完全的，从个人、共同体到国家，都是包含着物理、心理和制度的意义饱满概念，可是到了"世界"这个最大的概念，却缺乏必要的制度文化意义，只是个自然世界概念，也就是说，世界只是个知识论单位，而没有进一步成为政治/文化单位。① 西方法思维中的"世界"是分析性的：物质的精神的；神圣的世俗的；有机的无机的；个人的国家的；国内的国际的；等等。每一种"世界"都有其特定的法则，和谐是世界的基本法则，冲突也是世界的基本法则，前者是理念论意义上的，后者是存在论意义上的。每一种世界法则都是平等的，可以发展、进化的。所以，西方世界的法理构造也是不断变化的。反观中国法理念，一开始就被赋予了先定的大一统、终极性特质，"天下"成为无所不包、无所不超的文化总体，在"天下"之中，"国—家"同构，于是，个人的独立意志被悄然湮灭，一切都要服从"天下"的假定，所以很容易导致"真理型法治"的专断，很容易扼杀一些新奇的事物萌芽。它确保了稳定的和谐，却消灭了变动的均衡，而和谐本身又需要正当的变动，这就造成了和谐世界的高远理想与惨淡现实的深刻矛盾。所以，当下中国主流意识形态不断呼唤务实精神，为的或许就是为了消除理想主义过盛，而践履技巧不足的悖论。

处于现代化、全球化浪潮中的当今中国，更紧要和迫切的任务或许不是重新学习天下一家的国际法理念，而是扎实建构一个"民族国家"与"民主国家"相对均衡的现代法治国。与传统国家相比，现代法治国是一种持续运转的强制性政治组织，其行政机构成功地垄断了合法使用暴力的权力。主权是现代民族国家的核心，主权是统治国家的最高权力。那么，这一统治权力归属于谁，由谁来行使，从而才能保证国家的持续运转呢？这是现代国家建构必然会产生的权力归属、权力配置和权力行使的制度性前提。如果说，民族国家是现代国家的组织形式，所要解决的是统治权行使范围的问题，那么，民主国家则是现代国家的制度体系，所要解决的是现代国家根据什么制度规则来治理国家的问题。民族国家突出的是主权范围，主要反映的是国家内部的整体与部分和国家外部的国家与国家之间的关系，那么，民主国家强调的则是按照主权在民原则构造的国家制度，主要反映的是国家内部统治者与人民、国家与社会的关系。② 民族国家和民

---

① 赵汀阳：《没有世界观的世界》，中国人民大学出版社，2003，第 12 页。
② 参见徐勇《回归国家与现代国家的建构》，《东南学术》2006 年第 4 期。

主国家的融合均衡，与民生国家的目的实现，具有一体同构的性质。现代国家是当今世界体系的中介范畴，一端连接个体与社会组织，另一端连接集体与世界体系，它面临双重使命，既要均衡内部的个体（公民）权利与组织体（机构）权力关系，实现国家主权权威的构建；又要均衡外部的集团以国家为象征和代表的共同体权威与世界其他集团权力（权威）的关系，达成国际和谐（世界和平）的局面。这是西方世界法与中国天下观都不否认的共同点。均衡型、一体化法治国家的建构是西方世界法与中国天下观的重叠共识，也是全球化时代的法治中国的战略支点（见图4-3）。

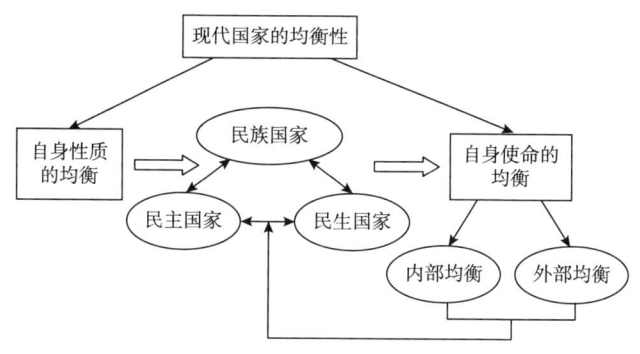

图4-3 法治国家的均衡构造

第二节 "法治中国"与"大历史"

一 "中国大历史"

在1938年的《联共（布）党史简明教程》中，斯大林确定了社会发展形态的标准公式："原始公社的、奴隶制的、封建制的、资本主义的和社会主义的"。① 他反复强调历史发展的"线性铁规"，并对此作了独断论式的表达："尽管社会生活现象错综复杂，但是社会历史科学能够成为例如同生物学一样准确的科学，能够拿社会发展规律来实际应用。"其结论是："无产阶级党在它的实际活动中，不应该以任何偶然动机为指南，而应该以社会发展规律，以这些规律中得出的实际结论为指南。"② 这一政治

---

① 〔苏〕斯大林：《联共（布）党史简明教程》，人民出版社，1975，第137页。
② 〔苏〕斯大林：《联共（布）党史简明教程》，人民出版社，1975，第128页。

公式对中国知识界影响巨大,很长一段时期被奉为金科玉律,但现今已遭到了越来越多的质疑。① 事实上,"五阶段论"并不符合马克思主义的原意②,更不符合中国历史的客观实况。机械搬用这一模式,只会形成阶级矛盾与政治斗争主导社会发展的错误观念,从而极大误导法治战略的设计和社会矛盾的处置。对法治中国的解释,必须在中国历史的发展语境下展开。

在史家黄仁宇看来,中国历史观念的根本,不在于王朝更替、治乱循环的叙述,而在于比较眼光和世界精神的具备。"中国大历史"(macro-history)的分析框架,并非迷恋语词的新装,关键在于理念和方法的更新。③ 就方法论意义而言,"中国大历史"彰显了"宏观史学"的独特视野,这是中国史家的薄弱环节,也是中国研究深入发展的希望之光。④ 在人类社会的发展过程中,中国的状况的确要比一般情形繁杂。一切历史都是当代史,中国大历史也不例外。中国大历史是当代史,因为它能资治通鉴,为现今问题解决提供参考启示;中国大历史是宏观史,因为"中国大历史"内蕴比较眼光和世界精神,它勾连了内部与外部、本土与全球——只有将中国置于世界史的洪流才能

---

① 参见陈锡喜《斯大林模式形成的意识形态根据及其核心话语》,《探索与争鸣》2010年第9期。
② 马克思研究古希腊和罗马城邦国家,使用了奴隶社会的概念,研究蛮族入侵晚期罗马帝国后产生的一种生产关系,称之为封建社会,即"拉丁-日耳曼封建制"。马克思在讨论俄国农村公社直接过渡到社会主义的问题时,提出了"可以不通过资本主义制度的卡夫丁峡谷"的著名假设。现今亚非和拉美一些部落社会不经过奴隶社会和封建社会而直接进入资本主义社会,一些农业社会不经过资本主义社会而跳跃到"社会主义"社会,已成为不争事实。在他看来,历史上没有任何社会完整地经历过"五种生产方式"。在经典作家的著述中,亚细亚生产方式始终是作为一种与西方不同的独立类型出现的,其中蕴含的"伟大思想秘密",就连马克思本人也承认未能完全参悟。
③ 参见黄仁宇《中国大历史》,上海三联书店,2007,自序。
④ 梁启超在《中国历史研究法补编》中痛切地指出:"我们不能够从千真万确的方面发展,去整理史事,自成一家之言,给我们自己和社会为人处事作资治的通鉴,反从小方面发展,去做第二步的事,真是可惜。……一般作小的参证和钩沉、辑佚、考古,就是避难趋易,想缴幸成名,我认为是病的形态。真想治中国史,应该大刀阔斧,跟着从前大史家的做法,用心做出大部的整个历史来,才可使中国学有光明、发展的希望,我从前著《中国历史研究法》,不免着重了史料的搜集和别择,以致有许多人跟着往捷径去,我很忏悔。"参见陈其泰《梁启超在构建近代史学理论体系上的贡献》,《史学理论研究》1997年第2期。

发现中国史的玄奥,只有将世界史置于中国史的具象方可领悟世界史的神奇。① 这种理论眼界非常符合法治均衡的研判要求。

更重要的是,"中国大历史"可以为法治中国的特色分析创设合宜的方法和标准。中国特色之根本在于其独特的国情,对中国基本国情的判断关涉到执政党法治战略的原点。在执政党的视野中,明确中国特色的国情依据离不开对社会基本矛盾的把握。中国共产党十三大报告首次提出"我国正处在社会主义初级阶段"的论断,十八大报告进一步将社会主义初级阶段确定为建设中国特色社会主义的总依据,并明确指出:"我国仍处于并将长期处于社会主义初级阶段的基本国情没有变,人民日益增长的物质文化需要同落后的社会生产之间的矛盾这一社会主要矛盾没有变,我国是世界最大发展中国家的国际地位没有变"。在执政党的政治哲学和政策判断中,中国国情与社会基本矛盾是紧密关联的战略问题。而要深入理解中国当下的社会矛盾,必须从"中国大历史"视角准确定位中国的法治特色,科学研判精英与群众的法理关系,建立制度化的法理沟通与协商体系,确保社会正义与法理均衡的制度化实践。

在中国大历史的背景下,作为法律渊源的法理,分布在社会主体行动的广阔空间,具有多样的类型化特征。从前现代到后现代,历史主体的法理博弈都是客观存在的社会事实,韦伯所说的"法理型统治"只是法律现代性的体现。西方的经典社会分层理论聚焦政治精英的权力斗争和循环,忽略了大众化时代群众法理的集聚性效能。透过精英与大众的法理博弈,我们可以观察到更为真实的社会运行样态,为矛盾的化解与均衡的达成开辟更为宏观的视界。"精英法理"不单是政治精英的法理,学术家的法理也是重要的类型,将这两种精英法理结合考量,主要基于二者具有很强的内在互动性,与社会稳定的关联度更高。执政党的法理是政治精英法理的

---

① 日本史家沟口雄三在治中国思想史的过程中体悟出一套名为"以中国为方法,以世界为目的"的研究新路,这条路径正好体现了"中国大历史"的诸多特质。沟口雄三认为,以往对中国历史的研究,由于仅仅将中国看作是普遍化的西方历史在东方的一个特殊范例,而且研究的方法基本是西方的,所以只是一种"外部研究",即"非中国"的外部视野观察。为了在"真正多元性历史观"上研究中国,还需要一种"内部研究",以一种中国的方法,从中国本土的经验中重新建构中国的历史。从中国独特的价值、文化和历史中了解中国,在中国历史的内部逻辑中,建立起一个世界的观察点,为人类文明的发展提供多元的解释。参见许纪霖《以中国为方法,以世界为目的》,《国外社会科学》1998年第1期。

典型，法学家的法理是学术精英的范例，普通民众的法理则是群众法理的一般情形。围绕法治中国的历史分析，必须体现这些关键要素的博弈和均衡。

二 法理均衡分析

采用中国大历史的理论分析法治中国的均衡机理，核心问题在于，中国历史各时期如何划分？不同历史时期的社会矛盾呈现怎样的特性和共性？这些矛盾在法理层面如何呈现以及化解？这些问题的思考和解答，有助于我们从历史层面把握中国社会发展的独特规律，寻找转型时期中国法治形态的真正特色。

中国有官方撰史的传统，西方史学传入中国之前，史家们主要以王朝断代进行历史的政治化分期。但法家的学者很早提出了新的思维，他们以"社会进化"的学术方法划分历史阶段。商鞅学派有"上世－中世－近世"三段说，描述了"血亲政治－贤人政治－君主政治"的进化过程。韩非有"上古之世－中古之世－近古之世"说以及"上古－中世－当今"说，认为历史是向前发展的，每一阶段都面临某种主要矛盾，解决矛盾的办法也因时而异——"上古竞于道德，中世逐于智谋，当今争于气力"。① 近代西学东渐后，中国学者进一步继承并完善了这种历史分期的方法。作为会通中西的大家，梁启超在《中国史叙论》中，将中国历史分作"上世史－中世史－近世史"，并对应为"中国之中国－亚洲之中国－世界之中国"社会进化状态。② 即便在文化保守主义者看来，比照西洋史分法，中国的上古史、中古史和近代史的说法亦可成立。③

---

① 冯天瑜：《中国历史分期与秦至清社会形态命名》，《学术月刊》2006 年第 4 期。
② 梁氏的具体表述征引如下："第一上世史。自黄帝以迄秦之一统，是为中国之中国，即中国民族自发达、自竞争、自团结之时代也。其最主要者，在战胜土著之蛮族，而有力者及其功臣子弟分据各要地，由酋长而变为封建。复次兼并，力征无已时。……第二中世史。自秦统一后至清代乾隆之末年，是为亚洲之中国，即中国民族与亚洲各民族交涉繁赜，竞争最烈之时代也。又中央集权之制度日就完整，君主专制政体全盛之时代。……第三近世史。自乾隆末年以至于今日，是为世界之中国，即中国民族合同全亚洲民族，与西人交涉竞争之时代也。又君主专制政体渐就湮灭，而数千年未经发达之国民立宪政体，将嬗代兴起之时代也。"转引自冯天瑜《中国历史分期与秦至清社会形态命名》，《学术月刊》2006 年第 4 期。
③ 钱穆认为，中国上古史当断在战国末年。秦以下，郡县政治大一统局面开始，（转下页注）

相较于政治教义化的"五阶段论",近代史家的历史分期论无疑更为符合中国的实际。在这些论述的深处,占据不同法理地位、拥有不同法理权力与话语类型的社会行动主体是重要的划分依据。钱穆之所以主张以战国为上古与中古的转型界点,很关键的一个理由就是战国之前的社会存在两个对立的阶级,一是贵族阶级,二是平民阶级,而秦汉以后的中国,不是一个阶级社会,而是一个分为士农工商四流品的社会。其中,士是一个参加政府的特殊流品。也就是说,秦汉以后的政府,由士人组成;秦汉以后的政府,变成了士人政府;秦汉以后的社会,由士人来领导和控制。[①]士人成为转型时期的重要社会主体标准,其法理功能直接影响社会的矛盾化解和稳定大局。晚清以降,中国传统社会结构和意识形态受到了外力的影响和改造,呈现出新一波转型浪潮的独特景社会结构和法理景观。由君主向民主、由人治向法治的转变,反映了法理层面的总体变迁。据此,我们可以进一步拓展,利用已有的经典理论框架,注入新的问题意识,通过对"中国大历史"的读解,奠定"法治均衡"战略的事实基础。

第一,"中国之中国"阶段为学术家法理与政治家法理首度契合的时期。先秦时代,中国在学术思想上极度繁荣兴盛。那时,支撑中国的是诸子百家的法理论和法理念。这些宝贵的思想资源对于中国发展而言,不仅是理论上的遗产,更是实践中的"路径依赖"。中国法理的恢宏壮阔由此奠基。从先秦到秦汉,这一时期,"中国"概念在理念上成型,在实践中也得到塑型。所谓"中国之中国",前一个中国是地理概念,后一个中国是政治概念,它们有着密切关联。"天圆地方、国有中央",地理上的中心位置("天下之中")给予生成中的政治国家以一种合法的根据。华夏文明在大河流域诞生后,历经夏、商、周三代及早期秦汉帝国大约两千年的"中国之中国"时代,取得了三大历史成就:一是以周公、孔子、老子等

(接上页注③)便该是中国的中古史了。这与西方的中古时期不同。大体说来,西方中古时期是一段黑暗时期,而中国汉唐时代,政治社会各方面甚多进步。不仅不比上古史逊色,而且有许多处驾而上之。我们也可将秦代起至清末止,两千年来一气相承,称之为中国历史之中古期,不当再加划分。若定要划分,亦可分做两期。五代以前为一期,我们不妨称五代以前为中国的中古史,这一段历史,因离我们比较远,由我们现代人读来,有许多事情也比较地难了解难明白。宋以下的历史,和我们时代相接近,读来较易了解易明白。我们也可说,中国的近代史,自宋代即开始了。参见钱穆《中国历史研究法》,上海三联书店,2005,第13页。

① 参见郭沂《中国社会形态的四个层面及其历史分期》,《文史哲》2003年第6期。

圣贤、哲人为代表，实现了法理的首次突破，从理想、理据、理念的高度为中华文明指明了前景，设定了路径。二是建立了政治上统一的国家，政治的统一带来了民族的融合，作为民族共同体的汉民族得以形成。最后，也是最重要的，实现了学术家法理与政治家法理的首度契合。繁盛的学术思想与强盛的政治机能相得益彰，使以董仲舒为代表的一批学人脱颖而出。儒学得到更新，成为官方学说。儒学成为治国之术，儒士成为治国之才。政治家与学术家联手缔造气象万千的中央帝国，以儒家思想为蓝本，兼收百家，服化外族，实现了政治架构的早熟。这一时期起关键作用的是精英阶层的法理性和法理据，具体而言，就是政治家利用法律的形式权威（法律规范的形式理性）在儒家伦理的"差序格局"（法律权威的道德理据）下"相对公平"地调控国家管理社会。

第二，"亚洲之中国"阶段为政治家法理逐渐取消、代替学术家法理的失衡帝国时期。这一时期在表面上看，思想繁荣、经济富庶、国力强盛、社会安乐，一直被誉为中国大历史上罕见的"盛世"。不可否认，"亚洲之中国"时代在唐代初中期达至发展高峰，后劲一直波延到明清，中国文明在其他轴心文明冲击成功自我更新，多民族、多文化的政治一体化国家建立了以朝贡体制为特征的亚洲世界秩序。然而，政治上的集权和思想禁锢势必会打破早期学术家法理与政治家法理相互支援彼此补充的良性共契。帝国虽强，其衡已失。特别严重的问题是，伴随着经济发展，民众的生存状况却举步维艰，世俗精神日趋萎靡，精英法理的规训成本不断上升，群众的自治法理却又难以形成。科举制及授官制便利了广大读书人步入官场，从此享受荣华富贵，因而天下寒士遂不思进取，没有自己独立的思想但又想着功名前程向上攀爬，甚至不少人利用科举制初创时的不完备来牟取制度漏洞之私益。儒家期待的理想秩序已然纷乱，君不君、臣不臣、父不父、子不子，甚至男不男、女不女。随着政治家法理与学术家法理的共识崩溃，多元化的信仰蜂拥迭出，平民的精神生活失去定向，日益放纵佚靡。盛世的暗处，隐藏了人心秩序核心崩乱、社会秩序基石缺失的历史悲剧。真正持久的繁盛，必须倚靠自由经济、民主政治、理性文化的均衡支撑。数量意义的经济富足往往会导致人心恋钱，以金钱为社会伦理标尺，甚至造成掌握合法暴力的政府与手无寸铁但潜力无穷的民众争利夺财血肉相噬；形式意义的政治开明一旦进入无原则无中心的后现代状况，往往会引发管理者内部的纪律松弛，内乱不已；文化意义的价值多元更是危险的矛盾渊薮，直接导致人心秩序紊乱，变化多端。唯有通过上层精英与基层民众的法理协商，依凭共识化的规则体系，国家才能得到真正有效地治理。传统盛世的社会危机，根源在于均衡失却后的无规博弈。

第三，"世界之中国"阶段为群众法理萌醒、独立、躁动，压过精英法理的"大变局"时期。唐宋以后，中国进入了外族与汉族大融合、外来宗教与本土宗教大会遇的时期。这一时期，商品经济日趋繁荣，物欲刺激的力量日趋强大，中国开始进入平民主义、享乐主义、泛个性主义时代。随着商品经济的发展，中国与世界有了宽阔的贸易沟通渠道，近代化缓慢启程，全球经济体系的作用日益重要。在专制政体相对恒定的情况下，底层民众不能指望从上层精英那里获得法理支撑，他们唯有通过物欲的形式确证人生的实存。而在上层精英内部，法理共识依然处于缺席状态。通过下层知识分子的建构，群众法理借机蓬勃发展，逐渐形成了一套以世俗日用为核心价值的法理体系，营造了近代中国社会转型的基层法理系统。从"亚洲之中国"向"世界之中国"转型，一方面意味着中国从中心走向边陲，充满痛苦和迷茫；另一方面，这种转变属大势所趋，是对"盛世迷惘"予以时代解脱的大好时机。在这一时期，中国没了昔时强大帝国的表面荣耀，增添了可贵的平民情怀和日用精神，为后世的经济发展和社会变迁积累了宝贵经验。但这种摸寻毕竟是一种"增量改革"，并未触及当时社会矛盾的核心病灶，遗留了不少制度疑难。在西方坚船利炮的攻击下，中国近代的物质文明成果显得孱弱无力。症结在于，中国缺少一个沟通性的法理平台均衡各方、协调力量，精英内部政见不一，官府与民间长年龃龉，社会各阶层的法理不能应时应事汇聚融合，以至于孙中山先生发出了"中国人不是自由太少，而是自由太多，总是一盘散沙"的哀叹。

当今之中国，处于全球化的浪潮中，必须尽快形成精英与群众的法理共识。近代中国的落伍，不是因为经济的贫弱或物质文明的不发达，根本原因在于未能达成以"法治均衡"为主线的总体发展。以政治家为主体力量的政治文明、以学术家为先锋的精神文明和以广大民众为主体的物质文明未能在社会变迁和时代发展中均衡一体，要么政治就是王道，囊括一切；要么精神就是唯一，无视万物；要么物质就是全部，包容所有。直接的后果是，官方主导的精英法理与民间弥散的大众法理不能制度化契合。

强调自我中心的平民法理难以与钟情规范秩序的精英法理形成共识，于是出现了"打着红旗反红旗"的抗议，出现了"天理""国法""人情"的相互否定和撕扯。"人民"被理解得千奇百怪，"群众"被诠释得千姿百态，成为一团团稀泥，充当着一次次政治和精神暴乱的攻掷武器。由于抓不住中国社会发展和矛盾的根本症结，政治家和学术家只能凭借个人偏好甚至猜测和感觉来订立国家发展目标。眼光向上的平民大众更是如此，他们的人生规划通常会模仿上层和主流，在现实物欲的强大牵引下，大众流行的"反思"很多时候就是怀疑一切。一旦自我的短时利益得不到无条件实现，便会滋生埋怨与不满。当这些怨恨得不到制度化满足的时候，他们倾向于诉诸语言和身体的直接暴力。在赤裸裸的物欲社会中，任何政治权威和精神原旨，都有可能成为大众嘲讽和反对的标靶。

如果有一种乐观的预期，我们只能寄厚望于政治结构的社会化转型，实现精英与大众的法治均衡。今天，我们正处于"世界之中国"阶段的高峰期——全球化潮流已不可抵挡，文明的会遇与沟通已成定局。均衡发展的时代要求，已然体现在执政党的新纲领中，融凝于科学发展和全面改革的各项实践中。这是法治转型的良好机遇，也是社会重建和矛盾化解的核心问题。从"中国大历史"的经验和路径上看，我们首先要承继道统，重建政治家法理与学术家法理的制度共契，缔结一个"中国大理论"，在中国特色社会主义理论体系的指导下重续共识性契约，完成政治文明与精神文明的上层联通。继而，以这种互通为前提、基础和典范，以理性的公共舆论为手段、中介和平台，实现群众法理与精英法理的根本共契，在宪法的权威规范下，造就成熟的法治文明。第三步，要在已经取得的法理共识下，修缮日常规则、完善微末机制，由宏大的法理之治走向具体的法律之治，缔造并巩固长治久安的制度之本。

三　经济危机、"法理大国"与意识形态重建

从"中国大历史"的宏观叙述中，我们发现了法治中国的"均衡"主线。如何在具体的法治战略中应用和实践，这是接下来要解答的重点疑难。就当下中国法治建设最紧迫的战略任务而言，应对全球经济危机的挑战，维护国内社会秩序的稳定，确保经济发展的速度和质量，无疑是各方共同关注的焦点。在全球经济危机的背景下，围绕国家主权和国际经济政

治新秩序,各种力量的博弈才刚刚开始。在可预期的长时段,中国除了要理性应对国内经济的诸多挑战,还要积极参与国际法的制定和执行。对中国来讲,这次全球经济危机是建立国际法律新秩序的大好时机,而中国法权力量的增长又是西方强国不愿意看到的结局。因此,在应对危机的国际合作中,西方各国一方面离不开中国的参与,同时又会排斥中国订立规则。在这种纷繁复杂的局面中,中国如何从法治均衡立场出发提出富有针对性和操作性的问题解决方案,意义重大。中国的"和平崛起",必然会遭遇西方法治文明的冲突与阻隔。解决冲突超越阻隔的唯一途径就是造就中国特色的法治模式,与西方法治在国际秩序内的公平竞争。昔日天朝上国闭关自守,自愿游离于国际法律秩序之外,带来近代以降的屈辱记忆。从林则徐组织翻译西方国际法著作、"开眼看世界"起,无数仁人志士为了国家富强倡行法治。时至今日,"中国特色社会主义法律体系"已经形成,中国已从一个孤芳自赏的"法外国家"逐步开始转变为有法可依的"法制"国家。但是,在真正面向国际的"特色法治"建设上,我们还有很长的路要走。对于那些牵涉本国利益与全球共同利益的国际法规则,中国应当发挥更为能动的作用。神秘的东方智慧与理性的西方文化之间,其实并不存在无可逾越的鸿沟。虽然西方大国主导着主要国际组织规则的制定,但中国的态度与立场也是它们不可忽略的考量。文明的冲突最终会带来文明的融合,国际新秩序的法治化格局离不开中国的参与和贡献。危机时刻的中国应当是做一个彰显主权的法理大国,还是做一个尾随跟风的法外小国?答案不言自明。在当前的国际情势下,中国倡导"主权平等""多元主义"已受到越来越多国家的认同和支持,单极化的"合法霸权"日渐背离人心。如何将成功的原则倡导进一步落实为成熟的规则运作,从"书本上的法"到"行动中的法",从国内法治到国际法治,中国的法治顶层设计者必须审思力行。对中国而言,培育强大的法理竞争力,迈向"法理大国",应当成为重要的国家发展战略。

就国内的法治建设而言,我们应坚持"均衡发展"的总体思路,通过良法的权威建立权力和权利的法治均衡机制。为了提振经济,单靠政府投资驱动会造成过度集中,带来压抑公民消费权利的不均衡后果,进一步恶化内需之痛。实现经济回暖,保证长治久安,治本之策在于公民社会与政治国家的法权均衡与制度协同,如此才能共度时艰、公平共享改革开放的整体福祉。在现代社会，法治是公民权利与国家权力的均衡器。以"均衡"为主线的法治中国建设，可谓切中时弊的治国之本、强国之道。这种法治推进模式，我们不妨称之为"均衡型法治"。① 长期以来，政府未能有效释放民众的权利资本，国人也没有学会经营自己的权利资本，积累自己的综合财富，忘掉了经济权利之外的政治、社会、文化诸方面的合法利益、资格、自由、权能与主张。在此种境况下，经济一旦萧条，国家和公民都会顿觉财富缩水、前景渺茫，愈发像葛朗台那样紧护腰包，出现经济运行的恶性循环。其实，越是在经济危机的年代，公民越是应当重视法权的"消费"，国家也越是应当通过细密、理性的制度保障，倡导公民有效主张、积极实现自己的各方面的权利。这是一种高端、高明、高尚的权利消费，也是一种有利、有理、有节的权利维稳。付费方是国家，受益者是公民。唯有如此，大众的财富感才会增强，整体的权利总量才会增进，国家的法理力才会真正提升，抵御经济危机对社会和谐的冲击。

如果说经济危机是周期性的外部冲击，那么，意识形态的危机则是历史形成的内部忧患，极易导致长期的秩序危机。如果说经济危机让我们意识到全球合作、法理沟通的重要性，意识形态危机则提醒我们，中国特色社会主义的真实优越性究竟应当如何证明和传导。如果主导性的意识形态无法满足大众对美好生活的向往，给予公众对幸福的正当期许，社会秩序的人心基础就是无根的浮萍。回望 20 世纪，中国面临两种危机——意义危机与秩序危机——它们构成了整全性的社会危机。从理论上说，它需要整全性的意识形态予以回应。但在现代中国的各种思潮中，文化保守主义、自由主义都不是简单明快的整全性理论，无法承担确立形而上信仰与提供现实秩序方案的重任。在这样的背景下，中国化的马克思主义作为一种整全性的意识形态，在解决中国危机方面，显现出比其他主义更强有力的救世功能。1949 年马克思主义在中国的胜利，标志着纠缠了中国半个多世纪的整全性危机得以暂时克服。② 作为一种应对危机的革命意识形态，如果要回应更深层次的现代化的挑战必须有一个世俗化的转型。但在 1949 年以后的 30 年中，这一转型不仅没有完成，反而以"继续革命"的方式沿袭

---

① 参见廖奕《"均衡型法治"与"新市场经济"的中国未来》，《法治论丛》2002 年第 5 期。
② 参见许纪霖《二十世纪思想史论》，东方出版中心，2000，序言。

着自己的惯性。1979年以后，当其所依赖的社会建制受到世俗化大潮的腐蚀而逐渐崩溃时，这种革命意识形态如同过去的儒教一样也面临着无可幸免的法理危机。许纪霖先生的发问引人深思："五四的科学与民主是否足以解决信仰和秩序的双重危机？一个现代化的社会是否还需要终极关怀？如果答案是肯定的，又如何处理多元文化带来的价值冲突？我们又以什么作为基础实现社会的整合？另一方面，一个合理的社会秩序又如何落实自主、民主、公正这些价值？当它们之间发生冲突时又如何排序？"[①]

如果我们接受"整全性危机"这一概括，就不难发现，现今中国意识形态危机的根源在于"整全性法理"的内部冲突与外部失衡。政治家法理依然过于强盛，以至于学术家法理与群众法理都只能在其荫庇下畸形发展。中国大理论，发展到今天，应当是一种整合三大文明与三种法理的综合建构。中国化的马克思主义发展到今天，邓小平理论、"三个代表"重要思想与科学发展观的重要思想是新的成果，如何将它们整合形成中国特色社会主义理论体系，可谓"整合性法理"之肯綮。可以预知的是，这种新的理论体系，既是科学的社会主义，又是开放的理念体系，更是动态的法治纲领。在法治中国的均衡理论视野中，下列要点必须强调：

1. 建设高度发达的物质文明，保障人民群众"日用法理"，增强法治中国的"物理力"。这就必须坚持市场经济的发展道路，奉行科教兴国的发展方略。经济的发展可以为中国共产党的领导奠定重要的法理根基，即经济绩效的合法性。它创造了一种力，可称之为"物理力"，之所以这样称谓乃是因为先进生产力的发展要求一旦得到充分满足，就会带来"物"（商品）的极大丰富。发展市场经济，可以增进"群众法理"的自由与效能。自生自发的市场秩序产生的"活法"往往是社会生活最有效的规则，也是学术家特别是法学家分析、归纳、整理、阐释与提升的客观对象。用通俗话语表达，就是"群众的眼睛是雪亮的"，必须"尊重群众的首创精神"。

2. 推进高度繁荣的精神文明，传导知识分子的"学术法理"，增强法治中国的"心理力"。先进文化离不开独立的精神和优雅的心灵，而精神与心灵的建设很难有形规划、数目管理，只能通过学术文化的不断熏染、

---

① 许纪霖：《二种危机与三种思潮》，《战略与管理》2000年第1期。

反复强化，这就需要大力发挥新时期知识人群体的"德风"教化功用。一味强调经济发展，片面追求市场效应，势必造成社会物欲横流人情淡薄。当经济发展达到某个临界点，进一步的"增量"发展就只能倚靠"存量"转化，而每个民族最丰厚的存量资源必定是文化，这对拥有光辉文化史的中华民族来说尤为真切。执政党要继续大力推进社会主义精神文明建设，坚持在市场经济、物质文明、科教兴国的基础上缔造与之相适并有所超越的精神文化体系。对于执政党而言，代表先进文化的前进方向，建设社会主义精神文明，具有鲜明而重大的法理意义。它提供的是一种"心理力"，这是一种与"物理力"协同均衡的法理凝聚力，是通畅人心、化解仇怨的最好解毒剂，是中共团结民众、整合力量的有力思想凭借。型构先进文化，知识分子是主力军，他们的学问人生之道，具有引领群众生活方式、思维习惯的重要意义。真正的知识分子具有学术家的特质，其法理的特色在于沟通性的对话品格。如同传统中国的士大夫阶层曾经发挥的社会整合功能一样，新世纪中国知识分子应当多一些整合，少一些分裂；多一些为民请命，少一些逸言献媚；多一些优雅情调，少一些粗鄙癫狂——真正成为朝野上下都能接受和尊重的中间力量，做出文化沟通和社会均衡的应有贡献。

3. 凸显法治主导的政治文明，运用公正的法律捍卫广大民众的各项权益，增进法治中国的"情理力"。以法治的思维、方式、效能与权威化解社会的基本矛盾。为人民服务，为人民谋幸福，为人民创造最大限度的利益享受，这是中国共产党的执政的法理根基。这种执政风格体现出强大的情理力，与"物理力""心理力"共同构成了朝向社会均衡与正义的法理凝聚力和整合力。要完成政治文明的制度构建，一方面，执政党自身的纪律检查系统必须发挥重要的监督功能，在法治的前提下发挥内部治理的功能；另一方面，国家司法机关必须具有公信力和权威性，否则，法律的规范将难以落到实处。党法与国法如果均衡，可让中国特色的情理法机制发挥矫治形式化法律僵化、机械弊病的优长。但如果失衡与冲突，情理力则会蜕变为没有原则和依据的法治虚无主义。总之，执政党的政治家法理应当与专业的法律家法理必须充分契合，互相补足，相互支撑，建构一体化的政治与法律、国家与社会的均衡体系——这是"中国大历史"的国情告诫，也是当下法治战略的核心要义。

第三节 "断裂社会"与"法治均衡"

　　法治均衡战略不仅是理论的推演，更是现实的需求。当前中国的断裂格局，已到了必须矫正和均衡的危急关头。社会断裂与两极分化紧密相关——尊贵与卑贱、富裕与贫穷、城市与乡村、顶层与底层，社会沿着这些断裂带分裂为不同的世界。断裂社会既是空间的，也是时间的；既是经济的，更是政治的。用法理学的眼光审视，断裂社会的本质在于权利与权力的结构性失衡。这种失衡不断"自我复制"，导致巨大的社会不公与社会裂痕，并日趋呈现出制度性的顶层集团化、底层碎片化，进而导致行动层面的上层寡头化、下层民粹化的趋势——阶层裂痕不断扩大，社会矛盾日渐凸显。面对"断裂社会"的发展困局，法治均衡战略如何提供现实有效的解决方案？本节通过考察中国18世纪末的妖术叫魂案，发现了转型社会政治权力的独断性逻辑，揭示了法治均衡的前提要求。通过对卡夫卡《诉讼》的法理解读，进一步明确了法治均衡的人本意蕴，昭示了人权与公权均衡的制度主题。对洞穴奇案的思想试验，则从司法方法论的角度阐发了法治均衡的实践要义，为断裂社会疑难纠纷的解决开辟了一条新的法律思维路径。

一　叫魂：转型时代的社会断裂与权力独断

　　清末妖术由来已久。尤其在1768年，"某种带有预示性质的惊颤蔓延于中国社会：一个幽灵——一种名为'叫魂'的妖术——在华夏大地上盘桓。据称，术士们通过作法于受害者的名字、毛发或衣物，便可使他发病，甚至死去，并偷取他的灵魂精气，使之为己服务。这样的歇斯底里，影响到了十二个大省份的社会生活，从农夫的茅舍到帝王的宫邸均受波及"[1]。在中国的民间意识深处，身体与灵魂可以分离，即使是内在的灵魂，也有"魂魄之分"。深层的魂一旦被人唤去，就会使一个人真正死去，并借魂之力，为祸他人。传说中的"叫魂"技能被那些僧道、游乞这些被

---

[1]　〔美〕孔飞力：《叫魂：1768年中国妖术大恐慌》，陈兼、刘昶译，上海三联书店，1999，第1页。

传统农耕生活鄙薄、抛弃的人所掌握。对于这些底层危险者的恐惧，构成了那个特殊时代民间意识极具爆破性的导火索。

产生这种焦虑不安的深层缘由，是社会经济结构的激烈转型与深度变迁，尤其是转型带来的发展失衡与社会断裂。当时的中国已有了全国性的市场网络，各种消息可以通过连接各个村民与市镇的商道迅速传播。商业的迅猛发展，对传统农耕生活方式提出了严峻挑战。习惯了在"熟人社会"下生活的民众，一旦遭遇陌生人的竞争，就会无比恐慌。"从一个十八世纪中国普通老百姓的角度来看，商业的发展大概并不意味着他可以致富或他的生活会变得更加安全，反而意味着在一个充满竞争并十分拥挤的社会中，他的生存空间更小了。商业与制造业的发展使得处于巨大压力下的农村家庭能够生存下去，但要做到这一点，就必须最大限度地投入每个人的劳动。从历史的眼光来看，当时经济的生气勃勃给我们以深刻印象；但对生活于那个时代的大多数人来说，活生生的现实则是这种在难以预料的环境中为生存所做的挣扎奋斗。"① 一旦民众的焦虑与恐惧形成气候，势必会通过某种形式表现出来并很快蔓延，影响整体社会的意识结构。这种自下而上的冲力，是现代性滋生的标志，也是传统社会面临危机和解体的不祥预兆。

任何处在转型状态的社会，都会或多或少地沾染"非均衡发展"的断裂特性。不同地区之间的经济发展水平，甚至同一地区内部的经济繁华程度，都出现了明显的分层。这种失衡的经济发展现实，决定了传统的民众阶层内部也会产生新的分化和对立。那些在转型中保有了既有利益并有效扩张的人士，与那些不幸破产、生活无着的人们，构成了或潜或显的敌对。中心地区与边缘地区、富庶的长江三角洲与贫瘠的山区之间的经济发展差异带来了人口的频繁、持久流动。"移民与过客，商人与江湖骗子，僧人与进香者，扒手与乞丐，拥塞在十八世纪的道路上。人们外出旅行，有的是为了雄心勃勃的事业，有的是基于献身精神，有的则是出于绝望与无奈。"② 在当时的司法记录中就有不少平民打死乞丐的案例，这些案例多

---

① 〔美〕孔飞力：《叫魂：1768年中国妖术大恐慌》，陈兼、刘昶译，上海三联书店，1999，第43页。
② 〔美〕孔飞力：《叫魂：1768年中国妖术大恐慌》，陈兼、刘昶译，上海三联书店，1999，第50页。

是源于乞丐的"强行行乞"或"无理行乞",激起了民众的厌恶、痛恨甚至杀心。虽然最后的行凶者多被判处绞监候,但那种象征民众内部分化的仇视之情,却随着生活压力的增大,变得越来越浓郁、阴森。

对当时民间社会内部敌意的滋长,朝廷主人们并不感到忧虑。统治精英们最担心的是,民众对政权的忠诚与服从是否还在,因为政治上的谋叛比任何罪行都要严重。政治谋叛的潜在主体,不仅包括一般民众,还有各级官僚,尤其是那些对前朝怀有眷恋的文人儒士。政治上的不自信与敏感源于长期以来的满汉文化差距,或者说是因为文化上的自卑感。一旦触及这根脆弱的"文化—政治"神经,朝廷主人的暴躁与震怒便属自然反应。这也说明了,为什么在1768年妖术大恐慌中,乾隆皇帝也会焦虑不安、坐卧不宁。以皇帝为主人的朝廷并非害怕妖术本身,也并非真正关心民间的纠葛与冲突,他们害怕的是在"叫魂"事件的背后隐藏着一个谋叛的大阴谋,一个与朝廷根本对立的指挥集团,以及那些受之操纵的无知百姓。于是,社会纠纷被改写为司法案件,司法案例通过层层审查,级级增添,汇总到乾隆那里又呈现出某种规律性的谋叛意象。剪人发辫与削发令的主旨精神违背,借此夺人灵魂,那肯定是谋叛的恶行。这样的推理使乾隆忧虑无比,于是,在他的最高指挥下,全国展开了一场轰轰烈烈的叫魂案查处运动。这场运动有效强化了至高无上的皇权,有力打击了官僚系统的行政推诿,使得独断性皇权对官僚和民间的统摄更为全面深入。

但统摄绝不是均衡。法治在本质上是人权与公权的博弈均衡过程。法治均衡包蕴双重意义:一是外部的均衡,即公权运行必须着眼于社会整体发展的均衡性。比如,在民主发展的同时,启动司法程序的发展,从而实现民主与宪政法治的均衡。对公权主体而言,其必须具有整合与均衡思维,善于运用社会学方法平衡各种利益冲突,使"事物的本质"回复均衡状态。二是内部的均衡,即公权自身运行过程中必须协调各种权力关系、权力与权威关系、公权与人权关系等。只有保证了内部均衡,公权才能有效构建属于自己的制度体系和文化空间,才能免受外部力量的非法干涉。

从法理上讲,司法权是一种均衡国家公权与社会私权的中立裁判权,是社会和谐的支撑性力量。当国家公权越过法律界限,采取强制的手段破坏社会均衡时,司法权会出面调整;当社会私权破坏公共利益,通过非法方式逃避法定义务时,司法权更不会坐视不理。司法权的"人民性"决定了司法权不能为某个地方或部门垄断，更不能为某种意识形态的教条操控。它必须是集中行使的，是统一的，是灵动多面的，不然它就无力承载均衡国家与社会的重大使命，也无法发挥保障人权、接近正义、捍卫法律的价值目标。但是，叫魂案中呈现的是"政治化司法"的断裂逻辑，司法既没有均衡的内部职能，也没有均衡的外部目标，一切都围绕政治主题旋转，罪与非罪的界限全在政治情势的需要。

叫魂案中表现出的"统摄性皇权"没有受到独立公共舆论的监督，也没有保证权力分工的内部平衡。通过"皇权司法"统辖诸权，结果只能是一种反均衡的伪平衡。古典中国所谓"天理、国法、人情"三位一体的司法衡平，在实然的政治运作中有一个基本前提，那就是皇权对司法的主权性占有。司法权的中立性缺乏基本的保障，人民性更是无从谈起。在转型社会中，如何发挥法律的独立功能打破独断性的政治权力垄断格局？如何将司法权均衡地分配于广大的民间，让民间社会的正义情感真正塑型为公民社会的法理权能？如何从人权的法理视角，提炼出一种真正体现"以人为本"时代精神的法权运行模式，让"叫魂"的阴霾彻底散去？这些都是值得进一步深思的问题。

二 火光：人权与公权的断裂式博弈

卡夫卡在《诉讼》中讲述的正是法治社会人本精神的探寻历程。面对这部经典的法律与文学作品，现实主义者会把这个故事解读为反映资本主义世界法律罪恶，尤其是司法腐败的生动教材。存在主义者则倾向于从中体察人的无奈与荒谬，认为建立于人权之上的法律同样是自我悖谬、无法理解的"怪灵"。理想主义者会在绝望中发现解脱的亮光，毕竟，在故事主人公 K 临死的一刻，"神奇的光"有了喷薄而出的迹象。其实，"卡夫卡所写的全部故事都是关于一个问题的直接的想象的表述，这个问题就是：置身于这个世界的人类怎样才能调节自己的生活以便与属于另一个世界的法律保持一致，这法律的奥秘是人类也无法确切地加以解释的，尽管看上去这些奥秘并不是什么奥秘。"[①] 确而言之，卡夫卡力图透过文学的虚构论证鲜活的法理：人权与公权的法治均衡，究竟如何围绕人本的精神有效达成？

[①] 叶廷芳主编《论卡夫卡》，中国社会科学出版社，1988，第65页。

卡夫卡一生都生活在矛盾、苦闷与无法解脱的困境中，法学专业素养与法律职业经验启发其心智的方向：能否透过寓言式的笔法向人们阐明法治的人本意蕴？在《诉讼》这部长篇小说中，他通过教士之口，讲述了一则"法律门前"的经典寓言，表达了一种具有浓郁人本情怀的法律理论。在他看来，"法"，居住在无人知晓的内宫，是神秘莫测的世间主宰。法的作用与形象，只能透过具体的人生来解读。当卡夫卡将"法"的大门毫不吝惜地向读者敞开那一刻起，对"法"的理解便成了人的宿命和权利。乡下人虽然无缘最终见到"法"，实现他对正义的要求，但是，在"法"的门前，日复一日年复一年的观察与研究，使他具备了理解"法"的独特权能。守门人必须认真对待乡下人，因为，求见"法"这一行为本身就代表了某种权利原型。可以说，人与法的缠绵，生发出知与无知交错的人生观与法律观。法权的起源秘密，也在于这种"正义情感"的自然流淌。

在试图接近"法"、理解"法"，甚至占有"法"、征服"法"的人当中，K是特殊的一个。当他被逮捕的那一天，他还天真并执着地认为，自己生活在一个法治的国家，人人安居乐业，所有的法律都在起作用，谁敢在他的住所里侵犯他呢？[①]正是这种朴直的法理误导了K的行动，现实生活再一次用荒谬讥讽了K的理想。他不知为何，无缘无故被一群莫名其妙的"打手"宣布逮捕，恰恰发生在他的卧室、床边——号称法治社会最私隐的空间。虽然如此，K依然坚信法律会自动发生作用，他依然把事情想得很简单：那天正是他三十岁的生日，或许是同事们善意的恶作剧。K不喜欢将自己融入法律的"定在"，蔑视那帮法律守门人的行径，对他们的一切都到厌恶和可笑。K是个内心笃定的法理独立主义者，但这样一个异端，一旦面对官方法律的实然逻辑，势必遭遇连续的挫败。

在《诉讼》中，卡夫卡极尽心力地描绘了一系列经典的公权者形象。这些形象大体可分为：（1）公权的初级代表，或者说是法律之门的第一道看护者。逮捕K的两个看守和一个监察员，正是这一形象的代表。用看守的话说：我们的机构……从来不去民间寻找过错，而是如法所规定的那样，被罪所吸引，因而不得不把我们这些看守派出去，这就是法。[②]他们力

[①]〔奥地利〕卡夫卡：《诉讼》，孙坤荣译，上海译文出版社，2002，第5页。
[②] Franz Kafka, *Der Proze*, Frankfurt am Main: Fischer Taschenbuch Verlag, 1994, p.14.

图高升自己的地位，垄断法律的操控权。（2）正式代表，即审判法官。他们报复心强，好发脾气，善变难测，并淫秽好色。法院也延伸到民房、画家的阁楼、律师的私宅，因为法官的权力必须与这些因素打交道。虽然法院和法官是公权正式的代表，但实际上影响法官裁决的隐蔽权力主体流散于社会的各个角落。（3）外围力量，也就是那些暗处强化、分化司法正式公权的主体力量。了解法院内幕的画家、律师、打字员小姐、厂主、神甫，甚至法庭的听众、法院阁楼、楼梯上玩耍的女孩子们都具有某种非正式的司法公权力，这种权力符合福柯定义的权力特性，也在事实上与司法公权的运行粘为一体。公权主体凭靠的依据是极端不确定的法律，至少，K无法理解自己为什么会被司法机关逮捕、传讯直至最后的审判与执行。K接受的诉讼与审判，一开始就是不均衡的权能博弈。K在司法过程中的所谓"权利"，被他逐一放弃和否定，而公权不顾这些，神秘运行，变本加厉，最终是K的人生终结。

公权的诸种表现，在K看来，是不可思议的怪象。但在那些熟悉、认同这种现实的人看来却再正常不过。来自于乡下的K的叔叔希望自己能代表K处理这个棘手的案子，在他看来，自己"熟悉这方面的门道"。[①] K最终拒绝了叔叔的好意代理，因为他希望通过自身的法理抗辩获得正义的实现。在K看来，他所面对的一系列公权运作都是不合常规的乱象，都不应当遵从与忍受，但K没有跳出这个公权巨网，他只能既心游其外又身处其中地悖谬式的抗争。他没有觉察到，公权运行"失范"的背后，潜藏的正是"行动中的法"。

K并没有放弃对自身权利的吁求。他渴望获得公正的对待，司法的透明、合规、公开、权威等等，都被K不断提起。可以说，支配K的正义观非常符合现代性司法理念，但由于这种吁求没有制度管道实现，成了无声的抗争。K无法在法律体制内部找到与他意见相合、逻辑相符、旨趣相投的"人"——这说明，公权本身具有权力天生的弱点，与人本精神的多元性并不吻合。法律人形象，在卡夫卡笔下，多是昏愦、无理、色情、贪婪、狡猾之辈，他们希图将"法"的恩泽全盘霸占，对"法"的操纵能最大化地满足自身利益。但是，真正与"法"相关的人是普遍的、多元的

---

① 〔奥地利〕卡夫卡：《诉讼》，孙坤荣译，上海译文出版社，2002，第73页。

"法理人",他们信奉的法意与法律人的解释可能不相一致,甚至根本冲突。这个时候,如果没有必要的均衡机制,悲剧就难以避免。

K在接受审判中,也曾试图利用公权主体内部的争斗达成自己的目的。但他所用的技巧服务的不是案件的妥协与均衡解决,更多时候是对公权的无度嘲弄与无聊报复。当他利用女人的芳心挑起大学生书记员与初审法官及法院勤杂工的不和时,其快意的根源正是他永不妥协的顽固。也正是这种"可爱"的顽固,让他失去了一次次脱罪的时机。可以说,K进行的不是一场有关自身命运的个案诉讼,而是一种事关法律本质的哲学试验和行为艺术。结果是什么?结果是K除了对公权的绝望和不解,还有他生命的消逝。

在临终的一刻,同乡下人一样,K也看到了神奇的"不灭之光",这或许正是他用生命换来的破解法律本质之谜的希望之光。法权,就其本原,无非是对"法"的寻求、解释、利用及占有的机会和空间。"法"的先在、神秘使人只能努力接近公正,而不可能完全实现公正。对公正的追求,必须具备相对确定的程序标准与实施步骤,无论是专业的法律人还是普通的公众,都需要沿着这些既定的"方法路线图"行走,这样的司法与法治才是合乎法意本原的均衡过程,才会产生相对理想的均衡结果。

三 洞穴:弥合断裂的司法方法

通过前述分析,我们发现,在一个经济实力滋长、现代性日益浓厚的转型时代,政治权力的独断逻辑会被激活,但这样的专断不会长久。人权意识的勃兴,在现代社会,是法治均衡的前提。但仅仅依赖人权意识的作用,公民的权利很难得到真正捍卫。公权的独断性虽然在法制的约束下得到了暂时遏制,但是公权的腐败性和侵犯性却是难以根治的顽疾。公民的权利抗争必须掌握法律的奥秘,否则,注定是高风险的赌局。在程序完备的法治社会,公权的行使必须具备良好的职业伦理和高超的法律技能,而这些往往是偶然的特例。在许多疑难案件的处置上,即使是品行端正的资深法官,不免也会陷入利益失衡的裁量陷阱。"永恒的洞穴",这一经典法理学案例便揭示了法治均衡在实践中的方法论要义,通过对这个"史上最伟大虚构案"的思想试验,我们或许可以发现一条走出断裂社会困境的司法新路。

洞穴奇案发生在4299年春末夏初的纽卡斯国。该国斯派伦辛探险者协会的维特莫尔等五位成员进入石灰岩洞探险，遭遇山崩，被困洞穴，在营救过程中十人丧生。食物匮乏，生计无望，在被困的第二十天，洞外人员与受困的探险者取得了通信联络，当探险者问到多久才能获救时，工程师们的回答是至少需要十天。受困者于是询问医生，在没有食物的情况下，他们是否有可能再活十天。当医生给出否定的回答后，洞内的通信设备中断了。再次通话时，维特莫尔以及四位同伴询问医生，如果吃掉其中一个成员能否再活十天。医生给出了肯定答复。维特莫尔又问，通过抓阄决定吃掉他们中的一个是否可行。医生、政府官员和牧师都不愿回答这一问题。通信中断。第三十二天，营救终获成功。此时得知，第二十三天，维特莫尔已被同伴杀掉吃了。原来，维特莫尔首先提议吃掉一位保全其他，也是维特莫尔首先提议通过抓阄来决定吃掉谁。四位生还者本不同意如此残酷的提议，但在获得外界的信息后，他们最终接受了，并反复讨论保证抓阄公平的数学问题，最终选定了一种掷骰子的方法来决定他们的命运。结果是，维特莫尔被同伴吃掉了。四位获救者被指控谋杀维特莫尔。初审法庭根据纽卡斯国刑法的规定，判定四位被告谋杀罪名成立，判处绞刑。四位被告向纽卡斯国最高法院提出上诉。纽卡斯国最高法院由五位法官组成，分别是特鲁派尼、福斯特、基恩、汉迪和唐丁。前四位法官的表决形成2比2的平手，最后出场的唐丁法官的态度就决定了被告的最终命运。而唐丁法官最终做出最高法院历史上没有先例的裁决：宣布退出对本案的判决。由于唐丁法官的弃权，最高法院五位法官的立场出现了戏剧性的平局，而这意味着初审法院的判决得到维持。[①]

面对此种超级"疑难"案件，秉持正义的法官究竟能否实践法治均衡的人本精神，实现法理与情理的并行不悖？我们不妨续写富勒这一"史上最伟大的法律虚构案"，做一次大胆的思想试验：在两千多年后的纽卡斯国，美国著名法学家卡多佐大法官某日突然复活，并被任命为该国最高法院的大法官，取代弃权的唐丁法官，他的司法意见直接关系到此案的最终判决。

卡多佐首先列举、回顾了大陆法系国家有关司法者必须合乎宪法和制

---

① Lon Fuller, "The Case of the Speluncean Explorers", *Harvard Law Review* 616, 1949.

定法意图的主张，指出，由于法律条文含义经常模糊不清或深藏不露，它需要法官加以解释，以阐明立法者的原意。对于法条的空白和漏洞，法官也要在司法过程中加以补充和填实。随后，他话锋一转，谈及普通法系国家之情形，指出，"活跃在我们自己国土上和法律中的问题同样是这些方法的问题，这些方法论问题同样源自法律文字与法律精神的不一致与反差。"① 基于这样一种共通的司法情形，卡多佐认为，必须有效搁置法律本体论的诸多无谓争执，将案件研判的焦点转移到司法方法的探究上来。

卡多佐认为，真正严肃的法官工作开始于没有决定性先例可以遵循的时刻。他引用门罗·史密斯《法理学》中的段落，将法院比喻成一个"司法实验室"，在一场场"案件实验"中，法官不断检测判例法中既有规则与原则的合宜性。如果一个规则不断造成不正义的结果，它最终将被重新塑造。当法官抽象出了判决理由与一般原则，随后的工作才是至为繁复且至关紧要的。因为，司法过程至此，摆在法官面前的大致有四种不同的司法路线与方法选择：（1）逻辑方法。在卡多佐眼中，逻辑类推的司法方法是哲学观念的推衍，无论大陆法系国家还是普通法系国家，在这一点都没有什么明显的不同。逻辑方法的运用，最终是为了满足法律一致性的需要。（2）历史方法。逻辑方法的限度首先体现在法律自身的历史进化上，某些法律概念之所以呈现既有性状，这几乎完全要归因于历史。（3）习惯方法。如果历史和哲学尚不能为原则的发展方向确定路标，习惯也许就会乘机介入。（4）社会学方法，尤其是社会正义的利益均衡法。这种方法是卡多佐花费最长篇幅、耗费最多心智加以论述的核心内容。它是其他方法的仲裁者，越到最后，就越需要它还对相互竞争的方法主张进行衡平和估量。

在卡多佐看来，社会利益均衡法是司法方法中的兜底之物，也是确保司法正义的至尊王牌。卡多佐明确指出："这些原则中有一条是至高无上的，有一条原则总是优越于其他原则；逻辑因素必须永远服从历史因素，或历史因素永远服从习惯因素；或一切事情都要服从作为社会福利组成要素的正义或功利。"② 对司法过程分析的唯一结论便是，逻辑、历史、习

---

① Benjamin N. Cardozo, *The Nature of The Judicial Process*, The Yale University Press, 1921, p. 17.
② 〔美〕卡多佐：《法律的生长》，刘培峰、刘骁军译，贵州人民出版社，2003，第42页。

惯、效用以及人们接受的正确行为标准这些独自或联合起来共同影响法律的力量，在具体案件中，谁将起支配作用，这在很大程度上取决于因此得以推进或损害的社会利益的均衡评判。为了掌握这种均衡评判方法的精要，法官应当像立法者那样从生活实事本身获取司法知识，久而久之，尚有可能形成一种何为"得体"、何为"比例匀称"的艺术感觉。这样的司法者，才不是法律的工匠，这样的司法，才称得上是艺术化的司法。卡多佐认为，司法过程的最高境界是在一些特殊案件中创造法律。这些案件数量不是很多，但也不在少数；这些案件的决定对未来大有裨益，会极大影响法律的生长。法官在处理这些案件过程中，必须善于将各种因素均衡为一个富有创造性的"司法整体"。

然而，面对洞穴奇案，一向自信的卡多佐大法官也显出了罕见的犹疑。对社会功利加以正义的评估和均衡，非常困难，任何法学理论大师都未曾细致地做过这种演算。尽管有人对此进行过富有成效的深入透析，但也只能被认为是暂时的和试探性的。"它就像一团乱麻，梭子在无数的阴影和色彩间穿梭，线束大小不一，零碎散乱。许多线索表面看很简单，一经分析，即可发现它们是一种复杂的、不确定的混合物。我们惯于作为试金石、作为理想求助的正义本身，对于不同的头脑和不同的时代，可能意味着不同的东西。企图将它的标准客观化甚至描述它们，从未获得完全的成功。""正义是一个比任何仅仅通过遵守规则而产生的概念都要微妙和含糊得多的概念。无论说了多少或做了多少，它在某种程度上依然只是一种鼓舞、一种昂扬的情绪、一种美好向上的渴望。"[①]

带着这种充满睿智的清醒胆怯，卡多佐大法官做出了自己的最终裁判：

> 法律一如人类，要想延续生命，必须找到某种妥协之道。法典要辅之以敕令；法律要辅之以衡平；习惯要辅之以条律；规则要辅之以自由裁量权。在本案中，正义的法律适用无疑恰似一件线条错综复杂、纵横交叉、从中心向四周散开的精致饰品。我们会陷在这张网的细节中不能自拔，除非高瞻远瞩的智者揭示出结构的秘密，将我们提

---

① Benjamin N. Cardozo, *The Nature of The Judicial Process*, The Yale University Press, 1921, p. 48.

升到能够俯视整体的高度。考察先例可以发现，英国早有在紧急情况下吃人自保的案例，最终被判谋杀罪名成立，但由女王特赦，免予刑罚。但这些案例与本案存在很大不同，本案中的受害者维特莫尔并非弱势无援的儿童或妇女，他是一系列行动的倡导者和规则的制定者。他的命运，在很大程度上，与其自主行为紧密相关。他的过错和责任不能因为是受害者而一笔抹消。当然，从我们珍爱生命的历史传统与习惯来看，受害者的过错也不能成为加害人无罪的理由。鉴于本案的繁复程度，我愿意将社会利益的均衡作为正义的尺度。毕竟，民意调查和一系列社会代价的既成事实都清楚不过地显示，四位获救者的生命应当得到法律的保有。既然珍爱生命是我们共享的历史传统与普遍的习惯规范，那么，为什么必须继续用生命的剥夺来祭奠已逝的灵魂？本席的最终意见是：被告谋杀罪名成立，但死刑判决可暂缓做出。建议被告人在此期间积极对被害人利益相关者加以沟通，求得谅解与宽宥。建议立法机构召开会议重审法案，做出明确的法律解释，民众的意愿和请求将是立法解释的重要参照。如果立法机关仍不能明确法律条款的含义，本席不排除将在以后的案件中运用司法审查权，创立相关规则，以为裁量的法定依据。

这样的结果，并不完美，甚至显得无奈。但这样的思维，却是断裂时代法治实践的均衡要求，一种妥协而理性的良方。

| 第五章 |
法律体系的均衡构造

第一节 "中国特色社会主义法律体系"的话语分析

改革开放三十多年来，中国社会发生的翻天覆地巨变，其内在推导机制源于从"政策导向"到"立法导向"的制度变革，而中国特色社会主义法律体系的"基本形成"与领导党执政方式的制度变迁紧密相关。[①] 从预期结果上看，中国特色政党立法的最大功绩就是中国特色法律体系的完全形成并不断完善。本章以话语分析为方法[②]，对"中国特色社会主义法律体系"概念加以去政治化"解蔽"，还原其本应具有的独特法理结构与内涵，从中生发法治均衡战略的基本框架。

一 话语结构

改革开放以来，中国思想界出现了影响广泛的自由主义、民族主义和"新左派"三大社会思潮，折射出中国社会发展进程中的矛盾与冲突，以及不同社会阶层、群体在急剧变动时代的感受与愿望。自由主义立足于市场经济和私有产权之上，扮演着哺育新阶级的乳母和代言人的角色；民族主义则以挑战全球化内在逻辑的姿态，对"自由主义给予中国未来"发出强烈质疑；"新左派"承袭拷问现代性的批判性话语风格，将反思传统社会主义与批评资本主义及西化潮流熔于一炉。每一种思潮都有其历史渊源

---

① 关于执政党在立法过程中的特殊作用，参见韩丽《中国立法过程中的非正式规则》，载《战略与管理》2001年第5期。
② 关于话语分析方法的一般介绍可参见〔法〕埃利亚·萨尔法蒂《话语分析基础知识》，曲辰译，天津人民出版社，2006。

与学术背景，彼此间呈现出既有重大分歧又有密切关联的特质。[①] 可以这样认为，当下中国任何一种有影响力的法治话语表达都或多或少沾染了这三种主导性思潮的"习性"。具体就"中国特色社会主义法律体系"话语而言，我们发现，"中国特色"的民族主义话语、"社会主义"的意识形态话语以及"法律体系化"的建构主义法学话语，组成了其内在的多重螺旋结构。

当代中国"法治"之路，深受大陆法系的"建构理性"影响，执着于成文法典的体系化建设，其中既有欧陆的外在影响，也有本土的内在因素。长期以来，中国立法与政治"合二为一"，政令发布即为立法，立法成为政治过程的中介性环节，即从精英内部共识转向民众集体共识的桥梁。"立法政治"或曰"政治立法"的传统决定了中国法律建构既遵从本土性的规诫，同时也乐于接受源自欧陆尤其是德国的体系法哲学（以康德、黑格尔、马克思的法哲学为主线和摹本）的滋养，致力于型构法律体系的中国范本。而由于新中国成立以来"新法统"的苏化，对国民党"六法全书"的整体废除，"社会主义"成为计划经济、集权政治及高压文化的代罪羔羊，诸多不利因素的影响使得社会主义法律很难真正体系化，加之当时的经济环境与政治举措均客观决定了法律体系建设是不合时宜的痴心妄想。改革开放以来，苏式社会主义被否定，"中国特色社会主义"的理论构想成为国家法治建设的政治罗盘。[②] 可惜的是，在"摸着石头过河"式的政治实用主义引领下，法制建设的试验化进程导致法律体系建构一开始并未得到充分重视与理性规划。当立法数量庞大，法律冲突频仍，决策者才发现"因事立制"的弊病，进而明确中国特色社会主义法律体系的重要与必要。随着中国经济改革的成效不断彰显，中国的综合国力不断创造世界的神话与奇迹，"东方巨龙"的腾飞指日可待，中华民族的复兴不再是遥远的梦想——民族主义话语渐得人心，"中国特色"的口号开始形成独立且独特的理论体系与价值形态。法治事业作为中国

[①] 参见房宁《影响当代中国的三大社会思潮》，载陈明明主编《复旦政治学评论》第四辑，上海人民出版社，2006，第265页。
[②] 著名国情问题研究专家胡鞍钢指出："中国的社会主义现代化一开始就不同于西方的资本主义现代化，在经过几十年的探索之后，中国也放弃了苏联式社会主义现代化的道路。"胡鞍钢：《中国政治经济史论（194～1976）》，清华大学出版社，2007，第44页。

现代性征程的重要内容，自然应当体现并服从民族复兴的总体要求。在此背景下，"中国特色社会主义法律体系"的话语系统得以正式创构，并且迅速传播，成为主导当下中国立法建设的核心话语体系。然而，任何一种复杂的话语体系在结构上都存在不同程度的功能紧张与歧义空间，细究"中国特色社会主义法律体系"话语系统，我们也不难发现其内部可能存在的结构性张力。

1. 民族主义法理与自由主义法理的冲突导致建构法学的资源单一化，英美法系的"演进主义"法学被不当地冷落处置。民族主义者的法律观讲究国族一体、国族本位，他们站在文明复兴与崛起的历史高度，对传统或同情理解或高歌礼赞，目的在于通过缅怀历史批评现实进而创构未来。就中国的传统型民族主义法学话语而言，延续中华法系的生命，实现中国法律传统的创造性转化，从中探寻、生发契合当下现代化法治的资源与宝藏，把中国传统文化视为一个生生不息的生命体，甚至直接将中国视为一个文化共同体，在整体伦理秩序的追求中放弃个体法理自由。就中国的现代型民族主义法学话语而言，"民族—国家"是法律的母体，因此，法律体系的建构当然要由代表民族根本利益的国家来承担、规划和推进，这就要求通过政治建构强大国家权能，这与自由主义"个人权利"的法理也难以兼容。[①] 在古典自由主义者看来，整体性文化秩序也好，国家的存在也罢，都是"美好的道德强制"或者"必要之恶"，公民权利与自由才是立国之本，只有在公民合意的状况下才能创生法律，所以法律的体系化应当是缓进的过程，决不能以建构的方式事先规划。[②] 即便是欧陆的建构主义法学也主张"个人本位"的法律体系建设，法学家负责以公民自由为第一要义的体系化设计，立法者负责"依葫芦画

[①] 在法国的中国问题研究专家雅克·热内尔看来，"中国人最早提出国家的概念、设计国家的原则、将国家作为征战工具。国家建立起一套通过法律和法规控制的等级化的管理模式，以便中央权力能够在广大的地理空间得以实施。"〔瑞士〕吉尔伯特·艾迪安：《世纪竞争：中国和印度》，许铁兵、刘军译，新华出版社，2000，第 9~10 页。

[②] 对古典自由主义的代表人物诺奇克而言，"权利神圣论""最弱意义的国家"是他著名的两大理论口号。诺奇克的观点被新自由主义旗手哈耶克进一步阐释为法的"自生自发"秩序、"内部规则"与"自由的法律"等命题，以此反击建构主义的法律体系论。参见 Robert Nozick, *Anarchy, State and Utopia*, Basic Books, 1974, p. 333. 以及〔英〕哈耶克：《法律、立法与自由》（第一卷），邓正来等译，中国大百科全书出版社，2000，第 152~190 页。

瓢",法官负责"自动售货机"式的适用。① 这些观念与当下中国民族主义的法学话语显然存在很大的差异。这就对我们提出了这样一个问题：中国特色的法律体系，究竟应依循民族主义法理构建，还是按照自由主义法理演绎？这对矛盾带来的困惑具体表现为，当下中国立法中的"国情派"和"接轨派"的争论，以及法学界"本土资源论"与"西方范本论"的对峙。②

2. "社会主义"法理的内部张力决定了中国特色社会主义法律体系的构建必然是一个法治理论创新与意识形态坚守相互缠绕、不断博弈以求均衡、达成协调的复杂过程。当下中国对于社会主义法律的认知可以归纳为三种路径：①传统的苏式社会主义法律路径：阶级斗争为法律的中心任务，法律体系的建构附属于集权政治的需要；③ ②"新左派"的社会主义法律路径：在新左派看来，苏式社会主义是严重变形、异化的计划专制。通过对苏式社会主义的批判，新左派形成了以

---

① 建构主义法学的精神导师康德为人类前途与世界永久和平构想的"伦理共同体"的"核心概念是免于强制的自由"。在他看来，外在的法律体系只能是政治共和国的必要强制，内部的伦理立法才是法律体系的灵魂和核心。而伦理立法的关键又在于确保个人自由，执法者、司法者只能严格依照"与美德的有关的法律"处置、裁量。See Kant, "Religion within the Limits of Reason Alone", *Theodore Green and Hudson Trans and notes*, Torch books, Harper & Row, pp. 87 – 89.

② 苏力曾批评立法"接轨派"的不切实际，提出了法治本土资源论，他的理论被很多人视为"国情派"的立法主张。事实上，许多立法官员才是"国情派"内在的支持者和实际的操作者，但由于"国情""本土""传统"这些大词的高度模糊性，以至于在立法程序中很难体现它们的真正"所指"。而"西化""接轨""移植"等词汇在法律实践尤其是立法活动中，具有比较明确的指向，操作起来相对简便，所以颇受欢迎。从更广阔的思潮发生学角度审视，法学界"本土资源论"与"西方范本论"的对峙与当代中国自由主义与新左派的纠葛密不可分。参见苏力《法治及其本土资源》，中国政法大学出版社，1996，第 3 ~ 22 页，以及徐友渔《当代中国社会思想：自由主义和新左派》，载《社会科学论坛》（学术评论卷），2006 年第 6 期。

③ 俄国历史上没有宪法，没有约束权力的法治传统。法律被认为是国家为达到某种政治、经济或道德目的的一种工具，而不是人民权利的保护神。法律不具有任何的权威性，它可以随时被弃如敝屣。这种观念经过革命风暴的冲刷后并没有消失，而是以新的形态假革命之名堂而皇之地重新登堂入室。当斯大林践踏苏维埃法律，破坏宪法，把法律完全变成依附于他的绝对权力的工具的时候，当维辛斯基大家"记住斯大林同志的话：在一个社会的生活中，总有这样的时刻，即法律成为过时的东西而应当撇到一边"的时候，在最革命的词句下所掩盖着的是最陈腐的传统的幽魂。参见蒲国良《斯大林时期苏联苏维埃体制变异的历史机理》，载《世界社会主义运动》（人大复印报刊资料）2007 年第 6 期。

保护弱者权益为重心的社会主义法律理念;① ③执政党提出并倡导的"社会主义法治理念"路径：具体表述为，依法治国是社会主义法治的核心内容；执法为民是社会主义法治的本质要求；公平正义是社会主义法治的价值追求；服务大局是社会主义法治的重要使命；党的领导是社会主义法治的根本保证。我们可以把这种理念看作中国特色社会主义法治事业的政治阐述，看作执政党对传统苏式社会主义法治的扬弃，对新左派社会主义法律观的反思，看作有望形成全民共识的"均衡性法理"。要达成这些美好的愿望，我们必须正视社会主义法理话语内部的某些不协调，深化社会主义法治理念的话语体系研究，加强社会主义法治理念的宣传普及，从中央到地方，从干部到群众，针对不同的受众，采取不同的表达，力争使社会主义法律观呈现均衡协调的话语性征，使之真正成为未来中国特色社会主义法律体系建构和完善的"政治罗盘"。

3. 社会主义法理与自由主义法理的矛盾客观上为中国特色社会主义法律体系的构建提供了历史参照的坐标。从社会主义思潮发展史看来，社会主义法律思想是建立在对西方古典自由主义法理批判的基础之上的。社会主义法治理念追求人民权力本位、公共利益至上，而自由主义法理坚持个人权利本位、个人利益至上。这种矛盾是显见的，也是深刻的。尤其当社会主义法律观落地中国，成为中国化的社会主义法治事业的本土话语体系后，加之社会主义的公有制概念与古典中国的"天下为公"文化极易"就地结合"，产生一种奇特的化学反应，因而社会主义法律观对自由主义法律观的批判异常激烈，致使自由主义法理很难具有基本的发言资格，从而导致其内蕴的诸多合理成分也被一并抛弃，出现了法律移植过程中的"形神分离"。源于西方的法律体系被抽去了内在的精髓，分割为徒具外观的零散部件，"进口"之后再以新的理念与原则重新拼接组装，不能不说是一种法律资源的浪费，并且加剧了法律移植的失败风险。然而，现实的吊诡又在于，如若不加以这样的"分离""重构"，我们当下的法律又很难彰

---

① 当代中国"新左派"的代表人物王绍光早在1994年即撰文反思"效率优先"的合理性。在他看来，公平与效率应当均衡，公平应当更受关注。他还在与胡鞍钢的合著中提出解决贫富分化等中国发展不均衡的策略，首先是增强国家能力（empowerment），同时勿忘"控制权力"。参见王绍光《左脑的思考》，天津人民出版社，2002，第8~16页。以及王绍光、胡鞍钢：《中国：不平衡发展的政治经济学》（中文版），中国计划出版社，1999，第216页。

显社会主义与中国本土的实际需要，这同样存在巨大的社会风险，甚至会走入致命的法治误区。在如此两难的选择中，我们还是毅然选择了中国特色社会主义的法治路径，但为降低成本与提高效益计，对西方自由主义法理不再上纲上线，动辄加以盲目批判，对其内在的法治精髓尽可能吸收、利用，并且有意识将法律从自由主义阶段到社会主义阶段的进化视作发展性的历史要求，尽可能予以协调和统一。但是尽管这样，我们在法律体系构建过程中还是会发生诸如"物权法风波""姓社还是姓资"的争论。

4. 社会主义法理与民族主义法理的龃龉为中国特色社会主义法律体系的构建提出了"国家本位"还是"社会本位"的抉择。当下中国的民族主义法理比较复杂，在其内部，潜伏着传统性与现代性两种成分，并且相互纠缠，使得民族主义法理呈现极不确定的样状。当国家利益与外来势力形成对峙，民族主义者会化身传统中华文明的继承者、捍卫者，对"西化"的图谋口诛笔伐；当国家利益需要外力协助时，民族主义者又会呈现"国际主义"情状，以西化的"民族—国家"理论为国家权力的正当性辩护。虽然民族主义法理本身并不一致，但其核心观念很是明了，那就是主张国家建构型的法律体系建设。这与社会主义法理的"社会本位"存在激烈冲突。社会主义法理主张国家一切权力属于人民，"人民"是社会的主体，不是零散的个体叠加，而是组织化的、行动中的团体。人民对国家的监控，体现了社会主义法治理念的核心要义。执政党的合法性根基也在于她是一个先进的人民团体，能够代表人民最根本的利益，能够代表社会发展的方向。职是之故，我们当下的民族主义应尽力与社会主义法理吻合，而非乖离。其实，在民族主义法理内部，长期以来预设着这样的可能，那就是对中华文明共同体的组织化原则应当不断优化。民族主义者之所以极力强调国家权能的健强，主要基于近代以降中国积贫积弱、备受欺凌的历史记忆。而今情势已变，中国的国家实力已有质的提升，国家的权能不再是最紧迫的关切，所以，对中华文明共同体的法理建构应当从"国家本位"过渡到"社会本位"，既符时势之需，亦属民心所向。

二 均衡理论

从一般意义上讲，法律体系是指法律的内部要素及外在形式相互关联、彼此契合组构而成的统一整体。① 对法律体系的解读，观点不一，概括而言，有如下四种倾向：①价值论法学的法律体系观：此种解读着重于法律本质与要素的和谐一体，坚守"一元论"的法律本原观，主张法律构成因素的多元化的统一，尤其强调作为原则的法与作为法律本原论的法指导思想的意识一致性，构成鲜明、完整的法律意识形态，从而确保人们对法律认知的统一性。② ②进化论法学的法律体系观：主张从动态历史的视角审视法律的发展，力图型构一种普适性的法律阶段理论，将多种多样的法律变迁现象归入其中，用"大历史"的眼光与红线把法的过去、现在与未来整合为一套宏大体系。③ ③规范论法学的法律体系观：放弃了对法律本质、历史的先验与经验追问，执着于法律规范体系的应然建构，通过法律渊源的科学分析，确定法律位序的编排原则，型构统一化的法律秩序。④ ④实践论法学的法律体

---

① 当下我国流行的法律体系概念，包括两种狭义指向：一是政法界所指的国家立法机关制定的法律（包括法规、规章）体系，即立法体系；一是法学界依不同调整对象和方法而归纳、概括的法律规范体系。在郭道晖看来，法律规范、规则和原则，是组成法律的基础和元素。这无数的法律元素构成一个整体的法律体系（legal system）。参见郭道晖《法理学精义》，湖南人民出版社，2005，第244~245页。

② 德沃金认为，法律原则是法律体系的灵魂，美国法律体系的完美无缺是因为它符合了法律的根本原则。在他心中，原则代表法制传统一贯秉持不渝而持恒加以实践的道德价值。参见林立《法学方法论与德沃金》，中国政法大学出版社，2002，第47页。

③ 在欧陆国家，法学真正作为一门学科意义上的"科学"，始于19世纪的德国，而德国当时的法学又以萨维尼的历史法学为牛耳。萨维尼提出了"体系"和"历史"两种方法，而"体系"又以"历史"为基础。这对德国法学乃至英美法学的影响都极其深远。在历史法学的指引和支撑下，法律进化理论风行一时。日本法学家穗积陈重提供的凿凿之据表明：在东方和西方的法律进化史上，从"无形法"到"成形法"的过渡，其间经历了"句体法""诗体法""韵文法""绘画法""文字法"诸阶段。在他看来，这些法律表达形式的变化，实际上反映出法律发展阶段的渐次进化。参见Mathias Riemann, "Nineteenth Century German Legal Science", *Boston College Law Review*, Vol. 31, 1990. 以及〔日〕穗积陈重：《法律进化论》，黄尊三等译，中国政法大学出版社，1997，第275页。

④ 出生在1881年的凯尔森，一生严守法学的领域，他创立纯粹法学派强调法律规范的纯粹性，坚持法律实证主义，希望法律规范不要受到法律之外其他意识形态的影响。在他看来，法学作为一个规范科学（normative Wissenschaft），要跟法律社会学作为一种经验科学（emipirische Wissenschaft）严格区分开来，而且后者应以前者为前提，亦即法律社会学研究法律，应该是以法学的法律概念（国家法体系）为前提，而法律社会学的研究对象，也应该局限在国家法体系中。参见林端《法律社会学的定位问题：Max Weber与Hans Kelsen的比较》，载《现代法学》2007年第4期。

系观：强调法的应然规范与实然效果的统一，构建法律体系应当是由"书本上的法"向"行动中的法"的实践过程，而非纯粹的理论建构。① 综合看来，法律体系是指法律价值、历史、规范与实践的统一整体，法的价值与历史属于法的"内部生命"，法的规范与实践属于法的"外在表现"。

在西方法学家眼中，法律价值体系的构建，实质上是以正义为法律核心理念的组织过程。然而，对于何为正义？正义与法律的关联如何？法律正义的范围与原则为何？……若干关键问题一直未有共识。作为一种颇具代表性的法律正义理念观，德国法学大家拉德布鲁赫认为，广义的正义包括形式平等、内容和目的性与功能上的法律安定性三大方面。② 在这三方面中，拉德布鲁赫经历了一个从最初的法律形式主义者向法律目的主义者的"自然法化"转型，但是，直到最后，他还是无法在"法律的目的究竟为何"这个高度形而上的问题上做出明确的定论。在他看来，法律的目的有三种：与"个体人格"对应的"自由—社会"、与"整体人格"对应的"社会主义—生活整体"、与"超人格价值体系"（拉氏称之为"文化事业"）对应的"文化—共同体"。他明确指出："三个价值等级的位阶不是明确的，且也无法证明。法律的最高目的与价值，并非仅依不同时代不同民族的社会形态标准来理解；它也被不同人，各依其是非感、国家观与政党立场、宗教或世界观，主观地不同评价。唯有由个人人格深处才能决定，只能由良知决定。"③ 拉氏的困惑说明，法律的价值体系只能动态均衡地把握，无法静态机械地预设。

---

① 社会学法学是实践论法学的代表性流派，庞德则是公认的社会学法学奠基者。在庞德看来，社会学法学的法律体系观应当富有时代性和兼容性。他指出："分析法学家是纯粹的法学家。因此，他们描绘的图画的一个特点是，画中别无其他唯有法律。但是也正因为此，他们的画才不如其他画家的画。因为被描绘的对象并不会耐心地坐以待画，而是在不断地发生变化，当分析法学家们在描绘的时候，它已成为过去事物的理想图画了。分析法学家的逻辑方案也许可用来指导微小变化的方向。但是，法律是由那些随时随地都在发生的重大变化决定的，而这些变化的发展方向又是由法律之外的思想来规定的。正是这些变化才应是形而上法学家的关注所在。"〔美〕庞德：《法律史解释》，曹玉堂、杨知译，华夏出版社，1989，第32页。
② 参见〔德〕考夫曼等主编《当代法哲学与法律理论导论》，郑永流译，法律出版社，2002，第137页。
③ 〔德〕考夫曼：《法律哲学》，刘幸义等译，法律出版社，2004，第249页。

对于法律规范体系的构建，德国汇纂法学派①注重概念与原则的逻辑统一，强调对于历史形成的法律经典进行体系化整理，这可称之为机械、静态的传统进路。与之不同，以凯尔森为代表的纯粹法学主张在静态法律规范体系的基础上建构某种动态的法律规范体系。在凯尔森看来，形成动态法律规范体系的核心在于确定法律效力等级体系："唯独以下这件事才是重要的：一项人类行为在法律文句中被设定为一特定效果的条件，也就是说实证法律规范以一强制措施来响应这项行为。"② "规范也可以有无意义的内涵。"③ 但是，最终凯尔森还是迫不得已向他素来反感的形而上学低头，"基本规范"（Basic Norm）概念的提出解决了凯氏构想的无矛盾动态法律体系的最后标准问题，但是也违背了实证主义的纯粹（极端？）立场。他不得不悲哀地承认："经由假设有一项具意义的、亦即无矛盾的规范秩序存在，法学已经超越了纯粹实证论的界限。放弃这一假设意味着法学的自我解体。这牵涉到'最低限度的形而上学'（自然法），缺少它法律的认识是不可能的。"④ 凯氏的无奈证明了法律规范体系同样也不能游离于法律整体之外，必须在动态均衡的系统中确立和运转。

与前述两位法学大家相仿，历史法学派的萨维尼也醉心于法律体系的建构，他曾给法律科学提出过两项任务，第一项任务就是对法律作系统地理解，其次才是历史地理解。萨维尼期待法学家能够承担起法律体系构建的重任，在他看来也只有法学家才能承担这一重任。在萨维尼眼中，改革性的立法不可能产生良好的法，因为法律体系是历史形成的，不是短时间创设而成的。因此，对于法律体系的构建而言，只能通过法学家的话语构建，而不能通过立法者的权力构建。⑤ 但是，如果法学家构建的法律体系与政治家、立法者的方案发生了难以兼容的冲突，又当作何取舍呢？在此关键问题上，萨氏并未明言。他的"失语"或许可以用这样的解释填充：

---

① 汇纂法学亦称潘德克顿（Pandekten）法学，它是关于罗马法的科学，其受到 19 世纪历史法学派的深刻影响，同时它也受到形式主义的影响，注重逻辑上的概念与原则之间的协调。Pandekten 是希腊语文摘的意思，即《民法大全》的一部分。它包括根据内容进行了划分的，对古典时期罗马法学家著作系统的集结。参见〔德〕霍恩《法律科学与法哲学导论》，罗莉译，法律出版社，2005，第 113 页。
② 〔德〕考夫曼：《法律哲学》，刘幸义等译，法律出版社，2004，第 19 页。
③ 〔德〕考夫曼：《法律哲学》，刘幸义等译，法律出版社，2004，第 20 页。
④ 〔德〕考夫曼：《法律哲学》，刘幸义等译，法律出版社，2004，第 20~21 页。
⑤ 参见〔德〕科殷《法哲学》，林容远译，华夏出版社，2002，第 31~32 页。

法律的历史体系与法律的价值体系、规范体系可以融为一体①，但是，法律价值体系、规范体系一定要建立在对法律历史精神和历史过程的尊重和协调基础之上。

与欧陆建构主义法学进路不同，德沃金主张通过司法者的法律解释创设动态的、立足于法律实践的法律体系。在德沃金看来，制约法律解释者的有意图的创造性解释的标准是均衡整合性，法律体系是作为一种均衡整合状态而存在的。德沃金提出了"作为整合的法（law as integrity）"的建构性解释方法论的思路。"总而言之，建构性解释的本质在于法官通过解释来创作法律的活动只有在与既往的法律体系相整合的前提条件下才能正当化。"②德沃金还通过具体的实例分析表明，这样的解释方法论不仅可以适用于判例法体系，而且可以适用于成文法体系以及宪法领域。③德氏的司法均衡论可以说是现代西方法律体系理论的一朵奇葩，代表了法律体系理论发展的最新动向，但是，德氏理论中也存在不少显见的问题，此处无法深入展开，仅就其中一点加以陈述：法官整合法的解释有一个前提，那就是德沃金假设的法律体系的完美无缺，在美国这样的假设并不成立，在其他国家同样无法成立。④德氏理论的症结昭示我们，法律体系的均衡分析是多么重要，如果不以一种"综合窗口"观审法律体系的建构，任何看起来很美的改革与实践主张都注定是"片面的真理"。

三 实践反思

由上可见，只有在广义的均衡法律体系概念语境中，"中国特色社会主义法律体系"的话语结构才能得以最大限度的协调和统一。在中国特色社会主义法律体系建构过程中，价值论法学的"一元论"是合用的"先

---

① 用庞德的话说便是："一个成熟的法律规范体系是由两大部分构成的，即国家制定的强行性部分和历史相传的传统或曰习惯部分。法的传统要素和现代要素之间存在着一个经常地来回摆动。"〔美〕庞德：《法理学》（第二卷），封丽霞译，法律出版社，2007，第8页。
② 季卫东：《法律体系的多元与整合——与德沃金教授商榷解释方法》，载《清华法学》2002年第1期。
③ 参见〔美〕德沃金《认真对待权利》，信春鹰、吴玉章译，中国大百科全书出版社，1998，第177~211页。
④ 对于德沃金司法理论的详细分析，可参见廖奕《司法均衡论：法理本体与中国实践的双重构造》，武汉大学出版社，2008，第75~80页。

验"判断，具体表现为坚持社会主义法治理念的原则性引领，以中国化的马克思主义法学原理为指导方针，同时也尽力涵摄民族主义法理与自由主义法理的合理之处。进化论法学主张将法的发展视作一个有机的体系，这与民族主义法理相当契合。法的历史学派向来主张，从历史经验中摸索法律的骨骼，塑造法律的肌体，展示法律的内容，丰盈法律的形象。这就要求在中国特色社会主义法律体系建构中必须充分重视"中国法"的本土体系，"中华法系"的概念与"中国特色社会主义法律体系"的概念并不矛盾，二者具有紧密的关联。规范论法学不主张过度的价值争辩，也反对经验的历史考究，它主要关注"应然"层面的法律形式完善。这一点对于当下中国特色社会主义法律体系的构建与完善而言，极为重要。事实上，在一般的法学教材与各种讨论中，立法者、法学家都是从规范建构与完善的层面探究法律体系问题，尤其重视从立法规范的视角对法律体系提出构想。对于前述三种法律体系观，实践论法学认为均过于片面和静态，它主张"行动中"的法律秩序与法律体系，强调法律的社会标准与社会效益。这种社会的、动态的实践论主张非常契合"实事求是"的执政风格，并且因为实践论法学的主要理论资源来自社会学法学，所以，它与社会主义的法治思想也存在某些暗合之处。基于上述种种，实践论法学的法律体系观对于未来中国特色社会主义法律体系的构建与完善，必将发挥重要作用。

对于当代中国法律体系建构的实践现状，一位立法官员有过精辟的阐述：

其一，我国现有的法律体系是一个整体的建构型的法律体系，也就是说，中国特色法律体系是按照整体框架有规划有计划地以成文法的形式从无到有构建起来的。它是一种主观能动的整体构架，不是自然而然地逐步演进和发展形成的。近三十年来，中国特色法律体系经历了三个阶段，第一是围绕重建社会秩序和推进改革开放展开，第二是围绕建立市场经济体制和深化改革展开，第三是为了建设和谐社会和全面推进小康社会展开的。另一特点是兼收并蓄，中国特色法律体系虽然体现为成文法，但是不同于欧洲大陆法系，它是以改革开放条件下的当今中国实际为依据，实行创造性改造而形成的，保留着中华传统法系的有益内核，又吸收借鉴了大陆法系、普通法系国家和其他法律制度的有益经验。我们可以从中国特色法律体系当中看到中国传统法的影子，又可以看到德国法、法国法、美国法、英国法、日本法的影子，但都不是其中的任何一种。①

依据上述，我们可以对当下中国特色社会主义法律体系的实践战略做出如下客观评述：首先，我们对法律的理解采取的是国家实证主义法学的立场，法律体系的中心是国家立法体系、法律规范体系。② 其次，法律体系建设带有明显的政治规划色彩，法律的独立性并未得到强调，对于"自生自发型"的法律体系非常陌生。最后，法律体系的目标是"向前看"的，着眼未来的改善，对历史传统的因素很少考虑，即使考虑也只是限于"服务现实"的功能型范围。这样的实践方略可以说是一种非均衡的初期战略，随着法治的纵深推进，法律体系建设也应拓展新的内涵，从非均衡的"规范立法"过渡到均衡型的"法律生成"。

1. 以社会主义法治理念为核心，构造社会主义法律核心价值体系，实现法律价值体系的内部均衡。"法律以人为本，人之经营社会生活既力求美好的生存，法律自当以满足人类此一最根本的需求为首要任务，法自身之存在最基本的价值即在于此，是即法之实践价值，可见诸法律规则之顺利适用与执行。法之实践价值为法低层次的价值，实践价值所欲实践的人类生存利益的价值，简称为生存价值，乃是法价值层次中的高层次价值。中间价值是谓理念价值。公平、正义、自由、民主、平等、仁爱、诚信等等，盛行于社会生活中，也萦绕于人类的脑海中，更转化于法律规则中。"③ 依此法理，构造社会主义法治国家的核心价值体系，适当的层次建构是：第一，"以人为本"，尊重人格，体恤人情，保障人权，这是社会主义法治的核心价值理想，具体表现为"依法治国、执法为民"；第二，追求积极正义与普遍平等，信奉公共福利与人民安全是"最高的法律"，这是社会主义法治不断发展的核心价值理据，具体概括为"公平正义"；第三，重视法律的现实运行过程，科学立法、普遍守法、严格执法、公正司

---

① 参见2007年10月13日于中国人民大学举行的"中外法律体系比较国际研讨会"上全国人大法工委国家法室主任陈斯喜的发言。
② 2008年3月8日下午，吴邦国在向十一届全国人大一次会议作全国人大常委会工作报告时说，十届全国人大及其常委会五年来共审议宪法修正案草案、法律草案、法律解释草案和有关法律问题的决定草案106件，通过其中的100件。以宪法为核心，以法律为主干，包括行政法规、地方性法规等在内的，由七个法律部门、三个层次法律规范构成的中国特色社会主义法律体系已经基本形成，现行有效的法律共229件。
③ 杨奕华：《法律人本主义：法理学研究诠论》，台湾汉兴书局出版有限公司，1997，第203~204页。

法、全面护法，这是社会主义法治能够在实践中取得进步、渐趋完善的核心价值理由，具体要求为"党的领导、服务大局"。

2. 以建构现代中华法律文明为目标，创新中华法系的民族传统，实现法律历史体系与现实规范的均衡。早在20世纪二三十年代，我国学者就实事求是地指出，中华法系"在世界法系中，本其卓尔不群之精神，独树一帜"，明确提出"建立中国本位新法系"的主张。我们应当在前人研究的基础上，致力于中华法系的深入研究，使之与中华民族的伟大复兴同步前进。"中华法系的创新，应当是中华法制文明的创新、社会主义法制文明的创新、人民大众法制文明的创新。只要坚持正确的指导思想，深刻认识社会发展规律和法律发展规律的要求，认真研究当代社会关系的本质和法的表现形式；摆脱对'三洋四旧'即洋教条、洋八股、洋经验和旧体系、旧内容、旧语言、旧体例的倚赖和束缚；迈开双脚到实践中去，倾听人民群众的呼声，具有中国风格和中国气派的法律体系，就一定能够建立起来。中华民族是伟大的民族，是有志气的民族。只有民族的，才是世界的。创新的中国社会主义立法，应当也一定能够为人类做出新的贡献。"[①]可以肯定地说，创新中华法系的民族传统，缔造现代中华法律文明应当成为"中国特色"社会主义法律体系的时代要义，也是实现法律历史体系与现实规范均衡的必然举措。

3. 以法律统一为指标，在法律规范统一的基础上实现法律价值体系与规范体系的均衡。法治社会的法律不仅应统一于规范文本，统一于价值理想，还统一于规范与价值的和谐共生，并最终统一于法治之"治者"与"受治者"对文明的共识与信念。事实上，许多改革实务家、经济学者、政治学者、历史学者乃至哲学者都已经朦胧意识到法律统一在法治社会中的重要功用，他们习惯称之为"法律体系合理化"。对法律规范而言，法律统一可谓关键的战略，因为它是确保法律规范体系和谐的根本保障。[②]法律规范的统一关键是立法体制的统一，立法体制的统一又集中体现为立法权的统一性。立法权之统一性不仅表现在国家立法机关应统一行使立法权，不经国家立法机关授权或委托，任何团体和个人不得制定成文法律、

---

① 刘瑞复：《关于中华法系的创新》，http://www.wyzxwyzx.com/Article/Class16/200703/16624.html，2012年6月6日最后访问。
② 参见汪习根、廖奕《论法治社会的法律统一》，载《法制与社会发展》2004年第3期。

不得创制法律规范或规则，由立法授权行政机关所颁布的法规也不得抵触立法机关制定的法律；不仅表现在立法形式上，使法律结构、系统、格式及文字等方面趋于统一；不仅表现在立法技术上，要采用以权利性规范为主、义务性规范为辅的立法技术；而且更重要的是，立法价值的统一性，即要求在宪法和法律中要有统一的价值标准。① 面对社会变革时期推行法治的深刻两难，如法律的规范强制性与认知调适性、法律关系的组织化与自由化、守法与变法、法律的效用期待与负荷能力等一系列矛盾，② 要顺利实现中国特色社会主义法律体系的建构目标，法律统一战略堪称重中之重。

4. 以社会主义法治国家的良法体系为理想，在法律的运行中完善中国特色社会主义法律体系的各个环节，实现法律价值体系、历史体系、规范体系与实践体系的有机均衡。①科学立法。立法是权威机构或个人对权威规范的权威宣告，其要求之高、标准之严使得立法者具有了"神人"之魅。其实，在社会主义法治国家的立法理论中，立法不过是对已存的法律规则的一种宣告，它不需要立法者拥有多大的神力或多么超群的智慧，只要能准确复制法律的真实，做到科学无误就达到了应有的要求。科学立法的关键在于设计一套严谨、致密的规程以及互相协配的政治机制，真正做到民主立法与专家立法的科学统一。②严格执法。法律的生命不在于形式条文，而在于现实执行。法律运行的大部分现象都是执法问题，执行法律必须做到"严格"，这有两层含义：一方面，执法者必须严格依循法律的规则施行权力；另一方面，执法者的自由裁量权必须被严格限制在法律原则的范围之内。法律既是执法者执行的对象，也是执法者权力正当性的源泉。法律是无声的执法者，执法者为有声的法律宣谕人。③公正司法。与执法不同，司法是中立、被动、消极地受理法律纠纷与事件的专门性过程。它必须体现法律的本质精神，因为它是社会正义的坚固防线。司法公正的含义是宽泛而确定的，那就是以程序正义为基点实现法律承诺的实质性价值。司法者是最接近法律内质的幸运儿，他们以独特的行为方式，依循公正的制度要求，处理着各种各

---

① 参见戚渊《论立法权》，中国法制出版社，2002，第 24 页。
② 参见季卫东《法治秩序的建构》，中国政法大学出版社，1999，第 7 页。

样的法律纷争，在为人们提供权威法律救济的同时，完善和发展着既有的法律体系，实施着对法律漏洞与弊病的公正救济。④全面护法。在社会主义法治国家，由于法律凝聚了全民的公共利益，承担着国富民强、普遍平等的重大使命，对法律的保卫和呵护相应也应更加精细和周到。就国家而言，最高的人民权力机关和专门的法律监督机关以及各部门自身内部的监察机关都发挥着"以权制权"的护法功用。就社会而言，各种组织、行业和单位都以"自治权力"为武器捍卫着各自的正当权益，保卫着社会主义法律根本方向的正当无误。就个人而言，宪法和法律赋予了他们独自行动的申诉、控告、检举、上访等特权，以无所不在的群众力量确保法律运行的价值实现。⑤普遍守法。法治不仅要求有一套良好的立法，还要求已生效的立法获得普遍的遵守。社会主义法治国家首先强调"执政党模范守法"，因为这是法治实现的关键。执掌国家权力的人如果带头违法，势必上行下效，整个社会的法治根基将因此坍塌。所以，普遍守法的达成实质上是公权力受监督、被控制的过程，也是人民享受法律福祉、普受惠益的过程。

由上可见，一个被大众熟悉、流传甚广的政法命题，其中包含着诸多话语的歧义与理论的纷争。正确的理解往往以话语含义的甄别为前提。对话语结构的均衡分析往往是厘清分歧、达致共识的必行之举。中国特色社会主义法律体系的构建与完善，应当建立在法理话语均衡重构的基础上。这是一项隐性的任务，也是一项显要的工程。作为法理话语的"中国特色社会主义法律体系"，其内蕴的多重张力应当有妥帖的安置与释放："中国特色"的民族主义法理应当取法现代性的公民国家建设之义，围绕法律的历史体系建构发挥其话语功能；"社会主义"的意识形态法理应当以当下社会主义法治理念的要求为准，抓住法律的价值体系做好文章；"法律体系"的建构主义法理应当效法德国"潘德克顿"（Pandekten）法学原则，以法律的规范体系建构为核心基点。三者均衡的关键是社会主义法治历史经验、价值理念及规范内容有机整合于法律体系的动态实践、良性运行，正所谓"各司其职、各安其分、各尽其力、各就其位"，从价值、历史、规范、实践四个方位全面、均衡构建当代中国社会主义法律体系，果若如此，人民康乐、法治中国庶几有望。

第二节 法律统一与立法理念的均衡再造

一 法治与立法的理念悖论

1845年，法国经济学家弗雷德里克·巴斯底特（Frederic Bastiat）虚构了一则"蜡烛工请愿"的故事，讥讽了违背基本法治规诫的荒谬立法。蜡烛工们说："吾等已经受着无法容忍的外来竞争……当他出现，吾等的顾客向他齐涌，吾等的工业立刻停滞不前。他不是别人，就是太阳。……吾等请求，通过一项法律，命令国民关上所有的窗户、天窗、屋顶窗、帘子、百叶窗和船上的舷窗；一言以蔽之，所有的自然光线都应被视为侵害而被禁止。"[1] 这种请愿不大可能为立法者接受，因为，法治不要求人们为其不能为之事，立法同样不能立人们不能遵从之法。

西方学者认为，立法是指"通过具有特别法律制度赋予的有效地分布法律的权力和权威的人或机构的意志制定或修改法律的过程"。[2] 我国学者认为，"立法是一定的主体确立具有普遍效力的法规范和法规则。"[3] 从广义的哲学角度，立法包括内在立法和外在立法，康德称之为道德立法和法律立法，"不同的立法所产生的不同的法规便与这一类或那一类的动机发生联系。"[4]

看来，立法并不等于法律，那种将立法与法律画等号的做法遭到批判，理所应当。立法从实质上是一种法律的形成过程，它与法律本体不能等同，用马克思的话说，法律永远只能被表述，不能被制造，对良善法律的良好表述过程是立法过程的精要。[5] 在立法过程中，权威的机构或个人必须秉持良善的理念，如此才能真正表述法律本身的意志与规律，才不至

---

[1] Frederic Bastiat, *Economic Sophisms*, Oliver and Boyd, 1873, pp. 49–53.
[2] 〔英〕戴维·M.沃克：《牛津法律大辞典》，邓正来等译，光明日报出版社，1988，第764页。
[3] 戚渊：《论立法权》，中国法制出版社，2002，第12页。
[4] 〔德〕康德：《法的形而上学原理》，沈叔平译，商务印书馆，1991，第25页。
[5] 马克思的原话是："只有毫无历史知识的人才不知道：君主们在任何时候都不得不服从经济条件，并且从来不能向经济条件发号施令。无论是政治的立法或市民的立法，都只是表明和记载经济关系的要求而已。"转引自陈兴良《立法理念论》载《中央政法管理干部学院学报》1996年第1期。

于僭越立法权能，为私利与己欲立法。

为什么我们需要一种均衡为本的立法理念？依哈耶克之见，人类秩序分两种：内部秩序（cosmos）和外部秩序（taxis）。内部秩序一直为人们忽视，因为，"秩序概念所具有的这种威权主义的含义，却完全源出于这样一种信念，即只有系统外的或'源于外部的'（exogenously）力量才能够创造秩序。"① 所以，源于内部的（endogenously）均衡，正如自由市场创生的那种均衡秩序，往往无法运用一般外部秩序原理加以解释。与内部秩序相对应的"内部规则"（nomos）随之无法彰显其应有功用，构造"内部规则"的法律发展的司法路径也为组织体的立法所掩灭，至少，司法的位序通常是附生于立法的，司法之"法"从原本的"法律"降格为命令性的"立法"。哈耶克洞识了法律与立法的区别，提出了"法律先于立法"的重要理念，同时，也非常巧妙、精准而合宜地解释了立法的必要，这种必要体现为立法权受限，确而言之，是通过一种源自法治内部要求的均衡立法理念引领，有机规划立法权限、作用之范畴与外围，确保自由为本的普通法法治万古长荣。

古希腊以降，肇端于欧洲思想传统的法治理念，向来笃诚坚信："法律不是一个人或许多人的意志，而是一种理性的、普遍的东西；不是 voluntas（意志），ratio（理性）。"② 法治的理性规诫与立法权的意志表达形成了深刻的紧张，两者关系极其微妙，处理不当就会出现法治与立法的理念悖论。

第一，法治社会形成必须依赖理性法的统一与普遍，而立法权的存在本身又急需通过一系列权威法令的颁行不断证立和强化，法和法律的裂缝不断扩大，直至尖锐对立，二元互反，冰炭不容。诚如施密特所言，近代法治国概念有一个恒稳的特征，那就是强调法规范的统一性和普遍性，"它是对法律和命令、理性与意志这一系列古老的法治国区分的最后保证，因而也就是国民法治国的观念基础的最后一点残余。"③ 为了说明良善立法的可贵，他还引用特里佩尔对国会滥用立法权的批评："法律（Gesetz）不是神圣的，唯有法（Recht）才是神圣的。法凌驾于法律之上。"④ 其实，无论是理性法至上，

---

① 〔英〕哈耶克：《法律、立法与自由》（第一卷），邓正来等译，中国大百科全书出版社，2000，第55页。
② 〔德〕施密特：《宪法学说》，刘锋译，上海人民出版社，2005，第152页。
③ 〔德〕施密特：《宪法学说》，刘锋译，上海人民出版社，2005，第155~156页。
④ 〔德〕施密特：《宪法学说》，刘锋译，上海人民出版社，2005，第156页。

还是实在法第一，法和法律的分野不能过于悬隔，适度的离剥有助于法理念的纯粹及法制度的自立，但绝对的不容只会让法治理念与立法权运行双双陷入孤独无援的抑郁境地。

第二，法治社会需要法规范从根本上限制公权力之滥用，其规范的重心便是以"制法"为己任的立法权，而立法权却秉持国家主权这柄至锋至利的尚方宝剑，不愿意接受法规范的制约，因为，法规范的骨架、外形皆由其赋予，除了血肉和灵魂，法规范就是立法本身的造物。

第三，法治社会的形成要求权力的分立与制衡，而传统三权分立的主张将立法与行政、司法分开，造成了立法权形式上的独立与实质上的专权。如果说，行政权独立是出于管理效能之需，司法权独立是基于个案裁判之便，那么，立法权独立便是重于政治权威之立。所以，立法过程很大程度上成了权威政治的自我合法化过程，成为经由实质性统治达致形式化治理的中间阶段。立法权独立，主要是为了有效排除来自司法与行政，尤其是司法权的合法性审查，而不是为了抗拒政治权威的干涉。所以，法治的传统分权理念势不可免地造成了法治对立法权无从有效限制的尴尬局面。

上述一系列悖论提醒我们，法治与立法必须首先达成理念上的均衡，方有可能形成事实上的互动。达成理念均衡的途径有三：一是更新法治理念，比如将形式上的三权分立理论转化为现实中的权力制衡学说，以期更有效地从外部监督立法权运行；二是重塑立法理论，从制度经济学的角度找寻到一条真正符合法治效能的立法路径，将立法的原则、范围、方式、监督及评测纳入一个统一的科学评估框架，塑造符合良法标准的成本收益均衡分析法则；三是实现立法权理念与法治理念的"重叠共识"。如前所述，立法权本身的运行要求与法治社会核心的控权理念，虽然存在冲突但也不是无任何共识可言。找出那些可贵的"重叠共识"，通过法理的再造，提炼出一系列原则范畴，形成法治社会的均衡立法理念。[①]

[①] 李林指出，现代法治中"良法"的立法价值追求，至关重要。第一，立法应当具有良性的价值取向。第二，立法应当是民意的表达和汇集。第三，立法程序应当科学化与民主化。第四，立法应当具有可实施性（可操作性）。第五，立法应当具有整体和谐性。参见李林《崇尚"良法"之治（代序）》，第3~7页，氏著《立法理论与制度》，中国法制出版社，2005。

与均衡立法不同，现今流行的"立法理念"都存在各自的问题。

立法"能动"。作为社会变革的主要工具，立法（legislation）主要是政府推进外部秩序构建的合法性依凭。现代性是对传统等级秩序、文化差别以及利益调配的全面更革，故而需要一个相对集中、统一的权威组织体通过一系列连续不断、和谐一致而又积极主动的命令发布来应对现实之变化。代议制的精髓正在于，以议会立法为权威构造之本，为行政权的命令推进创造一体化的框架。当然，在这一框架中，行政权应当受到立法权的监控，但"议行合一"的内在机理决定了立法对立法权监控力度的天然渺微，那么，立法能动性的根源只可能是政治组织体的权威统一性，由于后者的推动，立法才能具备应有的效能，立法的统一与政体的统一往往是紧密合一的。而这样的"能动"显然是有条件的高价消费行为，它必须接受成本收益分析的科学检测。

立法"独立"。所谓的"立法独立"指的应当是行使立法权的机构与个人对政治权威的专业性拒斥。它是一批批"公法法律人"的理论建构，但在实然层面，这只是一种姿态与宣号，没有制度及法理支撑。从制度上看，立法过程主要是政治组织体的权威命令之颁布，作为具有实证效力的规范，立法构成了法律的重要渊源，但它自身无法从政治组织体中彻底脱离，走向独立。从法理上看，立法追求的不是命令之颁行，而是命令本身是否真正表达了法律。所以，立法不能脱离法律这个"上司"，实现独立。可以说，立法是介于法律与政治之间的一种均衡过程，强调它的独立性，实质上是为了避免它受到过多的政治干扰，能够及时、一贯地围绕"均衡"的法治螺旋运转。[①]

立法"民主"。基于政治组织体的意念，立法往往习惯做出开放姿态，通过听证、审议、批评建议等多种管道吸纳各方人士参与、广纳民意，以求科学，这是当代政治进步、民主之表现，但它不能成为立法必须无条件开放的理由。从技术性角度看，立法是一项高难的事业，有人形容其为

[①] 拿破仑一世说过这样一段意蕴深长的话："不可能有人比我更尊重立法权的独立性了；但是立法并不意味着掌控财政、批评行政或包揽在英国由议会所承担的90%的事情。立法机关应当立法，亦即依照科学的法理学原理构造善法，但是它必须尊重行政机关的独立性，一如它欲求自己的独立性受到尊重一样。"参见〔英〕哈耶克《法律、立法与自由》（第一卷），邓正来等译，中国大百科全书出版社，2000，第206页。在他看来，立法独立并非绝对的，而是有条件的，最终需要科学法理学原理，为构造善法服务。

"神人的作为",繁复之程度,丝毫不亚于任何一项高科技项目研发,任何环节出了问题都会产生恶性连环反应,功亏一篑。所以,真正操纵立法权的机构、个人必须是精通法理的大家,同时又要与政治体相谐和,这些人被称作"法政精英",他们的专业性程度并非人人能及,开放的立法过程如若没有以一套专业立法机制之预先规范,很容易陷入大民主、大民意立法之陷阱,使立法的良善追求化为乌有。①

看来,我们需要"立法"的因由很多,但择其要者,无非是因为立法承担着将法理与法律、法律与法条有机均衡一体的重责,现代社会构建以法为本,大量的法律需求亟待"立法"确定。均衡立法以其丰厚储能、共识期求与专业资质确保了"良法"之不竭可能——这正是我们需要立法的根本理由。

二 法律统一与立法再造

(一) 小案件引发的大问题

2003年1月25日,河南省洛阳市中级人民法院开庭审理了伊川县种子公司委托汝阳县种子公司代为繁殖"农大108"玉米杂交种子的纠纷,此案的审判长为时年30岁的女法官李慧娟。汝阳县种子公司请求洛阳市中级人民法院判决伊川县种子公司合同违约并对其做出经济赔偿。在案件事实认定上双方没有分歧,而在赔偿问题上,根据河南省《种子管理条例》第三十六条规定,"种子的收购和销售必须严格执行省内统一价格,不得随意提价。"而根据《中华人民共和国种子法》的立法精神,种子价格应由市场决定。国家法律与地方性法规之间的冲突使两者的赔偿相差了几十万元。此案经过市人大等有关单位的协调,法院根据上位法做出了判决。然而,判决书中的一段话却引出了大问题:"《种子法》实施后,玉米种子

---

① 庞德认为,哲学派法学家强调的是理性,而历史派法学家所强调的则是经验。这两种思想都有道理。只有能够经受理性考验的法才能坚持下来。只有基于经验或被经验考验过的理性宣言才成为法的永久部分。经验由理性而成,而理性又受经验的考验。舍此之外,在法律体系中没有任何东西能够站得住脚。法是通过理性所组织和发展起来的经验,由政治上有组织社会的造法或颁法机关正式公布,并受到社会强力的支持。立法者必须具有沟通理性与经验两端的超凡才能。参见陈兴良《立法理念论》,载《中央政法管理干部学院学报》1996年第1期。

的价格已由市场调节，《河南省农作物种子管理条例》作为法律阶位较低的地方性法规，其与《种子法》相冲突的条款自然无效，而河南省物价局、农业厅联合下发的《通知》，又是根据该条例制定的一般性规范文件，其与《种子法》相冲突的条款亦为无效条款。"

此案的判决书在当地人大和法院系统引起了很大的反响。为此，河南省高级人民法院在关于此事的通报上指出，人民法院依法行使审判权，无权对人大及其常委会通过的地方性法规的效力进行评判。在河南省人大和省高级人民法院的直接要求下，洛阳中院拟定撤销李慧娟审判长职务，并免去其助理审判员的处理决定。河南省人大还为此专门下发了《关于洛阳市中级人民法院在民事审判中违法宣告省人大常委会通过的地方性法规有关内容无效的通报》，明确认定该判决属司法越权，主审法官停职反省。

吊诡的是，2004 年 5 月 18 日，最高人民法院在《关于审理行政案件适用法律规范问题的座谈会纪要》中明确指出："人民法院可以在裁判理由中对具体应用解释和其他规范性文件是否合法、有效、合理后适当进行评述。""下位法不符合上位法的判断和适用时，应当对下位法是否符合上位法一并进行判断。"

根据我国《立法法》第八十七条规定，下位法违反上位法的，有关机关按照第八十八条规定的权限予以改变或撤销。而《立法法》第八十八条规定，全国人大常委会有权撤销同宪法和法律相抵触的行政法规，有权撤销同宪法和法律相抵触的地方性法规。省、自治区、直辖市的人民代表大会有权改变或者撤销它的常务委员会制定的和批准的不适当的地方性法规。地方人民代表大会常务委员会有权撤销本级人民政府制定的不适当的规章。《立法法》第九十、九十一条还规定：

> 国务院、中央军事委员会、最高人民法院、最高人民检察院和各省、自治区、直辖市的人民代表大会常务委员会认为行政法规、地方性法规、自治条例和单行条例同宪法或者法律相抵触的，可以向全国人民代表大会常务委员会书面提出进行审查的要求，由常务委员会工作机构分送有关的专门委员会进行审查、提出意见。前款规定以外的其他国家机关和社会团体、企业事业组织以及公民认为行政法规、地方性法规、自治条例和单行条例同宪法或者法律相抵触的，可以向全

国人民代表大会常务委员会书面提出进行审查的建议，由常务委员会工作机构进行研究，必要时，送有关的专门委员会进行审查、提出意见。

全国人民代表大会专门委员会在审查中认为行政法规、地方性法规、自治条例和单行条例同宪法或者法律相抵触的，可以向制定机关提出书面审查意见；也可以由法律委员会与有关的专门委员会召开联合审查会议，要求制定机关到会说明情况，再向制定机关提出书面审查意见。制定机关应当在两个月内研究提出是否修改的意见，并向全国人民代表大会法律委员会和有关的专门委员会反馈。全国人民代表大会法律委员会和有关的专门委员会审查认为行政法规、地方性法规、自治条例和单行条例同宪法或者法律相抵触而制定机关不予修改的，可以向委员长会议提出书面审查意见和予以撤销的议案，由委员长会议决定是否提请常务委员会会议审议决定。

《河南省农作物种子管理条例》由河南省人大常委会1984年制定，属于全国人大常委会及河南省人大有权撤销的地方性法规。而河南省物价局、农业厅于1998年制定的《关于制定主要农作物种子价格管理办法的通知》属于河南省人大常委会有权撤销的地方规章。

不难看出，依据法治社会的权力法定原则，宣告法规无效的权力如果属于对法规的撤销权与改变权，那么，很明显，洛阳市中级人民法院的确没有行使此权的法律依据。《立法法》对地方性法规与规章的撤销及其审查作了明确的实体与程序规定，即有权撤销地方性法规的只有全国人大常委会和法规原制定机关的省一级人民代表大会。相对全国人大常委会，原制定机关的省一级人大还享有对"不适当地方性法规"的改变权，在对地方性法规审查范围及方式上较全国人大常委会要广。但总体而言，全国人大常委会除享有立法撤销权，还行使着对法律、法规及规章的广泛审查权。但是，问题在于：

1. 为什么《立法法》对司法机关在法律适用过程中对法律不统一，特别是下位法违反上位法如何适用的处理权只字不提？根据《立法法》第九十条第二款，司法机关作为"其他国家机关"，可以向全国人大常委会书面提出审查的建议，由常委会工作机构进行研究，必要时，送有关的专门委员会进行审查，提出意见。但这种审查意见的效力能否直接适用于司法过程？得出这种审查意见的时限、程序如果与司法裁判的期限、程序严重冲突，司法机关能否自行处理？如果无权处理，但又不得不处理，司法者该如何裁判？这些问题直接关系到个案公正及整体法律的统一，必须正视。

2. 全国人大常委会行使的法规撤销权与法律审查、解释权应当经由怎样的正当程序行使？它与最高司法机关的法律适用权、终极裁断权的关系如何？依当代中国政制原则，司法机关的权力源自人民主权，而人大及其常委会是人民主权的代行者，所以，司法权必须向人民主权负责，而立法的制定、改变、撤销、审查，总之，一切相关权力都是人民主权的不可分割的组成部分，只能由人大统一行使，法院不能僭越，否则便是"越权"，并要承担法律和政治责任。这无疑是"立法即法律"的观念，与法治社会的法律统一理念不相符合。

3. 即使单论人大及其常委会的立法变更权，它是否应当受到如哈特所言的"改变规则"之限制呢？立法之法，应当是"承认规则""改变规则""审判规则"的结合，这是法治的核心，也是立法权正当行使的关键。立法的承认权，可以由立法机关享有，也可由司法机关享有。立法机关通过法典编纂、制定单行法等方式宣告的立法，属于"直接的承认"，而司法机关通过个案裁决、法律渊源的选择与适用等方式宣告的立法属于"间接的承认"，二者都是同等地位的立法承认方式，不存在性质之别，也不应该有高下之分。同理，立法的改变权也可以由立法机关与司法机关共享。立法机关既对自己制定、宣告的法律法规负责，也可以对司法机关宣告的法律进行汇总、改变，司法机关同样也可以对立法条文适用或改变。而作为立法的审判规则在某种程度上只能由司法机关专有。但是，就现代法治国发展的趋势观察，由立法机关内部设置专门的司法性立法审查法院，也突破了传统的立法与司法模式，体现了立法权与司法权在法治社会的制度交错与理念互融。

4. 与美国的司法审查制度相比，中国的立法审查制度有怎样的优势与不足？中国有无建立司法审查制度的契机与可能？能否在法律统一的共通理念之下，构建一种新的法律生长机制？庞德曾在一篇文章中哀叹："'法律'一词的含混不清，要求我们使用另一个词来指称那些得到特定时间和地点的法庭实际认可和采用的法规，来指称作为这些法规之主要起源、我们据以对它们进行批判的更具普遍性的学说和传统。"① 司法过程生长的"法"也是立法进步的重要支撑，这一点在法理学上毫无疑义，但一旦落实到制度变革的层面，立法权与司法权的矛盾与冲突便会势不两立、冰炭不容。无论是立法权自身的审查还是司法权主导的审查都不能完全实现法律统一的宏高理想，只有将立法权与司法权的运行逻辑在鲜活、生动、一体化的法治建构中和谐共生，方有从根本解决问题之希望。立法权与司法权的制度化和解，最后的落脚点在于，构造一种审查法律统一性的均衡机制，超越立法权与司法权的传统疆界区分，实现法律良善确认的最后统一裁断。对此，卡多佐大法官深有感触地说："只有在存在着明确的法院裁决或准确无误的确定性时，我们才达到了法的层面。"②

（二）司法与立法的制度均衡

在著名的马伯里诉麦迪逊一案中，马歇尔大法官以高超的政治技艺确立了美国的司法审查制度。这种制度的要点有三：一是传统的宪法至上理念与法院对宪法解释权的完美结合；二是传统的判例法体系与法院选择适用成文法的特权相结合；三是传统的法官权能与新兴的司法权扩张趋势的良善结合。这几个特点决定了马歇尔能够成就司法审查的大业，这种特定的历史时势也揭示了中国司法审查制度久久未立的内在根由。

对比马歇尔和李慧娟这两个人物的不同命运，可以折现不同时代、不同国家的立法理念与法治路径之别。李慧娟和马歇尔，或许有"关公战秦琼"之胡乱比较之嫌，但围绕大致相仿的主题，这两个人物的不同表现与命运的确反映出诸多问题。在河南"种子案"中，李慧娟试图在司法过程中宣布法律统一的基本规则（下位法违反上位法无效），但受到了地方立法机关的反对，个人也被免职。这说明，在当下中国，立法权尚未确立法律统一之司法审查的机制，还停留在"自察自纠"的法律审查层面。这种自察自纠如果运行良好，可以说应当是最有效率的，但是，鉴于中国权力机关的特殊属性（兼为立法机关），立法权是否能有

---

① 〔美〕卡多佐：《法律的生长》，刘培锋、刘骁军译，贵州人民出版社，2003，第18页。
② 〔美〕卡多佐：《法律的生长》，刘培锋、刘骁军译，贵州人民出版社，2003，第9页。

效受到监督存在诸多疑问：人大及其常委会除了立法外，还承担着诸多监督、审议职能，在某种程度上，它是一个庞大的政权复合体，立法权不过是其中核心一项，所以对立法权的监督也自然成了人大自身职能的应有之义，但自身监督能否称为"监督"，首先就存在疑问，即使这是一种自律监督，但它能否真正产生维护法律统一的实效？如果通过审查，立法需要修正、废止，如何以自身之名行之？依据当代中国的基本权法理，人大所行使的权力和所通过的法律，往往是最高的、不容否定的。这种矛盾的解决就必须有赖于建立一种立法之外的法律统一机制，在现代法治社会，它就是消弭立法冲突的司法审查机制。这种制度能否有效建立，事关法治均衡战略的成败。

马歇尔正是因在这场战役中的出色表现，被誉为美国司法审查之父。深究奠定美国司法审查制度的马伯里诉麦迪逊一案，我们惊奇地发现，维护立法权威与推进司法审查，二者并无天然矛盾，相反，它们可以良性共生并互相促进。一方面，马歇尔并未直接否定美国成文法之权威，而是运用立法内部权威规则判定，马伯里诉诸的立法条文违宪无效，因而不予适用；另一方面，马歇尔充分运用了司法对立法审查的能动性，不再保守地将司法权定位为一种消极权力，自此，美国最高法院开始步入"能动"时代。马歇尔因此获得了无上声望，被后世法律人尊为一代楷模。排除根本性的历史时势因素，单就二人对既定法律权限与程序的把握与操控的技巧上，也不可同日而语。马歇尔是通过法律手段践履政治目的的"法政精英"，有效利用程序条款转换问题，开创新的司法审查制度，在一定程度上达成了司法与立法、行政的均衡。李慧娟则是通过法律方式维护法律公理的"精英法官"，但却是一个政治上的犯错者。她"好心办错事"，她违反了基本的程序正义规范，僭越了立法权限，导致了立法与司法的冲突。

从法理上看，司法判决如同立法一样，它既是法律的创造又是法律的适用。凯尔森认为，司法行为是法律创造过程中的一个层次，制定法和习惯法只是法律的半制成品，只有通过司法判决和执行，这个过程才趋于结束。因此，在确定适用法律的条件和规定制裁方面，司法判决都有一种构成性，而且，在确定法律事实方面，它也具有构成性，因为在法律世界中，没有什么本来是事实的东西，没有什么绝对的事实，只有主管机关依法律程序确立的事实。① "每个行为通常都同时是创造法律的行为和适用法律的行为。一个法律规范的创造通常就是调整该规范的创造的那个高级规范的适用,而高级规范的适用通常就是由高级规范决定的一个低级规范的创造。"② 法院不仅是法律的适用机关,也是一个立法者。"法院就是与称为立法者的机关完全一样意义的立法机关。法院是一般规范的创造者。"③ 凯尔森认为,"违宪法律无效"的说法本身,在用语上就是一个矛盾,因为一个规范有效力,它就必定和宪法相一致;如果与宪法不一致,它就不可能是有效力的法律,也就是说,一个"违宪"的法律并不是从一开始就是无效的,它只是可以无效,可以依特殊的理由而被废除,它既可以被立法机关废除,也可以被具有司法审查权力的机关所废除。④

在现实中,一般认为大陆法系国家,"法官的形象就是立法者所设计和建造的机器的操作者,法官本身的作用也与机器无异。"⑤ 这种脸谱式的描绘,并没有真实揭示大陆法系司法性立法的存在样态。在法国这一大陆法系的代表性国度,法官们依然行使着自古有之的衡平权,他们的创造性立法使立法机关颁行的法律形同虚设。为了应对司法性立法的挑战,当时的法国立法机关设置了"上诉法庭"这一兼具立法权与司法权性质的新型组织,授予它废除法院所做的错误解释的权力。在今天看来,这可算作对司法解释的立法权审查,但在当时,的确是迫于司法性立法的强大压力,立法机关不得已,以司法权运行的逻辑加强对法院立法权的监督。这一机构不属于司法系统的一部分,而是立法机关为保护自己不受司法机关侵犯而设置的一个特殊机构。这样,法律解释和判断的工作既不由法官进行,也不必由立法者亲自处理了。在上诉法庭建立的初期,它并不能对其审理的案件所涉及的法律问题做出权威性的解释,而只是撤销法院的判决,然后把案件发回原审法院重新审理。随着时间的

---

① 徐爱国:《分析法学》,法律出版社,2005,第85页。
② 〔奥〕凯尔森:《法与国家的一般理论》,沈宗灵译,中国大百科全书出版社,1996,第150页。
③ 〔奥〕凯尔森:《法与国家的一般理论》,沈宗灵译,中国大百科全书出版社,1996,第169页。
④ 徐爱国:《分析法学》,法律出版社,2005,第87页。
⑤ 〔美〕梅里曼:《大陆法系》,顾培东等译,知识出版社,1984,第40页。

推移和实践的需要，上诉法庭逐渐发展并且具备了做出司法解释以指导司法实践的能力，这显然有利于办案效率的提高，与此同时，把上诉法庭视为非司法机构的看法也逐渐消失了，上诉法庭演变为司法机关，成为普通法院中具有最高地位的法院。这种法院具有立法性质，称为立法性法院，它领导整个法院系统正确、统一解释和适用法律，这一过程也在意大利和其他仿效法国司法系统的国家受到重视。今天，法国法律的很大一部分都是从不合时宜的旧法规中通过审判创造出来的。[1] 立法与司法在法治社会的实践逻辑中达成了均衡与融合。

就远期规划而言，我们必须将"司法法"提上立法研究与实践的议程。司法法包含三个层面：首先是司法过程中的立法条文，这是"建构性规则"在司法过程中的运用；其次是司法过程中的"规范性法规"，狄骥称之为"司法规范"，它是确认立法条文顺利运行的内部规则；最后是立法条文与司法规范的冲突法规范，我们称之为法律的"审查法规"。行使这种法律审查权的司法过程应当是立法机关与司法机关合力创造、均衡互生的有机耦合产物，不能交由既有的、预定的部门或个人单独行使，更不能被他们垄断。它只能被新建，不能被改变。在某种意义上，它是法律的心脏，是所谓法律帝国的首脑枢机，是真正的法律王侯栖居裁断的场域和空间，不能因政治气候、经济需要或文化认同而做出随意的变更。它的确立，本身就是法治社会成型成熟的标志性事件；它的缺失或塌陷，只能说明，法治未成或者法治最后无疾而终。

就近期改革而言，我们可以借鉴法国经验，确立一套集内部审查与外部审查、立法审查与司法审查均衡一体的合法性审查机制。鉴于我国《立法法》从宏观上解决了立法权限、规格、事项、范围等问题，但对于立法自身的冲突解决仅确定了几条基本的原则，具体的制度设计尚付之阙如，因而有必要通过专门的《立法审查法》加以填补。《立法审查法》是《立法法》的特别法，它是未来《司法法》出台之必要前提，因为，在立法审查法中，以司法审查为核心的外部审查将被确定为一种不容或缺的关键角色。

1. 这部法律在总则部分应当明确"立法冲突之解决"，"法律统一之

---

[1] 戚渊：《论立法权》，中国法制出版社，2002，第 212～213 页。

维护"这样一些基本目标，这既与我国宪法相一致，又与实际问题相对应，具有提纲挈领、有的放矢的功用。

2. 立法审查法在分则中应分章论述"立法之内部审查""立法之外部审查""立法审查之最终判断"等基本内容。

3. 立法内部审查一章应分节阐析立法之"原产地"审查规则与立法最高机关统一审查规则。所谓立法原产地审查，指的是颁行立法的原机关负有审查自身立法的权力与职责，如果出现自身立法严重冲突的情况应及时修正，并报国家最高立法机关备案。所谓立法最高机关统一审查规则是指当不同位阶部门、层次立法发生冲突后由专门的立法审查部门提出统一意见，最后交由全国人大常委会讨论表决。当然，也可以在这两种方式之外设立一种"上级审查"规则，即确立由上级立法机关对下级立法机关之间立法冲突进行审查的权限，这可以减轻最高立法机关的工作负荷，也有利于维护同一层次、部门、位阶立法的统一性。

4. 与内部审查不同，立法外部审查指的是由国家省级以上（包括省级）法院对个案适用中的法律冲突进行审查、选择适用，之后就消除法律冲突之司法审查决议书，提交全国人大及其常委会以集中讨论、最终审议的机制。这既非西方国家的"司法立法"，也非现今惯常的"纠纷解决"，它体现了司法"形成规则"的功能，是法律发展之司法过程的制度化体现，有利于维护法律实际运行中的冲突，对于司法自身的统一也具有重要意义。可以预见，推行这一制度后，司法解释可以慢慢为立法审查之司法决议书取代，司法解释与立法之冲突也可以大为缓和。

5. 立法审查之最后判断一节应详细规定全国人大及其常委会的立法审查功能，从审查启动程序到审查组织、方式、结果及公布都应做出清晰规定。

总之，在立法过程中，权威的机构或个人必须与法官一样，同样秉持正义的理念，公正、客观、中立、消极、不偏不倚地为生民立法，才能真正表述法律本身的意志与规律，才不至于僭越立法权能，为私利与己欲立法。立法理念是蕴含于立法这一环节的法律内在精神和最高原理，它体现了立法者对立法的本质、原则及其运作规律的理性认识以及由此形成的一种价值取向，它是立法者为实现法治这一最终目标，期望通过制定完善的法律来治理国家、管理社会生活的一种最高思想境界。立法者不能将司法看作一个对立的环节，在立法过程中应当将自己定位为现实的裁决者，以事实经验塑造规范逻辑，再用规范逻辑梳理事实经验，达成事实与规范、经验与逻辑的完美均衡。在监管和规制领域，此种法治均衡的理念总体上同样适用，区别之处在于，规制过程必须处理更为多元的利益衡量问题，必须将传统的立法、行政执法与司法界限打破，运用某种统合的方式，在实践中衡量成本收益，结合理性计算与公平定性，实现法律行动中的实际收益最大化。

| 第六章 |
行政规制成本收益的均衡分析

第一节 历史与现状

一 历史背景

不少学者相信，成本收益分析方法的运用，尤其是在规制政策形成和司法评价领域的统合运用，不仅可以有效落实"规制缓和"的目标，而且能使规制政策分享同一套价值评价体系。对中国这样一个监管大国，借鉴和引入成本收益均衡分析制度具有重要意义。通俗而言，行政规制成本收益均衡分析是采用"货币基准"，对手段实施的"投入成本"与目的达成后的"产出利益"作比较，从而决定是否采取以及采取何种规制措施的方法。[1] 为准确把握其主旨、方法与模式，应首先了解其来龙去脉和发展规律。只有在历史分析的视野中，我们同时把握该制度的一般特征和不同国情下的多元操作方法。

19世纪末20世纪初，以市场至上为核心特征的自由资本主义开始暴露其缺陷，经济危机、资本垄断、通货膨胀、平民失业等大量社会问题喷涌而出，不仅严重阻碍经济的进一步发展，并且日益威胁到社会秩序的稳定底线。面对可怕的"市场失灵"，朝野上下开始重新审视政府的功能定位，试图通过政府的积极作为克服市场的缺陷。政府管制日益增多，政府规章数量与管制成本屡创历史新高，可以说达到了无以复加的地步。公允而论，当时的不少管制计划确实取得了良好效果，但也有为数不少的政府管制举措相当失败。对此，有学者评论道："管制机构膨胀和管制过多过

---

[1] 参见蒋红珍《政府规制政策评价中的成本收益分析》，载《浙江学刊》2011年第6期。

滥，管制机构平均每年发布规章 7000 多个，平均每年的管制成本达 6300 多亿美元，造成了市场的扭曲和低效率。"① 这一时期的政府管制和行政规制，可以说是"无成本意识"的狂飙突进时代。

到了 20 世纪 80 年代，以美国、英国为代表的西方国家为治理经济"滞胀"，解决诸如政府财政严重赤字、福利制度濒临崩解、公共部门效率低下、公众对体制愈益不满等问题，掀起了一场以政府绩效改革为基本方向，以公众满意为衡量目标的"政府再造"运动。这场运动的显著特点是，强调政府规制绩效的科学分析和评估，以成本收益均衡为基本分析工具，以此改革政府作风，重塑政府形象。

从思想与学术背景上看，行政规制成本收益均衡分析受限与 20 世纪 70 年代中期新自由主义的兴起有关。新自由主义阵营包括弗莱堡学派、现代货币学派、理性预期学派、供给学派等，主张即使不能完全回到守夜人时代，也应该尽量保持一种小政府的状况，尽量减少政府在公共领域的规制，以恢复市场的活力并提高经济收益。② 在新自由主义的影响下，西方国家制定经济政策过程中，展开了一场"放松管制"的改革运动。在美国，这场运动始于福特总统的推动，在卡特和里根总统的任期内达到高潮。

在新自由主义思潮的引领下，经济分析法学成为行政规制成本收益分析的主要理论基础。20 世纪 60 年代美国兴起的经济分析法学主张，以"收益"也就是"价值极大化"的方式分配和使用资源，实现财富的最大化，乃是法律的根本宗旨。在随后的几十年里，经济分析法学所倡导的成本收益均衡分析工具逐渐为西方国家的立法者和政策制定者普遍采纳。③ 美国国会专门就此立法，其中规定："行政部门提交的法律草案，须同时提出立法论证报告，且经过成本收益比较分析程序并由联邦预算局审核，

---

① Kenneth J Arrow, "Is There a Role for Benefit – Cost Analysis in Environmental, Health, and Safety Regulation ?", *Science*, 1996, Vol. 227, p. 221.
② 张千帆：《宪政、法治与经济发展》，北京大学出版社，2004，第 155 页。
③ 1844 年，法国工程师 J. 杜普伊发表的《公共工程的效用计量》被认为是在公共规制领域最早提出成本收益分析思想的文献。1936 年，美国大水利建设开始尝试使用成本收益分析方法。1950 年，美国联邦河域委员会发表《河域项目经济分析的建议》，第一次把实用项目分析与福利经济学两个平行独立发展的学科结合起来。20 世纪六七十年代，成本收益分析方法被推广到各种项目，如水利电力设施、交通工程、环境工程、教育、卫生、公共福利以及国防、空间计划等。

方可提交国会通过。"① 美国许多州立法也明确规定，凡是行政规制及其立法与实施将直接导致州财政支出或者收入的，均应提交相关立法成本分析报告，凡是应提交而未提交成本分析报告的，议会有权不予审议或通过。除了国会立法对成本收益分析予以制度化确认和保障，美国历届总统也通过签署大量的行政命令，确保成本收益均衡分析制度的法律效力。例如，福特、卡特、里根、克林顿都曾专门签发行政命令，要求行政机构实行成本与收益均衡的管制改革。在欧洲，英国《准备守法成本评估修正原则》、德国《联邦法律案注意要点》、荷兰《立法指导原则》、芬兰《法律规范法》、加拿大《联邦立法政策》等重要法案都明确规定了政府规制的成本收益均衡分析制度和原则。②

将成本收益均衡分析引入政府管制和立法评估领域，其后果是革命性的，至少，它已对目前的政府绩效评估已经产生了重大的影响。美国著名宪法行政法学家、法律行为经济学的代表人物桑斯坦在评价有关管制法律改革时认为，引入行政规制的成本收益分析可能从根本上改变美国的政府制度。③

特别值得指出的是，桑斯坦教授的理论代表了行政规制成本收益分析方法研究的最新进展。④ 他试图与波斯纳的法律经济学理论切割，建构某种独特的行为主义经济分析法学（Behavioral Law and Economic），以此挑战传统社会科学的"理性人"假设。在他看来，人们并不总是像经济学家假定的那样"理性"，但这也不意味着人们的行为无法预测、随心所欲、无章可循，关键在于如何通过新的成本收益的均衡模型加以解释和描述。⑤ 他认为，通过一定方式刺激人们改变习惯做法，选择理性行为，是获得高效率的一个便捷路径。例如，在公共卫生间的小便斗前，人们往往会发生撒漏到地上从而影响卫生的情况。用传统的禁令甚至罚款方式加以规制显

---

① 龚祥瑞：《美国行政法》（上册），中国政法大学出版社，1995，第84页。
② 关于美国行政立法成本收益分析的详尽分析，可参见汪全胜《美国行政立法的成本与收益评估探讨》，载《东南大学学报》（哲学社会科学版）2006年第6期。
③ 周学荣：《论政府管制》，载《光明日报》，2004年4月20日。
④ 对桑斯坦规制研究的评析，可参见李洪雷《规制法理学的初步建构》，http://www.iolaw.org.cn/showarticle.asp? id=3234，2014年4月22日最后访问。
⑤ 参见〔美〕凯斯·R．桑斯坦《行为法律经济学》，涂永前、成凡、康娜译，北京大学出版社，2006，"编者的话"。

然是不经济的，但如果在小便斗上画上一个类似苍蝇的东西以吸引人们的注意，从行为心理学上分析，大多数人可能就会变得"聚精会神"，从而大大减少撒漏的现象，此时才算是最为经济的。就宏观的规制政策形成而言，每一时刻政策议程的设定，都是问题溪流、政策溪流、政治溪流等溪流相互作用的结果，是它们的均衡与汇合促使了"政策之窗"的开启。桑斯坦力主将规制成本收益分析引入行政规制，特别是风险规制领域。他认为，尽管规制成本收益分析不能给出确定性的答案，但它可以揭示出规制决定可能影响的因素，有助于确定哪种风险是严重的，哪种风险不是。成本收益分析有助于充分揭示关于风险规制的信息，使规制者做出最为妥善的权衡，为风险设定合理的"安全边际"，并尽可能选择符合成本有效性要求的风险规制措施。① 这些观念对于行政规制成本收益均衡分析制度的重构与完善，可谓启发巨大、裨益良多。

当然，对于行政规制成本收益分析，并非没有理论和政策上的争议。事实上，自其制度化之初，便一直饱受着两种极端政治力量的非议和攻击。极左派攻击的理由是，指望每一项政府干预计划都能通过成本收益分析的检验，既不可能也不可欲，这只会让政府畏首畏尾束缚手脚；而极右派反对的理由是，当可能的收益超过预期成本时，这种方法便能够证明政府干预的合理性，从而极大扩张了政府规制的范围。此外，就这种方法的有效性和操作性而言，许多反对者提出的问题和麻烦也值得认真对待。比如，对任何一个总统来说，为了解决发展过程中的污染和安全问题，指示某一政府机构去选择最为经济有效的方法来制订环境和工作安全领域的规制性法规，但这种做法往往不起作用，因为所谓最经济有效不过是一种预先的假设，在具体的规制过程中还会发生源源不断的新成本，其中许多具有不确定的突发性和偶然性。尽管如此，相比而言，成本收益均衡分析比大多数规制方法具有更强的共识基础和更大的操作空间。在理念上，把成本收益均衡分析纳入公共决策法治化框架，体现了公权的经济理性，有利于资源控制以及长久的制度、社会和文化均衡。

就全球范围而言，行政规制成本收益分析呈现愈益扩大化的趋势。据

---

① 参见〔美〕凯斯·R.桑斯坦《最差的情形》，刘坤轮译，中国人民大学出版社，2010，第48页。

世界经合组织（OECD）调查，至 1996 年，有超过一半的成员国推行了管制影响分析（RIA）计划，到 2000 年底，在 28 个成员国中有 14 个采用了普遍的 RIA 计划，另有 6 个国家在一部分管制中运用了 RIA 制度。2005 年，OECD 开始倡导发展中国家借鉴其成员国经验，采用 RIA 计划提高规制质量。在其倡导下，越来越多的国家将 RIA 引入政府规制领域，形成了一股全球范围内的管制改革浪潮。

二　中国现状

近十年来，中国一些地方也尝试开展了成本收益分析与评估。[①] 例如，2004 年，云南省人大法制委员会对该省制定的《邮政条例》、《广播电视管理条例》、《农村土地承包条例》展开法律成本收益评估工作；甘肃省人大常委会先后对本省《麦积山风景名胜区保护管理条例》和《农机管理条例》等实施情况进行了跟踪问效评估；山东省人大法制委员会组织有关部门人员对《私营企业和个体工商户权益保护条例》、《产品质量法实施办法》、《法律援助条例》和《就业促进条例》进行了法律绩效评估工作；重庆市人大常委会专门组织地方性法规评估课题研究组，对本市制定的《林业行政处罚条例》、《职业介绍条例》、《人才市场管理条例》、《产品质量监督管理条例》等进行评估研究。2005 年，北京市人大常委会组织有关部门人员对《北京市实施〈中华人民共和国水污染防治法〉办法》、《宗教事务条例》和《城市规划条例》进行了"法律绩效评估"；上海市人大常委会也选取了《历史文化风貌区和优秀历史建筑保护条例》等进行了专项评估活动。其后，安徽省、海南省、深圳市等很多地方都相继开展了法律成本收益评估工作。在各地试点经验的基础上，国务院在《全面推进依法行政实施纲要》中明确提出，"积极探索对政府立法项目尤其是经济立法项目的成本收益分析制度。政府立法不仅要考虑立法过程成本，还要研究其实施后的执法成本和社会成本。"为此，国务院法制办于 2006 年专门组织了立法成本收益分析培训班，并邀请欧盟专家介绍了欧盟及其成员国的立法成本收益分析制度，选择有关部委和省市进行立法前和生效后成本

---

① 参见汪全胜《法律绩效评估的"公众参与"模式探讨》，载《法制与社会发展》2008 年第 6 期。

收益分析评估试点工作。

尽管近些年在行政规制成本收益分析上进展很大，但仍然存在诸多亟待解决的问题，主要体现在以下几方面。

第一，行政规制成本收益分析制度尚停留在理论探讨层面，特别是在具体方法上还未形成统一的标准和操作规程。现有地方立法的经验，只能算作实验性的探索，并没有形成系统的地方性立法评估体系，也缺乏行之有效且普遍适用的评估模型、标准与方法。而且如何将这些经验真正提炼为科学量化的操作模型，尚需最高权力机关的深入调研。国务院也应当积极探寻以行政法规的方式将规制成本收益分析制度化，使之具有统一性、权威性和科学性。

第二，行政规制成本收益分析的主体、内容、程序、方法、效力等诸多重要问题都缺乏系统研究，晦暗不明。就主体而言，究竟是采用政府主导的模式，还是公众参与的模式？诸多政府机关的评估结果如何协调？有无必要引入中立的第三方权威评估？就内容而言，具体的成本收益指标体系如何建构？就程序、方法和效力而言，成本收益分析的过程和步骤如何？评估方法有哪些？如何运用？评估结果的约束力如何？这些基本问题都需要在实践中进一步深入研究。

第三，行政规制成本收益分析与相关立法存在脱节现象。首先，行政规制成本收益均衡分析制度是一个动态的、与时俱进的评价体系，其自身发展与社会发展和法律发展关联紧密。立法作为调整社会关系的特殊机制，其制定、修改或废止也源于社会发展，两者有着相同的动力源。其次，行政规制成本收益分析和立法相互作用，科学的均衡评估体系不仅可以检验立法效果，还可以引导立法向前发展；而作为分析对象的立法的完善与发展，也必然引起评估标准的变化和跟进。最后，成本收益分析制度自身必须通过立法形式成为具有约束力的制度。这些都表明，两者应当在同一动力源的作用下同步发展，实现制度化的结合。这种结合不仅符合资源整合的成本收益理念，也会促进立法的科学化与合理化。而现今推行的大部分立法评估都仅仅是一种没有制度化的实验，自身的正当性、效率性和规范性都亟须通过相关立法加以补正；而所评估的立法又具有过于杂乱、层级不高的特点，难以使成本收益均衡分析制度发挥"规制行政规制"的功能。

第二节 功能与原则

一 界定权利与分配正义

经济分析法学的领军人物波斯纳曾表达这样的见解：在不可能或者根本没有努力测定成本收益的情况下，将法律规则认定为有效率或缺乏效率，都是充满主观性的。[①] 法律通过规定人们的权利和义务来影响行为的动机和结果，进而影响社会关系，实现均衡分配社会利益的功能。因为利益作为一种有限的社会资源，具体化为权利资源，其分配方式和结果可以直接制约人们行为的导向、物质财富的积累和社会秩序的稳定。如果没有成本收益均衡分析，法律规则的效率性就难以科学认知，从而不利于权利资源配置的正义性。

著名的科斯定理认为，在交易成本为零的情况下，权利的界定对经济制度运行的效率不会产生影响，社会资源的配置总会有效率。也就是说，对于市场化的秩序，政府和法律可以几乎不加任何干预。这种理想状态的描述，被人们称为"科斯定理一"。但如果存在现实的交易成本，有效率的结果就不可能在每个法律规则与每种权利配置方式下发生，法律权利的初始界定才具有重要的效率性价值。这被称为"科斯定理二"，它告诉我们，法律应当从资源配置最优化的立场出发，选择合适的权利界定方式，这就要求规制者必须充分考虑效率原则，尤其是成本收益分析。作为优化产权制度而设的成本收益分析，本身的成本问题也应重点考量，根据极为重要却又备受忽视的"科斯定理三"，至少应当重视如下事项：第一，如果不同产权制度下的交易成本相等，那么，产权制度的选择就取决于制度本身成本的高低；第二，某一种产权制度如果非设不可，而对这种制度不同的设计和实施方式及方法有着不同的成本，则这种成本也应该考虑；第三，如果设计和实施某项制度所花费的成本比实施该制度所获得的收益还大，则这项制度没有必要建立；第四，即便现存的制度不合理，然而，如果建立一项新制度的成本无穷大，或新制度的建立所带来的收益小于其成

[①] 〔美〕理查德·A. 波斯纳：《法理学问题》，苏力译，中国政法大学出版社，1994，第213页。

本，则所谓的制度变革是没有必要的。

二 增加财富与节约成本

行政规制往往针对特定的社会经济资源进行重新配置，由此产生社会财富的变化，这个变化的量与过去的差额就是规制所追求的社会财富增加额，即直接经济收益。由于社会资源相对恒定，并非无穷大，因此可以大致预测规制增加社会财富的最大区间，有时候还可加以直接测算。如某一地区有煤矿资源10000吨，大型采煤企业每100吨煤矿资源可出煤80吨，而小煤窑每100吨煤矿资源只出煤40吨。假设规制前小煤窑耗用煤矿资源为5000吨，如果对该地区小煤窑的取缔性规制，其预计增加的收益是可测算的，公式为：（10000×80/100）-（5000×80/100+5000×40/100）= 8000-6000=2000。可以看出，规制的经济收益就是2000吨煤。因此，规制增加的社会财富以及谁受益是可大致预测的。

对规制而言，仅有经济收益不足以证立其效率与正义，更重要的是，规制增加的社会财富与规制成本的差值，也就是规制的社会收益，此种分析的重点并不在于具体数额的核算，而在于研究如何实现社会财富的最大化。对具体的行政规制项目而言，规制体系中的规范依据与执法系统可视为相对恒定的生产要素，立法技术、执法水平以及社会守法情况可视为可变的生产要素，降低规制成本的关键在于优化可变生产要素的组合。规制增加的社会财富与规制成本的关系按边际收益递减规律图示如下。

在图6-1中，横坐标 C 即 cost，表示立法成本等可变生产要素的优化组合，纵坐标 V 即 value，表示立法增加的社会财富值。当 $\Delta C = \Delta V$ 时，立法收益最好，也就是 C 与 V 的交叉点如图中的 A（$C0$，$V0$）点出现时，斜率最大，效率最高。[①] 这告诉我们，按照经济学中的利润最大化规律，当边际收益等于边际成本时，利润达到最大化。因此，规制成本不是越高越好，但也不是越低越好，应当控制在一个合理的限度内。这个限度就是只有适度增加规制成本的可变生产要素，并且使立法成本、法律调整的范

[①] 王占霞、徐祖平：《政府立法的成本收益分析》，http://www.gzfzb.gov.cn/html/Research/345/，2014年3月1日最后访问。

图 6-1 规制边际收益递减

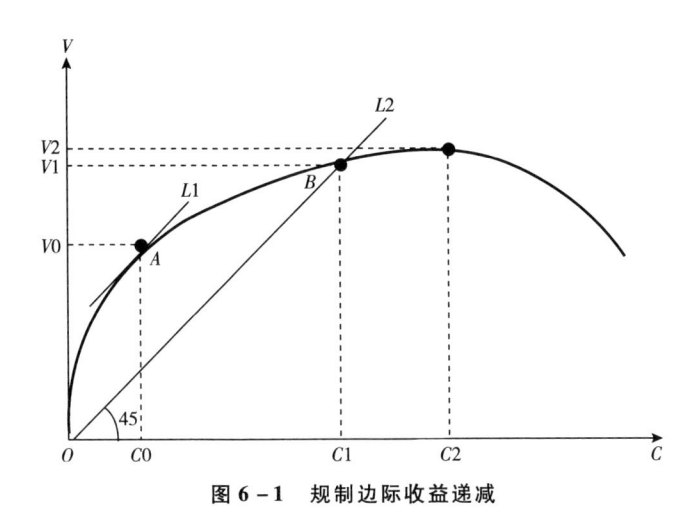

围、资源配置状况等实现一定的均衡时，规制增加的社会财富量才会达到最高，收益达至最佳。

三 定量计算与定性分析

从行政规制成本的外在显现以及能否计量的角度，可以将之划分为有形成本和无形成本。行政规制的有形成本通常是可计量的物质成本，主要是指外在的有形的物质消耗，一般可以货币化计量。行政规制的不可计量成本主要是规制过程中的无形资源损耗。如在某些城市立法禁止节日放烟花爆竹，除去立法调研、讨论审议、公布宣传以及执行该规定所需要的警力、物力、财力等可计量的有形物质成本，参与立法与规制的人员的人力精神损耗、传统民俗的改变、市民心理上、感情上的损失等无形成本虽然难以直接计量，但是在规制分析中必须加以考虑。行政规制的可计量收益主要是指经济收益。例如，行政规制节约了交易成本，降低了获取市场信息的费用（发现成本）、谈判费用（缔约费用）、执行和监督费用（履约成本）、诉讼费用（法律程序成本），为人们从事经济活动提供了可预期规则，减少了投机取巧、尔虞我诈等机会主义行为和"搭便车"等现象。行政规制的不可计量收益主要是指其社会收益，主要包括对法律追求的人权、正义、公平、效率、自由、秩序等价值的实现，对社会稳定、经济发展、文化理性和政治民主的促进，对道德水平、科技创新、环境保护的推动等。

基于行政规制成本收益的上述特性，我们在进行均衡分析时，必须注重定量计算和定性研究的结合。定量计算的关键在于准确赋予成本与收益货币上的价值，对经济性行政规制定价相对容易。由于社会性行政规制所涉及的往往是公共健康、安全与社会公平等问题，向社会所提供的是非市场化的物品与服务，定价往往存在很大困难。因此，社会性规制所产生的多方面影响往往难以量化，有些内容即使可以量化，也很难货币化。即使那些能够货币化的规制影响因素，分析者仍面临着特定情境定价（situation-specific value）的困难：货币价格在不同的情境中差异巨大，难以确定一般价格。① 对此类行政规制的成本收益分析，特别需要强调定性研究的支撑和补充。这种新的方法论，被称为"修正后的成本收益分析"（Modified CBA）、"多目标分析"（Multi-goal Analysis）、"计质成本收益分析"（Qualitative CBA）、"成本效能分析"（Cost-effective Analysis）、"成本效用分析"（Cost-utility Analysis）、成本可行性分析（Cost-feasibility Analysis）等。不论这些提法各自在细节和侧重上有何具体差别，但其核心主旨仍在于追求效率指向的价值目标，在此基础上，增强对非经济性的价值目标，比如公平、正义、生态维护的考量，以此弥补纯粹计量化的成本收益分析的缺陷。就具体的量化方法而言，开始采用货币与其他数据量化共存的方式。最为重要的是，它从原来单向度的"计量"（calculation）转向复线性的"描述"（description），通过质性的描述，考虑规制方案的优先顺序，以确保规制目标与方法上呈现更为多元的整合性。②

四 成本收益的比例均衡

（一）边际效用

为了更加清晰地说明问题，我们引入经济学中的边际效用公式。我们假设，总效用 TU 是行政规制 X 的函数，$TU = f(X)$，而边际效用 MU 则是

---

① 陈富良：《论社会性管制及中国社会性管制发展》，www.umac.mo/fsh/pa/3rd…/doc/…/Zhang%20Chengfu.pdf，2010 年 6 月 3 日最后访问。
② 参见 Henry M. Levin & Patrick J. McEwan, *Cost-Effectiveness Analysis: Methods and Applications*, 2nd edition, Sage Publications Inc., 2001, pp. 10 – 26.

总效用增量和规制增量之比值,即 $MU = \Delta TU/\Delta X$。设总效用函数为连续函数,则商品 X 的边际效用,实际上是 X 的总效用对 X 的一阶导数。可以用图 6-2(a)、(b) 来表示行政规制的总效用和边际效用。

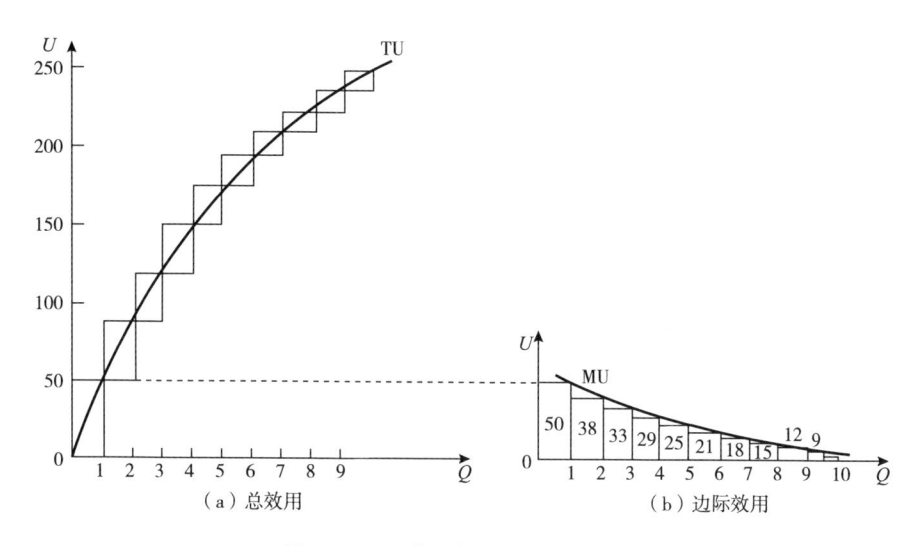

图 6-2 总效用与边际效用的关系

在图 6-2 中,(a)、(b) 中横轴 Q 为规制量,纵轴 U 为效用。(a) 中 TU 为总效用曲线,由 (a) 可以看出,随着规制量的增加,总效用在增加。(b) 中 MU 为边际效用曲线,由 (b) 可以看出,随着规制量的增加,从每增加的一单位消费中得到的边际效用是递减的,例如,从第一区间到第二区间,边际效用为 50,从第二区间到第三区间,边际效用为 38,这正是边际效用递减(diminishing marginal utility)原理。19 世纪末期的英国经济学家马歇尔将之称为"人类本性的这种平凡而基本的倾向",并把这一规律作为解释消费者行为与需求原理的基础。[①] 由此可知,提高行政规制的收益,关键在于提高其边际收益,控制边际成本。

(二)比例衡量

行政规制成本收益分析方法至目前为止,仍未有效解决机械性运用的缺陷,成本与收益之间的僵化对立关系仍然明显。在规制的实际过程中,

---

① 〔英〕马歇尔:《经济学原理》,廉运杰译,商务印书馆,2007,第 35 页。

成本与收益之间常常模糊不清、相互转化，特别是在成本约束松懈的体制内，情况更是如此。忽视成本与收益关系的现实状况，势必导致规制分析结论失真或脱离实践。所以，正确认识成本与收益间的关系，把握制度运行中成本变动趋势，进行均衡本位的比例衡量，乃是成本收益分析方法更具实际意义的基本要求。[①] 美国经济学家哈恩发现，如果坚守简单的收益超过成本的算术衡量方法，很多社会规制条例都不能通过此种标准化检测。他利用美国联邦政府提供的数据，考察 1982～1996 年间的联邦环境质量规制条例后发现，有 2/3 以上不能通过严格的成本收益检验。在其所分析的 70 个最终颁布的美国环保局的规制案例中，只有 31% 的规制规则的货币收益超过成本。[②] 显然，成本收益的算术分析不是政府进行规制目标决策的唯一参照系和评估标准，虽然它是一个基本标准，但它必须符合比例衡量的均衡原则，进而要求政府在制定规制政策时，必须考虑其可能给社会带来的总成本和总收益，尤其是成本与收益的比例衡量和总体效率问题。

第三节　成本指标体系

行政规制成本是指规制过程中人力、物力、财力及所花费的时间、信息等资源，包括立法成本 LC（Legislative Cost）和执行成本 EC（Enforcement Cost）。行政规制的直接成本包括与规制决策有关的体制设定、机构运行、程序活动和内部监督等费用。行政规制的执行成本既包括显性的实施成本，即规制实施投入的人力、物力和财力，也包括隐性的机会成本和边际成本。

一　立法成本

（一）立法体制成本 SC（System Cost）

行政规制的立法体制成本是指一个国家或地区为建立并维持其行政立

[①] 陈富良：《行政管制的成本约束》，http://cygz.jxufe.cn/edit/UploadFile/20069141917367900.doc，2010 年 6 月 3 日最后访问。
[②] 〔美〕哈恩：《经济学对环境政策的影响》，载《比较》（20），中信出版社，2005，第 26 页。

法体制运行而投入的成本。一个国家或地区的宪制直接决定行政规制的立法体制，并直接影响这个国家或地区行政规制立法成本。在不同行政立法体制的国家或地区，其立法体制成本有很大的差别。就当下中国而论，根据宪法和立法法的规定，目前的行政立法体制由中央和地方两级国家行政机关制定法规或者规章构成。在这个行政立法体制架构内，行政权主体越多，投入的相应体制成本就越高；相反，行政权主体越少，投入的体制成本就越少。因此，行政权主体的多少与立法体制成本的高低直接相关。建立一种合乎国情、科学且高效的行政规制体制，最大限度地有效利用体制资源，降低立法成本，首先必须"精兵简政"，压缩行政权的主体数量和刚性需求。

（二）立法程序成本 PC（Procedural Cost）

行政立法程序成本，包括行政规制在立法调研、立项、起草、审查、公布、备案、制作、废止过程中发生的一系列成本。一部规制性立法文本的形成需要经历一个程序化的法律过程，虽然达不到国家基本法律制定程序的复杂度，但在这过程中，国家、社会和公民个人都可能需要支付一定费用，此即行政立法的程序成本。

1. 调研成本。一个规制项目的提出，有关部门通常要根据社会经济发展需要，充分论证必要性和可行性，通过大量社会调查和广泛听取各方面意见之后才能做出议案。这些预先的调研活动势必花费一定的资源，构成必要的成本。

2. 立项与起草成本。有关部门在调查研究的基础上，根据法律的程序和权限，确立规制性立法项目，并组织人员进行起草，举行听证和协商，这一过程也会产生成本。[①] 在复杂的协商审议过程中，成本投入不可避免。形成草案后，还要进一步讨论、修改、审查，有的还要反复斟酌，数易其稿，但就会议材料等成本而论，都是一笔不小的开支。

3. 通过、审查、公布、备案、制作、废止等成本。这是行政规制立法成本的主要部分，也是可以且必须量化的成本。在这些成本形态中，最容

---

① 根据中国《立法法》的规定，行政法规在起草的过程中，必须广泛地听取有关机关、组织和公民的意见，采取座谈会、论证会、听证会等多种形式。

易被忽略的就是废止成本，包括裁撤机构和冗员的成本和信赖利益保护成本。[①] 由于我国"信赖利益保护原则"的缺失，行政补偿和赔偿尚不能依法而行，过去一般采取"赎买"的方式，并为将之作为行政立法的废止成本予以考量。但基于法治国通行的原则，新的行政规制法案如果违反公民业已形成的"法律信赖"，则必须让位于这种法的安定性要求。[②]

（三）立法固定成本 FC（Fixed Cost）

行政立法固定成本，也称为必要成本、不变成本，指为行政立法者所支付的全部费用，包括行政立法者的工资、福利、办公设备的配置等费用。[③] 我国的《立法法》规定，国务院制定行政法规，国务院各部委制定部门规章，省、自治区、直辖市以及较大市的人民政府制定政府规章，民族自治地方的人民代表大会制定自治条例和单行条例。维持这些行政立法机关的正常运转需要大量费用，这些费用就必须分摊到行政立法机关制定出来的每一部法规和规章上，此即行政立法的固定成本。

1. 约束性成本。为维持相关机构日常运转而必须开支的成本，如工作人员的工资、办公设备的折旧、经常性开支等。由于这类成本与维持行政规制机关的立法能力相关联，也称为立法能力成本（Capacity Cost）。这类成本的数额一经确定，不能轻易加以改变，因而具有相当程度的约束性。

2. 酌量性成本。行政机关根据规划、预算、财力等情况确定的计划期间的立法预算额而形成的固定成本，如新立法立项费、起草费、工作人员培训费、咨询费等。由于这类成本的预算额度只在相应期限有效，立法者可以根据具体情况的变化，确定不同预算期的预算数，所以，也称为自定性成本。这类成本的数额不具有约束性，可以斟酌不同的情况加以确定。

（四）立法监督成本 SPC（Supervisory Cost）

立法监督是以立法活动作为监督客体的政权活动，指特定主体在其监

[①] 王学辉、邓华平：《行政立法成本分析与实证研究》，法律出版社，2008，第41页。
[②] 在税法中的实例分析，可参见陈清秀《税法上行政规则之变更与信赖保护》，载《法学新论》2010年第1期。
[③] 从经济学角度，固定成本（又称固定费用）相对于变动成本，是指成本总额在一定时期和一定业务量范围内，不受业务量增减变动影响而能保持不变的成本。

督权限范围内，依据一定的程序对有权机关制定法律、法规和规章的活动所实施的监察和督促，对象包括动态的立法过程和静态的立法结果。立法权是一项重要的国家权力，对立法活动和立法结果实施有效的监督，有助于提高立法的社会收益，保证法律体系的和谐统一。由于现行立法监督体制很不完善，对行政规制立法监督的投入也很少，还没有完全实现立法监督的应有价值。从国外的相关实践经验看，立法监督投入越多，行政规制实施成本就会相应降低，规制的社会收益也就越高。反之，规制的实施成本就会加大，社会收益差，甚至会造成法律权威的严重损害。技术性不强、可操作性差、价值取向不良的行政规制均会加大成本，衡量规制水平高低的立法监督必须充分考量如下因素：①法律要素之间比例（原则、规则、概念与技术性事项所占比例。如：规则的比例在80%以上为100分，则可按比例每减5%扣10分计算）；②上下位法或同位法的关联度（如每矛盾一处扣100分，每重复1次扣10分）；③标准的宽严度和规范的力度（过高或过低、宽严状况，如以罚代管，或无硬性处理均扣分）；④立法与政策、道德、文化的协调性等因素。由此可见，监督成本投入必须到位，否则会导致规制质量低下，引起总体成本的严重溢出。

二 实施成本

（一）显性成本 EC（Explicit Cost）

1. 执行成本 CA（Cost of Administration）。执行成本是为保障行政规制顺利进行而支付的费用，包括宣传普及、机构设置、人员配备与培训、体制改革、审批许可以及执法监督检查等诸方面的投入。一部规制性法规或规章的颁布只是开始，其有效实施尚需众多配套设施，包括执法人员的招聘培训与供养、相关机构的建设。例如，中国在加入世界贸易组织后，为了实现相关承诺，进行了大量法律、行政法规的制定与修改，投入巨大成本，设立组织，招纳人员。在行政规制的实施过程中，为宣传、解释新的法规、规章和规定而支付的费用往往相当巨大。由于法律语言的多义性和不确定性，可能造成法律的不确定性和模糊性。解释和宣传法律文本也属于必需的执行工作范围，需要花费的费用也应归入执行成本中。此处需要特别指出的是，当下中国执行成本居高不下，已成为严重影响法律权威和行政效能的显要症结。对于行政执法成本信息的公开与监督，普通民众比较关注"三公经费"开支，应在成本信息中以详细的类别化公示。现有的法律绩效评估制度是治理行政执法成本过高的有效途径。为了降低规制执行成本，提高资金使用收益，应该加大对预算编制和部门预算执行审计力度，健全合理的绩效预算和公用支出核算体系，将之整合为统一且法定的成本收益分析制度。

2. 遵守成本 CO（Cost of Observation）。由于行政规制的强力性，公民、法人或者其他组织必须或多或少地变更现状，以服从新的规定，相对人因此而必须支付的最低费用即为守法成本。守法成本与行政规制的管理成本紧密相关，包括公民、企业、社会中介组织和公共机构在行政规制中履行义务，提供其行为、产品信息所产生的一系列成本。[①] 例如，监管机构对污染物排放的持续登记就会产生管理成本，相对人为求污染达标而采取的行动就属于守法成本。对污染物排放的持续登记并没有要求改变产品生产过程，但为污染达标而采取的行动可能会使生产流程产生实质性改变，例如安装新的过滤设备。就遵守成本的计量而言，它往往以义务行为的平均成本（价格）乘以每年履行该行为的总数（数量）为基础，进行评估。每次履行义务行为的平均成本是以每人每单位时间平均费用（以每一劳动者每小时所产生的平均费用，包括按劳动者人数分摊的企业的一般管理费用为基础计算得出）乘以每次履行义务行为所需要的时间计算得出。行为的数量通过计算义务行为的履行次数与履行行为的主体数量的乘积得出。计量模型是：$\sum P \times Q$。其中，P（代表价格）= 每人每单位时间平均费用 × 时间，Q（代表数量）= 行为主体数量 × 行为主体平均履行次数。

3. 违反成本 CI（Cost of Infraction）。这是指相对人因违反行政规制要求而承担的民事、行政、刑事责任以及由此而造成的信用、人格等方面的损失。例如，某地交警大队精心制作"交通违法成本"温馨提示卡载明："超速 50% ~ 70% 之间，其成本 = 罚款 300 元 + 扣 6 分（严重的吊销驾照 + 事故隐患 + 心理压力……）。"在这张提示卡上，印有"交通违法成

[①] Office of Management and Budget, Office of Information and Regulatory Affairs, 2007, 2006 Report to Congress on the Costs and Benefits of Federal Regulations and Unfunded Mandates on State, Local, and Tribal Entities. 转引自席涛《监管体制框架分析：国际比较与中国改革》，载《国际经济评论》2007 年第 3 期。

本＝行政处罚＋时间损失＋事故隐患＋影响城市形象＋自己心理压力"等提示，其中超速、超载、超员、无证驾驶、不缴保险、酒后驾驶等六大类交通违法成本处罚一目了然。必须注意的是，行政规制的违法成本设定，不能违反法的可遵守性原则：① 第一，违法行为需要支付的成本或代价，要足以令违法行为人丧失继续其违法行为的能力，包括物质意义上的能力和行动自由等。第二，违法行为需要支付的成本或代价要足以让正在进行违法的违法行为人望而却步并因此悬崖勒马，终止其违法行为，发挥类似刑罚上的"一般预防"的作用。第三，违法行为人承担的成本或代价，应当足以补偿因其违法行为而给国家、社会和他人造成的损害。第四，让违法行为人承担违法成本时，还要考虑违法行为人获利的状况。第五，确定违法行为的成本或代价时，还要考虑违法行为人的财产状况及其物质能力。

（二）隐性成本 IC（Implicit Cost）

1. 机会成本 OC（Opportunity Cost）。② 波斯纳在《法律的经济分析》一书中将机会成本界定为："不同的法律方案实现人们既定目标的程度有所不同，而在特定的时空领域只能选择一种而放弃其他。诸如对某种社会关系是否运用法律手段进行调整，选择何种法律规范，不同选择之间的收益差别和得失就构成了法律（立法）的机会成本，也叫选择成本。"③ 行政规制的机会成本一般涉及两大基本问题，即"要不要规制"和"如何规制"。从实现社会控制的目的而言，行政规制只是诸多社会控制方式的一种方式，决策者在考虑规制的必要性时，一般要进行成本比较，并且在选择上倾向于多元主义的网络控制。如果有更为合适和有效的替代性社会控制方式，那么行政规制就没有必要。须知，在社会关系某些领域的调整中，行政规制并不是一种理想的选择，很可能损害其他社会控制方式的调整效果。对此，我们可以认为是规制的机会成本太大。在美国成本收益分析制度中，予以重点考虑的每个可替代性手段，都将形成特定规制事项的

---

① 游劝荣：《科学设定违法成本》，http://www.zjfenghua.jcy.gov.cn/ReadNews.asp?NewsID＝64，2009 年 10 月 23 日最后访问。
② 汪全胜：《立法收益论证问题的探讨》，载《社会科学家》2006 年第 3 期。
③ Posner, *Economic Analysis of the Law*, Littler Brown and company, 1986, p.6.

成本与收益数据，在广泛地对比这些替代方案之间的优劣之后，政府才会最终宣称定案的规制计划，并同时说明最终采纳的政府规制措施能够为社会带来的最大净利。[①] 在不同的行政规制方案中做出选择，也是当下成本收益分析制度的通行做法，此时也存在一种明显的机会成本。

2. 边际成本 MC（Marginal Cost）。根据边际成本收益递减规律，在同类法律的供给达到社会需求饱和状态之前，每增加制定和实施一项新法律时，其边际成本呈递减趋势，收益呈递增趋势。相反，如果超过饱和状态或达到某一临界点，随着同类法律供给的增加，其边际成本呈递增趋势，收益呈递减趋势，以致产生法律规模不经济的现象。就行政规制而言，行政法规与规章的供给在达到社会需求饱和状态之前，每增加制定和实施一项新的行政法规和规章时，由于法律规范的体系化及相互支持，其边际成本呈递减趋势，即行政规制有正效应。所以，美国将行政规章需要制定而未制定也视为一种违法行为。与之不同，当下中国的行政规制已陷入杂乱的丛生困境，该有的没有，不该有的应有尽有，由此而生行政法治化进程中的各种乱象，如"乱收费、乱罚款、乱摊派"。有学者很早就明确指出，规章丛生困境靠规章制定主体自省式解决已不可能，必须由更权威的机关介入，在宪法框架下控制行政规章立法主体的自由裁量权。[②] 要实现这种想法，首先须找出与所欲评估的某一规制项目相关联的全部已有立法，包括上下各个位阶的法律规范，然后，分析关联性法律规范已经产生的收益，并将其与规制项目比较，如果现有的法律规范已经对同类社会关系进行了很好的规范，则无必要另行规制。否则，势必产生边际收益递减。如果规范不足或效果很差，而在规制项目继续沿用类似规范，则边际收益也难以提升。只有新的规制项目采取了较之于先前的规范更为新颖有效的方法，才有可能收获良好的边际收益。

3. 社会成本 SCC（Social Cost）。规制的社会成本是整个社会为某项立法所支付的非经济性成本。如果一项行政规制不存在外部效应，其立法成本就等于社会成本。事实上，如果一项行政规制不存在外部效应，也就失去了法律价值。行政规制的外部效应包括外部正效应和外部负效应。外部

[①] Exec. Order No. 12291, 3C. F. R. 127 (1982), reprinted in 5 U. S. C. §601, at 431－434 (1982).

[②] 崔卓兰、于立深：《行政规章的经济分析》，载《吉林大学社科学报》1999 年第 5 期。

正效应指一项行政规制对于进一步明晰产权、降低交易成本、提升市场效率和经济收益、维护社会整体公正、与秩序而产生的正收益。外部负效应指一项行政规制导致权利界定不清、交易成本上升、市场和政府效率低下、经济收益下降，或由于立法决策、立法方略、立法技术等方面的失误所引起的社会支出增加等一系列负效应。此外，行政规制可能对资源、环境不合理的利用甚至是无节制滥用推波助澜，导致环境恶化，带来巨大的环境成本，都是因不当行政规制造成的间接隐性成本。

三 模型小结

表 6-1 行政规制的各项成本

行政规制总成本（TC）	立法成本（LC）	体制成本（SC）	
		程序成本（PC）	调研成本
			立项与起草成本
			通过、审查、公布、备案等成本
		固定成本（FC）	约束性固定成本
			酌量性固定成本
		监督成本（SPC）	
	实施成本（EC）	显性成本（DC）	执行成本（CA）
			遵守成本（CO）
			违反成本（CI）
		隐性成本（IC）	机会成本（OC）
			边际成本（MC）
			社会成本（SCC）

在行政规制的成本体系中，总成本 TC 由立法成本 LC 和实施成本 EC 构成，用公式表达即：TC = LC + EC；

立法成本 LC 由体制成本 SC、程序成本 PC、固定成本 FC 和监督成本 SPC 构成，用公式表达即：DC = SC + PC + FC + SPC；

实施成本 EC 由显性成本 DC 和隐性成本 IC 组成，用公式表达即：EC = DC + IC；

其中，显性成本 DC 由执行成本 CA、遵守成本 CO、违反成本 CI 组成，用公式表达即：DC = CA + CO + CI；

隐性成本 IC 由机会成本 OC、边际成本 MC 和社会成本 SCC 组成，用公式表达即：IC = OC + MC + SCC。

将上述分析最后概况可知，行政规制的总成本（TC）可计量为：立法成本 LC（体制成本 SC + 程序成本 PC + 固定成本 FC + 监督成本 SPC）+ 实施成本 EC［显性成本 DC（执行成本 CA + 遵守成本 CO + 违反成本 CI）+ 隐性成本 IC（机会成本 OC + 边际成本 MC + 社会成本 SCC）］

总公式为：

TC = LC（SC + PC + FC + SPC）+ EC［DC（CA + CO + CI）+ IC（OC + MC + SCC）］

在行政规制成本体系中，值得注意的是：在立法体制已定的情况下，SC 是一个相对稳定的定值，PC 所占的比例最大，SPC 和 IC 容易被忽视，它们本身也受 SC 和 PC 的制约，并随其变化而变化。同时，还应当看到：由于 SC 的地位比较特殊，一方面，SC 对立法总成本 TC 起决定作用；另一方面，在立法体制已定的情况下，SC 又称为固定成本 FC，与此相对应，PC、SPC、IC 就称为可变成本 VC（Variable Cost）。

立法成本 LC 和实施成本 EC 之间呈现"非严格对称的反比例关系"。在立法体制已经确定的情况下，立法过程中投入的必要的费用 PC 和 SPC，可以保证最大限度地降低实施成本 EC。理性化的行政规制成本应当具有严格的法律程序约束其经济目标正在于减少错误决策的程序成本。当公众对法律的参与处于原始的、受排斥的状态，一人拍板想当然的决策，其成本是小的，但其公正性、可接受性和收益性则处于极高的风险状态。法律规范利害关系人参与制度、听证制度、说明理由制度，与其说是消耗了相当的程序成本，毋宁说是为了保证规制背后的公共收益而有意识进行的一项"生产性投资"。当然，行政规制过程还应当注意"扯皮成本"——参与行政程序的人们为自己特殊的既得利益而互相"扯皮"，会更多地耗费时间、精力和金钱，可能反倒增大了"交易成本"。

第四节　收益指标体系

如果说行政规制是一种消耗资源的生产活动，那么，它在产生成本的同时也必然产生一定的收益。换言之，行政立法活动是以产生收益为其基本目的。从总体而言，行政规制的收益包括政治收益 PB（Political Benefit)、经济收益 EB（Economic Benefit）和社会收益 SB（Social Benefit）。行政规制作为社会控制的重要方式，它与政治紧密相连。根据公共选择理论，"政治人"也可适用经济人假设，他们在进行行政立法时是自利的、理性的，总是进行成本收益分析。政治成本最小化、政治收益最大化是政治决策的理性预期和根本目标。就中国的基本国情而言，经济体制改革是基本政治决策，行政规制若能在促进经济体制改革、巩固改革成果等方面发挥了其独特的作用，就取得了最大的政治收益。行政规制的经济收益是指相关措施在经济上所产生的一系列有益的效果。比如，行政规制对产权的界定与维护，就能发挥优化资源配置的经济功能，产生重要的经济收益，不仅有利于实现外部性内部化，减少资源浪费，提高资源配置效率；而且还有助于构建激励机制，减少经济活动中的"搭便车"的机会主义行为，减少不确定性，从而提高资源配置的效率。[1] 规制的社会收益是指立法所产生的社会的有益的效果即社会的有机协调状态，如社会稳定性、人们的安全感、社会生活的秩序状态、社会公平正义的维护等。相对于政治收益与社会收益而言，行政规制的经济收益是可以度量的，而政治收益与社会收益在大多数情况下只能定性分析。

一 经济收益

（一）直接经济收益 DEB（Direct Economic Benefit）

在现代社会，行政权的独特性在于，它有权通过制定规则或做出裁决来决定私人的权利和义务，拥有立法、执法和准司法等综合性权力。其经济规制立法权体现为制定和颁布具有法律效力的行政规章，这种权力传统上属于议会（国会），但它之所以被授予立法和司法系统之外的行政机关行使，根本考量在于，政府通过行政规制提升经济效率，获取更大的直接经济收益。历次经济危机以及现代性经济结构的变迁所带来的市场失灵和社会问题，均强化了行政规制的经济效用。

行政规制可以实现节约交易成本，创生直接经济收益。法律经济学研究表明，通过法律形式所建立的普遍性规则，可以避免或减少交易主体在

---

[1] 参见周小亮《市场配置资源的制度修正》，经济科学出版社，1999，第 37 页。

确定和认同规则方面的成本。行政规制立法实质是具体行政行为的原则化与制度化，它所表现出来的规则普适性较之具体行政行为的个案性，具有更大的直接经济收益空间。"在过去的 20 年里，行政法最重要的发展之一是行政机关日益依赖于规则（rules）制定——将其作为制定政策的一种手段"。"规则制定程序较之个案的裁断要更为有效，因为前者可解决在单一活动中的大量问题。一条明确的普遍规则能够在受到影响的公司或个人中间产生迅速和统一的遵守行为；而经裁断的先例的范围却难以界定，因为先例的适用在一定程度上通常取决于特定案例的事实。同时，规则制定可为个人提供重要保障"。"在未来的岁月里，规则制定过程完全有可能是行政法最有生气的领域之一"。① 行政立法的经济规制通过普适性的法律规范明确界定了规制者和被规制者的权力与权利界限，为保障权利的法律制度提供了具体的依据，可以创造出有效利用资源的更广泛的社会刺激，从而发挥重要的经济功能。② 作为经济制度和经济体制的一种构成要素，行政立法的经济规制通过合理界定和分配权利而有助于减少经济运行过程中的人为垄断、低效与无序竞争等外部性因素的不确定性，建立有收益的市场，推动市场交易，实现资源的有效配置——这些都属于行政规制直接经济收益的范围。

从主体类型和影响范围上看，行政立法的直接经济受益分为个体性和整体性两种。所谓个体性的直接经济收益，就是被规制者通过行政规制所获的私人经济利益极大化程度，或是可能从行政规制中获益主体的私人经济利益极大化状况。政府规制的部门利益理论表明，寻求政府管制的，或者是管制对象本身，如 19 世纪末深受竞争之苦的美国铁路公司；或是其他有可能从中获益的人，如铁路运输管制中爱到铁路营运者盘剥的农场主或者受挤对的其他运输业主。显然，他们都能通过政府的行政规制获得相应的好处，这就是政府管制所产生的个体性直接经济收益。所谓整体性的直接经济收益，指的是行政立法使得在市场失灵下发生的非效率性的资源配置和分配的非公正性得到避免或纠正，通过资源配置效率的提高，增进了整体社会福利。

---

① 〔美〕欧内斯特·盖尔霍恩、罗纳德·M. 利文：《行政法和行政程序概要》，黄列译，中国社会科学出版社，1996，第 188~190 页。
② 陈富良：《行政管制的成本约束》，http://cygz.jxufe.cn/edit/UploadFile/2006914191736790.doc，2010 年 6 月 3 日最后访问。

(二) 间接经济收益 IEB (Indirect Economic Benefit)

行政规制的成本收益分析不仅应衡量比较容易用货币表示的项目，同时也要用适当的形式来描述或评估过去不容易量化或不可用相同标准来表示的项目。行政规制的间接经济收益就是不容易量化但也必须适当描述的重要指标。以防洪减灾的行政规制为例。[①] 防洪措施除了具有公共财政的特性外，还要兼顾社会福利，所以需要通过公共部门来投资及运作，并且在资源成本有限的条件下和其他公共投资作比较与评估。因此，政府在进行防洪减灾规制时，必须同时考虑投资所花费的成本与其所产生之收益。以往防洪计划在评估时虽然考虑相关直接收益，却时常忽略经济活动中断、生命及健康维护、房地产价值维持等间接收益之估计，而这些收益的数值往往相当巨大，如果忽略将严重低估整体的防洪收益，因此决策当局在订定相关防灾政策时也将会不够周延、客观。具体而言，防洪减灾规制所带来的间接收益可包括个人生活不便减少之收益、健康维护增加之收益、经济活动持续增加之收益、公共设施维护之收益、环境生态维护之收益以及其他收益，其中个人生活不便减少之收益包含了减少断水及断电的生活不便等项目；健康维护增加之收益方面可包含避免心理及生理上的健康受损、人民的疾病及死亡率之减少及减轻洪灾所引起的恐惧、焦虑与不安等项目；而经济活动持续增加之收益则有失业的减少、商业交易中断时间的减少等项目；环境生态维护之收益则有避免具有历史价值的建筑物或保育地被破坏、调节下游供水流量及改善水质等项目；其他收益则包括房地产价值维护、财产市值下降之减少、避免就业所得受到影响及政府与民间单位紧急处理成本之减少等收益。

归结起来，行政规制的间接经济收益大致包括两类：一是防止现有利益的减少，通过"保值"而增加收益；二是增加直接收益之外的后续利益，包括物质上的间接利益和社会心理、社会价值上的间接利益，例如稳定了秩序、提高了守法水平等。当然，间接利益不可过于"间接"

[①] 萧景凯：《防洪措施之间接收益初步评估》，http：//ncdr.nat.gov.tw/91conf/cd/D/DR09.pdf，2009年11月23日最后访问。

甚至完全偏离直接利益这一本体，如果过于遥远与偏离，则不应该计入。而衡量是否过于遥远与间接的标准是：第一，主次分析法，主要衡量间接收益是否由其他规制措施所获得的，如果主要或几乎全部是由其他因素所致，则可以认定为太过间接而不得计入；第二，环节分析法，侧重发现间接收益与直接收益之间的中间环节。一般来说，如果存在两个以上中间环节，则可认定为太遥远和间接而不予计入。

二 政治收益

解释行政规制的政治收益，可以借鉴平衡计分卡的框架。平衡计分卡于20世纪90年代初由哈佛商学院的罗伯特·卡普兰（Robert Kaplan）和诺朗诺顿研究所所长（Nolan Norton Institute）、美国复兴全球战略集团创始人兼总裁戴维·诺顿（David Norton）创立，是一种针对未来组织设计的绩效衡量方法。平衡计分卡自创立以来，在国际上，特别是在美国和欧洲，很快引起了理论界和实务界的浓厚兴趣与强烈反响。该方法认为，组织应从四个角度审视自身业绩：学习与成长、流程、顾客、财务。如图6-3所示。

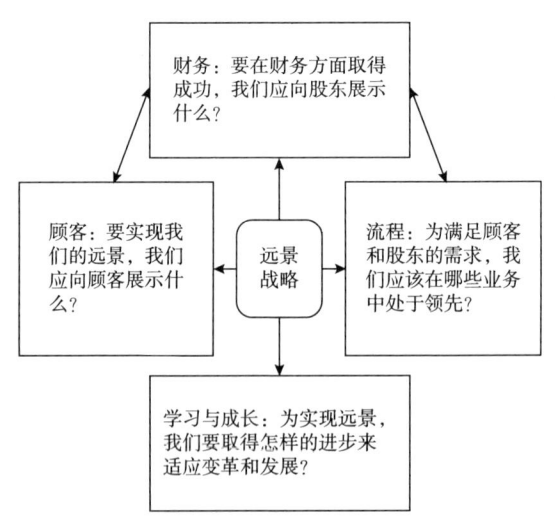

图6-3 平衡记分卡

平衡计分卡内蕴的"过程管理"精神，与行政规制均衡分析的根本旨趣非常吻合，可以为科学设计政治收益指标体系提供一个非常有用的工具。从企业管理的角度看，平衡计分卡中的四个维度是彼此紧密关联和不可分割的。其中，内部经营过程是核心，它与客户的满意度、学习与成长、企业的财务绩效都有直接的关系；客户是企业利润的最终来源，谁拥有了顾客，谁就拥有了未来；员工的学习与成长关系到组织的能力和素质基础，反过来又会影响到内部经营过程和客户服务，再进而影响到财务绩效；财务绩效则为客户、内部经营过程、学习与成长等提供物质保障。因此，只有从四个方面综合考虑，才能最终达到综合平衡，实现组织的可持续发展。

由于平衡计分卡毕竟是源于企业的一种管理工具，在应用到行政规制政治收益指标设计时，需要新的实际做出新的调试性理解。[①] 例如，可以把财务维度调整为政府业绩，作为行政规制的结果性政治收益指标，包括年度关键工作任务（根据政府年度规划生成）、职能目标（如社会治安、公共设施的建设和公共服务的提供、投资环境建设、对社会组织的规范化管理等）。顾客维度可以调整为民众维度，即民众对政府工作的满意程度，作为行政规制政治收益的互动性指标。内部经营过程维度可以调整为内部管理维度，作为行政规制政治收益的过程性指标，包括工作效率、依法行政、政务公开和成本控制等方面，具体指标又可分解为督察事项落实、行政审批限时办结、行政投诉办理、行政执法评议考核、违法违纪查实次数、行政效能投诉查实次数、政务公开实施情况、政务网及行政办公网络化建设、行政费用控制和专项资金审计监督等。学习与成长维度可以调整为创新与学习维度，作为行政规制政治收益的创新性指标，包括法制建设、员工培训、改革与创新、工作人员流失率及满意度等。

表 6-2　行政规制的政治收益

政治收益 （PB）	结果性收益 BC（Benefit of Consequence）：政府业绩
	互动性收益 BI（Benefit of Interaction）：民众满意
	过程性收益 BP（Benefit of Process）：内部管理
	创新性收益 BC（Benefit of Creation）：学习能力

---

① 参见陈天祥《政府绩效评估指标体系的构建方法》，载《武汉大学学报》（哲学社会科学版）2008 年第 1 期。

三 社会收益

（一）基本特点

行政规制的深层次目的乃是维护社会公平的基本价值。行政规制的目的是服务于公共利益，而管制领域内的公共利益可以分解为经济效率与社会公平两种基本价值。经济效率意味着经济资源配置的效率最大化，其追求的是单位成本能够产生最大的收益，市场失灵往往造成经济效率与社会公平两方面的损失。垄断与过度竞争容易造成市场资源配置的无效率，而外部不经济、内部性问题与信息不对称则容易造成成本分担与收益分配的不公平，有损于社会公平。经济性行政规制通过消除与缓解垄断力量与过度竞争对市场资源配置功能的损耗以达成对经济收益的诉求，而社会性行政规制则通过消除与抑制外部不经济、内部性问题与信息不对称以降低社会公平价值的损失，提高社会收益。

行政规制的社会收益一般要求从宏观角度来考察规制项目给社会带来的贡献和影响，换言之，行政规制项目所需实现的社会发展目标一般是根据国家的宏观经济与社会发展政策的需要制定的。因此，对行政规制进行社会收益评估的关键就是对与经济活动有关的宏观社会收益、环境生态收益等进行通盘考虑，包括那些更为"纯粹"的非经济性社会收益。社会规制所体现的社会收益与影响具有相当的长远性，例如，对居民健康、寿命的影响，对生态与自然环境的影响，对居民文化生活、人口素质的影响等。

行政规制的社会收益所涉及的间接收益和外部收益通常较多，例如产品质量和生活质量的提高、人民物质、文化水平和教育水平的提高，自然环境与生态环境的改善、社会稳定与国防安全等。尤其是农业、水利和交通运输方面等基础设施和公益性规制项目的社会评估，主要表现在间接与相关收益上，而且这些收益大多是难以定量描述的无形收益，没有市价可以衡量，通常只能采用支付意愿与定性分析的结合方法加以衡量。

（二）主要内容

1. 行政规制提升的社会稳定收益，主要指标包括纠纷发生率、违法率等。① 就社会稳定评价而言：一方面，从纯理论视角有三种指标评价体系：①社会稳定度指标体系，如稳定级度量表等，此为事实评价。②稳定类型完善度指标体系，即对稳定类型本身状况所做的评估，此为类型评价。③目标耦合度指标体系，即对稳定与社会发展目标之间匹配状况的评价，此为价值评价。另一方面，如从比较的视角，既可与理想的稳定状态比较，也可与本社会自身历史上的稳定状况比较。就行政规制的社会稳定效应分析而言，可以表6－3作为分析的参照②。

表6－3 社会稳定效应分析标准

	社会秩序	政治稳定
客观标准	治安案件和刑事案件的变化状况	公众表达不满的行为方式及其行动频率的递进性变化
主观标准	群众的安全感	公众对政府的认同、绩效评价和对社会制度的评价

2. 行政规制提升的社会公正收益。在社会严重分化的情况下，要把社会公正应当成为迈向社会整合的重要原则和改革旗帜。"社会公正"（social justice）以各社会阶层利益均衡的价值认同为基础，它不同于衡量收入分配均等程度的"平等"（equality），也不同于市场条件下承认禀赋差别的机会公平（equity），它是超越市场竞争以维护共同生活的更高原则，强调通过再分配和转移支付来救助和扶持弱势群体，是现代行政规制的法理归宿。例如，社会性行政规制可以扩大养老保险覆盖率，弥补现有养老保险与最低生活保障之间的鸿沟；可以完善失业保险程序，与社会救济统筹运作，实现社会保险基金的统一运作；还可以扩大医疗保险范围，减少医保等级种类，规范财政转移支付方式，扶持农村医保基金，使农民逐步享受到与城市居民同样的医疗保险——这些都是社会公正收益的鲜活体现。

---

① 参见陆雨辰《关于社会稳定的几个理论问题》，载《上海理论》1992年第1期。
② 参见肖唐镖《从农民心态看农村政治稳定状况》，载《华中师范大学学报》（社会科学版）2005年第5期。

3. 行政规制促进的公民权利收益。行政规制可以降低公民的权利实现成本，这部分降低的成本实际上也属于行政立法的社会收益。本质而言，行政规制就是对权利范围进行界定、分配和管理的过程。依照权利的传统法理原则，立法分配权利时，应遵循平等原则，而不论这种平等分配是否有收益；而现代权利论主张平等基础上的收益原则，亦即行政规制则应考虑权利分配的高收益，权利应该分配给那些能够通过使用权利带来最大收益的人们。科斯认为，自愿的交换和界定清晰的权利为社会化分配收益提供了重要条件；波斯纳也认为，财产权的法律制度有助于资源利用的优化，除了增加经济收益外，还发挥了节约社会成本、促进社会分配之功能。①

4. 行政规制带来的环境保护收益。如果将环境保护看成为一种经济获利行为，在投入意义上所形成的价值增值成为经济学意义上的利润，环境收益就是在制度上对环境保护和建设行为给予利润的设置，从而起到激活环境保护微观主体，充分调动社会成员参与环境保护积极性，最终达到环境治理和环境保护之多重目的。② 以美国的环境规制立法为例。③ 1996 年《食品质量保护法》废除了早先著名的关于食品添加剂零风险标准的"迪兰尼条款"，代之以较低但更为可行的"合理的无伤害确定性"安全标准；同年修正的《安全饮用水法》则授权环保局在规制带来的收益不抵成本时有权对有关措施进行调整。对新近的一些重大环境规制法规的成本收益分析表明，2000～2015 年之间，美国在酸雨控制、冰箱节能标准、新的地表水处理方法、新型高速公路重型汽车排放标准、多氯化联二苯处理及微尘标准方面，规制收益将超过成本，因而可能是有效的。然而，在为城市固体垃圾填埋地提供保险计划、纸浆及纸污染物指导方针、臭氧标准方面的规制收益则可能为 0 或负数，有待改善。这些衡量和比较，引起了政府对严重环境问题的高度重视，促使规制部门采用更低的成本完成环境规制目标，从而取得更大的环境收益。

---

① 参见王启富、马志刚《权利的成本—收益分析》，载《政法论坛》2003 年第 2 期。
② 参见熊小青《试谈治理视野下的环境收益及机制创新》，载《求实》2009 年第 3 期。
③ 参见周卫《美国环境规制与成本—收益分析》，载《西南政法大学学报》2009 年第 1 期。

四 模型小结

表 6-4 行政规制的各项收益

行政立法的总收益（TB）	经济收益 EB	直接经济收益 DEB
		间接经济收益 IEB
	政治收益 PB	结果性收益 BC
		互动性收益 BI
		过程性收益 BP
		创新性收益 BC
	社会收益 SB	社会稳定收益 BS（Benefit of Stability）
		社会公正收益 BJ（Benefit of Justice）
		公民权利收益 BR（Benefit of Rights）
		环境保护收益 BE（Benefit of Environment）

在行政规制的收益体系中，总收益 TB 由经济收益 EB、政治收益 PB 和社会受益 SB 三部分组成，用公式表达即：TB = EB + PB + SB；

经济收益 EB 由直接经济收益 DEB 和间接经济收益 IEB 组成，用公式表达即：EB = DEB + IEB；

政治收益 PB 由结果性收益 BC、互动性收益 BI、过程性收益 BP 和创新性收益 BC 组成，用公式表达即：PB = BC + BI + BP + BC；

社会收益 SB 由社会稳定收益 BS、社会公正收益 BJ、公民权利收益 BR 和环境保护收益 BE 组成，用公式表达即：SB = BS + BJ + BR + BE。

行政规制的总受益（TB）可计量为：

经济收益 EB（直接经济收益 DEB + 间接经济收益 IEB）+ 政治收益 PB（结果性收益 BC + 互动性收益 BI + 过程性收益 BP + 创新性收益 BC）+ 社会收益 SB（社会稳定收益 BS + 社会公正收益 BJ + 公民权利收益 BR + 环境保护收益 BE）

用公式表示为：

$$TB = EB + PB + SB$$

其中：

$$EB = DEB + IEB$$
$$PB = BC + BI + BP + BC$$

$$SB = BS + BJ + BR + BE$$

最后概括起来的总公式为：

$$TB = EB（DEB + IEB）+ PB（BC + BI + BP + BC）+ SB（BS + BJ + BR + BE）$$

第五节　成本收益分析的方法实例

一　行政立法成本的衡量和计算方法

（一）对比分析法

1. 纵向对比分析法

此种方法适用于单项行政规制的后评估，是通过行政规制成本指标在不同时期（或不同情况）的数据的对比进行成本分析的一种方法。此种方法使用时必须注意指标的可比性。

（1）绝对数比较，如年度行政规制总成本的比较；

（2）增减数比较，如本年成本比上年比较；

（3）指数比较，如本年成本比上年比较增减数的百分比。

2. 横向对比分析法

在规制前评估中，可用这种方法，将不同行政规制方案的各项指标进行比较分析，发现最佳的均衡方案。大陆法系的行政法通过比例均衡原则，对手段与目的之间关系进行衡量，甚至是对两者各自所代表的、相互冲突的利益之间进行权衡，将国家权力的行使保持在适度必要的限度之内，以保证裁量的适度，而不至于为目的而不择手段，不至于采取总成本高于总利益的行为。其实，在行政规制中，不但执法中需坚持比例原则，立法也应坚持比例原则。比例原则的本质在于法治均衡，其与经济法中的"调制适度原则"、金融法中的"适合性原则"都有相通之处，都强调手段与目的的妥当性、风险与收益的相称性、社会成本的最小化或侵害的最小化等。[①] 下面，以价格规制为例加以说明：[②]

[①] 邢会强：《信息不对称的法律规制》，载《法制与社会发展》2013 年第 3 期。

[②] 参见陈富良《成本约束与规制工具选择》，http：//cygz. jxufe. cn/edit/UploadFile/20081817 114120. doc，2010 年 6 月 3 日最后访问。

就政府对市场进行干预的价格规制而言，它包括最高限价和最低限价，两者都会导致市场供给量（产量）的变化，从而制约市场价格的自动调整，制约买卖之间的价格谈判。最低价格规制导致过度供给，要维持这一政策，必须辅以政府的价格支持，或高价收购和储存过剩的产品，或给供应者补贴以向消费者降价销售。而最高价格则引发过度需求，由此引发黑市、产品质量下降，排队等购以及歧视性的分配机制等问题。就公用事业费率制定的价格规制而言，对收费结构的规制可能同时涉及最高限价和最低限价。这类价格规制会引起消费者之间或消费者与生产者之间的收入转移，影响资源配置的效率。

可见，尽管理想的价格模式是边际成本定价，但现实中的价格规制工具主要有价格上限和公平报酬率两种。从被规制企业的遵守成本来看，在两种模式下都相对较低。价格上限的一般模型 $P = P_0 + (RPI - X)$ 表明，当政府公布了零售物价指数 RPI 和经过规制者确定行业劳动生产率的提高率 X 之后，企业在一定时期内的定价是自由的，可以以当期价格 P_0 为基础上下浮动，只要不超过 P，遵守成本较低。从报酬率规制的模型 $R = S * V$ 来看遵守成本，当规制者确定了公正报酬率 S 之后，被规制企业的收入 R 就取决于企业资产 V，企业服从规制的成本也相对较低。但两者产生的间接成本完全不一样。对企业来说，在报酬率规制下，企业的间接成本低；对社会来说，报酬率规制的间接成本高（如过度投资问题），因为在报酬率规制下，企业扩大投资与节约成本所带来的风险和好处均由消费者承担。而在价格上限规制下，对企业和社会的间接成本完全相反，企业的间接成本高，社会的间接成本低，因为在价格上限规制下，企业通过技术创新和节约成本所带来的好处和风险均由企业承担（价格上限规制实际上也是一种完全剩余索取权合同）。从衡量和监督成本来看，价格上限的成本低，报酬率规制的成本高。因为在确定报酬率时，规制者需要审查批准收费期内企业打算进行的投资及其资金筹措，及可能发生的费用变化，否则，公正报酬率的确定就欠妥当，而这比确定行业劳动生产率的提高率要复杂得多。从实施规制的管理成本来看，两者均较低。总体衡量的结果是，价格上限的规制方法成本相对较低。也正因为如此，美国原来采用公平报酬率规制的产业，如电信、电力、天然气配送等，也开始向价格上限规制转变。从更广泛的考量而论，最优规制政策取决于规制目标和资源及各自产业特征等综合因素，部分因素的不同，都会导致规制政策效率的差异。

（二）相关分析法（连锁替代法）

行政规制的各种成本指标，存在着相互依存关系，一个指标变了，就会影响到其他成本指标。利用数学方法进行相关分析，找出有关成本指标之间规律性的联系，即为相关分析法。行政规制成本的相关分析是为了评估经济成本、人员成本、社会成本在整个立法过程中的比重及相互关联性，而不是泛泛地计算总成本多少。总成本不能反映各构成成本的多少和它们之间的关联性，不利于发现受新的规制政策影响最为显著的环节。

连锁替代法是相关性分析的典型方法，也称连锁置换法、连环替代法，它是指确定引起某行政规制成本指标变动的各个因素影响程度的一种计算方法。在若干相互联系的因素共同影响着某一指标的情况下，可应用这一方法来计算各个因素对行政规制成本指标发生变动的影响程度。

1. 计算方法

（1）在计算某一因素对一个成本指标的影响时，假定只有这个因素在变动而其他因素不变；

（2）确定各个因素替代顺序，然后按照这一顺序替代计算；

（3）把这个指标与该因素替代前的指标相比较，确定该因素变动所造成的影响。

2. 计算原理

设某一行政立法成本指标 A 是由 x，y，z 三个因素组成。其计划指标 $A0$ 是由 $x0$，$y0$，$z0$ 三个因素相乘的结果；实际指标 $A1$ 是由 $x1$，$y1$，$z1$ 三个因素相乘的结果：

$$A0 = x0 \cdot y0 \cdot z0$$
$$A1 = x1 \cdot y1 \cdot z1$$

其计划与实际的差异（V）为：

$$V = A1 - A0$$

在分析各因素的变动对指标影响时，首先，确定三个因素替代的顺序依次为 x，y，z；其次，假定其他两个因素 y，z 不变，先计算第一个因素 x 变动对指标的影响；然后，在第一个因素已变的基础上，计算第二个因素

y 变动的影响；依次类推，直到各个因素变动的影响都计算出来为止。

第一个因素变动的影响（V1）计算如下：

$$A0 = x0 \cdot y0 \cdot z0 \quad (1)$$

$$A2 = x1 \cdot y0 \cdot z0 \quad (2)$$

$$V1 = (2) - (1) = A2 - A0$$

上述计算，也可用下列公式计算出 V1 来。

$$V1 = (x1 - x0) y0 z0$$

第二个因素变动的影响（V2）计算如下：

$$A3 = x1 \cdot y1 \cdot z0 \quad (3)$$

$$V2 = (3) - (2) = A3 - A2$$

第三个因素变动的影响（V3）计算如下：

$$A1 = x1 \cdot y1 \cdot z1 \quad (4)$$

$$V3 = (4) - (3) = A1 - A3$$

将各因素变动的影响加以综合，其结果应与实际脱离计划的总差异相等：

$$V = V1 + V2 + V3$$

（三）聚焦分析法

聚焦分析法，也称重点成本分析法，是指对行政规制进行专项分析的方法。比如，德国对规制中信息成本的分析就颇有代表性。在规制方案说明中就必须估算信息调查成本，把较高的费用列出，以便进一步评估。对于规制实施的效果反馈，公民有义务提供相关信息，参与评估。需要企业提供的相关数据，企业必须填写并提交国家制定的统计表格。通常情况下，信息采集费用由联邦政府、州、公民和企业共同承担，但企业承担部分往往会转嫁给消费者。因此，降低信息成本的目标集中在降低公民和企业的费用，以减轻他们的负担。对于行政成本中的信息义务，德国已建立了符合自身需要的成本模型（见图 6-4）。[①] 在该模型中，"法律规定"中

[①] 参见魏明等《德国立法成本收益分析与评估体系》，载《水运科学研究》2001 年第 1 期。

的"规定"是动词，表示的是一种义务导向的法律行为；"行政规制"在模型中侧重经济规制；"时间"指的是完成一个行政行为所花费的时间；"范围"指的是完成某一行政行为的所有活动所需费用，即单位成本；"目标群体"指的是规制对象；"总规制成本"指的是由基于信息义务产生的总行政成本。

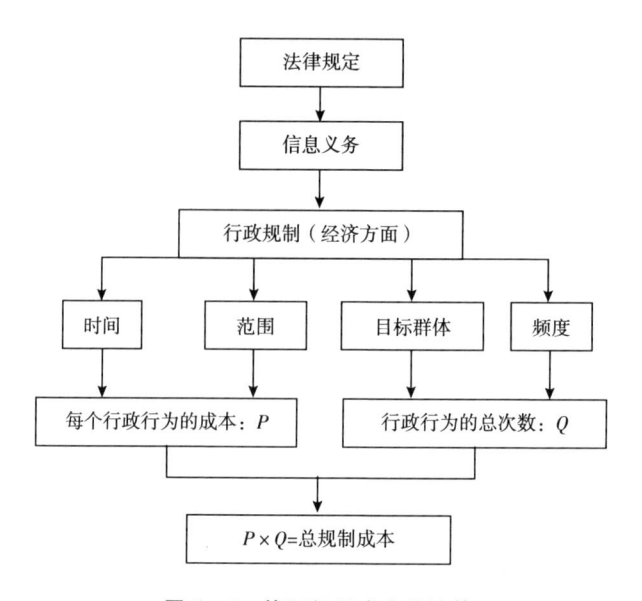

图 6-4 德国规制成本的计算

二 行政规制收益的衡量和计算方法

（一）针对相对难量化收益的支付意愿分析法

行政规制的收益可以体现为直接的经济收益，如现金资源的直接增长。但另外很多收益无法用货币度量，如社会稳定、社会公正收益等。然而，在理论上，规制评估者可以用特定的方法对这些无法精确度量的收益赋予货币价值，通过计算与行政规制有关的每个人愿意为获得理想结果而支付的最高价格，并将每个人的支付意愿加总后，估算该项规制的总收益。

例如，美国密歇根州就曾采用此方法对一个水土保持方案进行价值评估，通过调查农民接受在其土地上种植过滤带的补偿价值，来确定过滤带水土保持作用的经济收益。[①] 被调查的农民分成 12 组，因为要在其土地上种植过滤带，每组农民每年被假定给予一定的补偿额。通过收集农民自愿接受的补偿额，以及愿意出让的土地面积等数据，并应用 Tobit 分析法对这些数据进行分析，最后建立了"补偿额—出让土地面积"关系的方程，运用该方程可以估算出在一定的补偿条件下种植过滤带的面积和过滤带的水土保持收益。

以下这个例子也可以很好地解释"支付意愿"（Willingness to Pay）这一概念。[②] 假设某政府资助了一个扫盲项目，且该项目在提高成人阅读能力方面已经显出了成效，参加该项目的成员获得"收益"范围界于 1 美元和 10 亿美元之间。假设每个项目成员都从两个方面获得效用：收入（y）的增加和识字能力的提高。每个参加这个项目的成员在项目开始时（time = 0）都有一个初始的效用水平：$u = u(y_0, l_0)$。当项目完成时，新的更高水平的识字能力是 l_1，它会使参加者获得更高水平的效用。如果要给提高的识字能力赋予一个货币值，我们可以对每个项目成员进行一次简单的测试：在项目刚刚完成，参与者获得识字能力后，如果要回到他们各自在项目初始时的效用水平，他们会损失相当于多少钱的收益？这样的问题会使每个参加者对其参加扫盲项目的成果有一个具体的货币化的赋值。这个值就反映出每个人对识字能力的支付意愿，或是福利经济学术语"补偿变量"（Compensating variation）。以上过程可用方程式表示如下：$u(y_0, l_0) = u(y_1 - \text{WTP}, l_1)$。方程左边表示初期的识字水平和收入水平决定的效用大小。方程式右边的效用与左边相等，因为尽管由于识字能力提高使收入增加了，但支付意愿的数量抵消了收入。每个人愿意为提高识字能力支付的金额是分别建立在对其识字所带来的好处的个性化的评价基础上的。通过对这些个体的支付意愿的值进行加总，我们就可以得出该项目的总收益。

[①] Purvis, A., Hoehn, J. P., Sorenson, V. L. & Pierce, F. J. (1989). "Farmers' response to a filter strip program: results from a contingent valuation survey", *Journal of Soil & Water Conservation* (Sept – Oct) 501 – 504.

[②] 参见〔美〕亨利·M. 莱文、帕特里克·J. 麦克尤恩《成本决定收益》，金志农等译，中国林业出版社，2006，第 119~121 页。

图 6-5 直观地呈现出一个人对提高识字能力的支付意愿。对识字的需求曲线描绘了当价格逐渐降低时需求量的增长情况，由于曲线上的所有点都维持初始的效用水平，所以经济学家们称之为"效用—补偿曲线"。随着识字量的增加，效用水平不断提高。为了保持原有的效用水平不变，就需要有一个将相对收入下调的量。在这个例子中，由于项目参与者并不支付任何费用，获得识字能力的定价固定为零。然而，支付意愿曲线仍可以用来估算每个人为不同程度识字能力的提高及其带来的收益增加所愿意支付的不同费用。例如，当一个人的识字水平由 l_0 提高到 l_1，则其对应的支付意愿就是需求曲线以下、介于 l_0 和 l_1 之间的面积。这块区域相当于方程式中的 WTP 部分。如前所述，将所有项目参与者的支付意愿相加就可以得到整个项目的总收益。

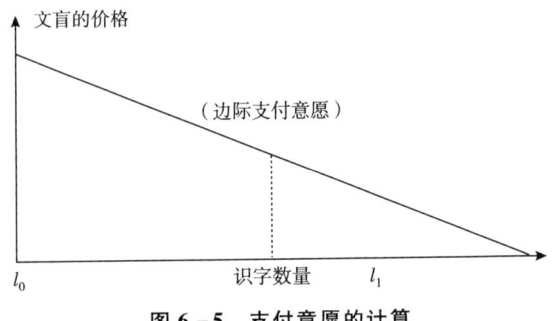

图 6-5 支付意愿的计算

在进行与行政规制有关的支付意愿量化分析时，我们必须注意的是，第一，支付意愿这一概念并不限制收益的类型。比如，许多成本收益分析只是把收入作为衡量教育带来收益唯一指标。但我们通过前面的讨论可以看到，收入增加只是人们可能表示出支付意愿的原因之一（虽然重要，但并不唯一）。如果忽视识字能力提高带来的其他影响，规制项目的收益将被大大低估。因此，支付意愿的概念提醒我们在描述或测度收益时，要尽可能地考虑到各个可能受到影响的方面。

第二，在支付意愿概念框架下，不仅考虑到直接参与者的收益，而且考虑每一位可能受到项目或其替代方案直接或间接影响的人所获得的收益。支付意愿是对项目参与者及社会其他成员由于项目的实施而获得增加的收益进行的一种最宽泛的估算，经济学家们通常把项目非直接的收益定义为"外部性"（externalities）。

就具体操作方法而言，主要包括：

1. 条件估值法。[①] 获得支付意愿的关键在于设计好核心条件估值问题，其问卷格式可概括为开放式（Open Ended, OE）、支付卡方式（Payment Card, PC）和二分式（Dichotomous Choices, DC）三种。OE 问卷直接向被调查者询问为获得所描述服务的最大支付意愿，PC 问卷是给出一组支付投标值，让被调查者从中选择自己的最大支付意愿，而 DC 问卷则给出一个具体的投标值，询问被调查者是否愿意支付。如果被调查者对第一个问题回答"是"，则第二个投标值将高于第一个投标值。如果对第一个问题回答"否"，则第二个投标值略低于第一个投标值。直到被调查者选出满意的投标值为止。

2. 情境评价法。为了难以度量的收益进行估算，研究人员越来越多地使用"情境评价"方法，这种评估方法要求个人诚实地对自己为实现项目目标所具有的最大支付意愿进行评估。例如，保留一片树林景观的价值有多大？或者，防止某一动物物种走向灭绝的价值有多大？给严重残障人士提供高质量教育服务的价值有多大？这些都是重要的收益，在确定社会投资优先顺序时不容漠视，即便这些收益难于货币化。在实践中，我们不能窥视一个人的内心世界，难以准确判断其对于诸如提高认字能力或更好品质等收益的支付意愿，情境评价法依靠对个人的直接调查得出个人的支付意愿的估算值。这一方法主要用于评估降低污染、生态保护等环境规制方面的收益。

3. 显性行为法。情境评价法的一大缺陷在于我们永远也不能完全确定个人是不是对其最大支付意愿做出了准确描述。然而，我们可以通过观察个人所做出的真实经济决策，而不是仅仅依靠他口头说法，来推断其支付意愿。诚然，有许多物品和服务不能在市面上买卖，这样，我们也就不能指望直接观察到个人的支付意愿。比如，不受空气污染的天然山景给人带来的收益是多少？你不可能在商店里直接买卖山景。尽管如此，人们确实会间接地为山景这样的物品做出支付。设想要买房，现在有这么两套房子，一套可以观山，另一套则紧临露天矿区，除此之外，这两套房完全相同。在这种情况下，多数人不会说对它们之间的区别视而不见。如果说个

[①] 梁勇等：《居民对改善城市水环境支付意愿的研究》，载《水利学报》2005 年第 5 期。

人从山景里受益，就应当体现在他们愿意支付更高的价格来买带景观的房子。设想景观是两套房子的唯一不同，那么房子的差价就可以理解为景观的隐性价格。差价也代表着对景观所带来的货币收益的间接估算。这种对收益的估算法有一个重要假设，就是个人都是具有理性的，并且充分掌握他们所买的物品、服务的信息。前例中，我们假设个人得到了每套房子及其景观的情况。如果不是这样，购房的价差就不能说是对支付意愿的重视反映。

4. 预防行为法。在有关环境保护的行政规制收益分析中，预防行为法（the averting behavior approach）依赖于这样一个事实，通过一些预防或避免措施来减轻污染造成的损害。[①] 因为，一般来说，人们不会花过多的钱来避免出现某一问题，而宁愿花更多的钱来解决由某种问题造成的后果，预防支出可提供由污染造成的损害的下限估计。只要其他投入品能用来补偿污染的效应，污染水平小幅度变化的价值，可通过用于补偿污染变化的投入的价值来估量。评估污染的非边际变化，必须知道受污染影响的物品的成本函数和这种物品的边际价值函数。当所讨论的这种物品是非市场产品时，边际价值函数的估计将变得非常困难。预防行为法的适用范围，明显受到污染效应能被其他投入品削弱情形的约束。受污染损害的厂商，大多分布在农业、森林业以及渔业等领域。在农业的情形下，灌溉能补偿全球变暖对农产品产出的影响。同样地，资本（渔船和索具）和劳动能补偿因水污染而导致的存鱼量下降的影响。对于受污染损害的居民而言，预防行为法能被用来评价健康损害和由空气污染导致的受污损害。一方面，居民能够通过避免与污染的接触，或者，一旦接触，通过削弱接触的影响，来避免健康损害。例如，安装室内清洁器过滤污染空气，或靠瓶装水来解决当地饮水供应问题。

（二）针对相对易量化收益的随机实验法

随机实验法在成本—收益分析中的应用已经越来越普遍，此种方法适合于针对那些可量化的收益指标进行规制分析，特别是在评估针对提高收入的

[①] 参见石磊、马士国《环境管制收益和成本的评估与分配》，载《产业经济研究》2006年第5期。

规制项目中,如就业培训项目。美国1987~1992年间进行的《工作培训伙伴法》(Job Training Partnership Act,JTPA) 项目评估是至今为止使用随机实验法的规模最大的一个例子。[①] 超过2万名的就业培训潜在需求者被随机分为两组:接受培训的实验组和不参加培训的对照组。培训结束后的30个月,每组成员的收入都被一一记录。通过对比两组的收入发现,成人通过培训使收入增加,而青少年的收入则没有提高。JTPA 以及其他培训项目的成本收益分析大多以奥尔(Orr,1999)的分析框架为蓝本的,详见表6-5。可以看出,培训的主要收益在于可以为参加者获得加薪的机会。此外,通过职业培训有可能减少政府的公共支出,如减少公共扶助和刑事审判方面的开支。这些收益都是社会成员能够切实享有的,是行政规制收益的主体构成。

表6-5 就业培训项目成本收益分析框架

	从以下角度看收益(+)与成本(-)		
	项目参与者	社会其他成员	总　计
收益			
收入的增加	+	0	+
非实验项目的成本降低	0	+	+
转移			
福利的减少	-	+	0
工资补贴	+	-	0
成本			
项目运作成本	0	-	-
休闲娱乐和家务损失	-	0	-
净收益	+/-	+/-	+/-

---

① 1982年,《工作培训伙伴法》代替《综合就业培训法》,成为再就业培训的主要立法依据,也成为第一个由政府与私人、团体共同参与制定的再就业培训法案。划定由州政府和一个或多个当地政府机构组成的地方服务区(service delivery areas,SDAs),设立由企业、教育机构、工会、康复机构、社区组织、公共就业机构等代表组成的私营企业委员会(private industry council,PIC),对培训计划、机构选定、管理人员和评估进行管理,强调当地政府、企业和个人对 SDAs 的参与和监督。JTPA 培训内容包括:针对经济弱势群体提供的成人和年轻人(16~21岁的失业劳动人群)培训项目、夏季青年就业和培训项目、老兵就业项目、国家行动等,以工作咨询和就业帮助、基础恢复教育、工作经验和在岗培训、职业开发、双语教育及消费品工作训练为主要内容,并强调对教师和管理人员的训练。与 CETA 相比,JTPA 结合了职业教育和在职培训的优点,对弱势个人和团体实行重点资助,并为职业教育人员和非学校系统的个人提供教育培训。参见邓婷《美国再就业培训立法及分析》,载《劳动经济与劳动关系》(人大复印报刊资料) 2007年第3期。

(三) 适用于经验移植和共享的收益转移法

收益转移方法就是将一项行政规制对经济、社会、环境的某一特定影响的货币估值推广到其他规制所产生的成本收益评估中。收益转移法早在 20 世纪 60 年代末就被用于环境影响评估。20 世纪 80 年代以来，尽管成本收益分析方法在政府立法实践中得到广泛应用，但是，高昂的实施成本一度使成本收益分析方法陷入两难境地。为了降低实施成本，政府开始对收益转移方法进行探索。目前，收益转移方法已经被应用到多个领域的政府监管影响评估中，例如水质监管、医疗健康保障、自然资源保护等。收益转移法通常分为两类：第一种是对确定价值的转移或未经修正的估计价值均值的转移；第二种是指估计模型或收益函数的转移。第一种收益转移方法属于评估结果的转移，第二种收益转移方法是评估框架、指标的转移。例如，政府部门出台规章 A，规定在所有超市、商场、集贸市场等商品零售场所实行塑料购物袋有偿使用制度，一律不得免费提供塑料购物袋。政府又拟出台规章 B，在所有的餐饮行业中，禁止提供一次性木质餐具、纸杯。在评估 B 规章的成本收益时，评估者虽然不能直接使用 A 规章的评估结果，但基于两个规章在评估框架和指标具有一致性，可以使用第二种收益转移方法。

收益转移法具有快速、低成本货币化政府立法影响的优势，但是，将已有的政府规制成本收益结果适用于其他政府法规的影响评估当中，而前后两个法规在调整对象、适用范围、规制方法等方面都存在区别，这就使得收益转移方法具有较大的不确定性。因此，适用收益转移方法，关键是保证准确度。例如，一项给位于长江上游的水质量改善估值定价的研究，就不能用于那些对整个长江流域或者对其他河流的水质产生影响的政策、规章。[1] 在行政规制收益评估中，为了确保使用收益转移方法的评估准确性，其应当满足一系列约束条件。例如，原始分析和收益转移对象具有相同的资源、人口特性和市场条件，两者都具有有效、详细而准确的数据，能够展开区域间有效性比较，分析的时间周期必须相

---

[1] 参见范军《成本收益分析：基本理论与我国立法实践》，中国政法大学硕士论文，2009 年 3 月。

同等。

三 模型小结

在成本收益分析中，作为落脚点的均衡效用（Equilibrium Utility）是以货币形式评估各方偏好的最大化满足，支付意愿（WTP）是评估成本和收益的基本工具。依据成本收益分析的评估标准，一项行政规制的总体收益超过成本总和时，才是正当的。如公式表示：

$$\{\sum WYP^G - \sum WTA^L\} > 0 \text{ 或者 } \{\sum B - \sum C\} > 0$$

其中 $\sum B$ 表示利益总和，$\sum C$ 表示成本总和。

需要注意的是，行政规制的影响通常会有一个较长的时间跨度，因此，成本收益分析中的成本和收益，既包括现在的，又涉及将来的。由于对现有成本和收益进行了货币化评估，而未来的成本和收益就存在贴现问题，如公式：

$$DF_t = \frac{1}{(1+S)^t}$$

DF 表示贴现因子，t 是成本收益分析评估的期间，s 是社会贴现率。因此，上述成本收益分析等式可以表示如下：

$$\{\sum_{i,t} WTP_{i,t}^G \cdot (1+s)^{-1} - \sum_{i,t} WTP_{i,t}^L \cdot (1+s)^{-1}\} > 0 \text{ 或者}$$

$$\{\sum_{i,t} B_{i,t} \cdot (1+s)^{-1} - \sum_{i,t} C_{i,t} \cdot (1+s)^{-1}\} > 0$$

或者简洁地表示为：

$$\sum_{i,t} (B_{i,t} - C_{i,t}) \cdot (1+s)^{-1} > 0$$

其中 i 代表受规制影响的第 i 个人。这一公式仍存在如下问题：第一，没有考虑不同群体边际收入效用的差别，对于同样的社会价值，不同收入群体的支付意愿（或者接受意愿）是不同的，收入越低的群体，边际收入效用越高，支付意愿也就越高，因此，对于低收入群体的收益或者成本，应当乘以一个较高的系数 w_i。第二，社会贴现率 s 应当是时间 t 的函数 $s(t)$，而不是常数。第三，收益 B 被假定以 $\bar{e}y$ 的比率随时

间 t 增加，增长率 y 反映每个人收入的增加，e 是支付意愿的收入弹性，是正值，ey 没有考虑通货膨胀因素。因此，考虑了社会贴现率的变化、公平、收益价值的实际增加等约束条件后，完整的成本收益分析模型就是：

$$\sum_{t,i}^{T,N} \frac{w_i \cdot B_{i,t} \cdot (1 + e \cdot y)^t - w_i \cdot C_{i,t}}{[1 + s(t)]} > 0$$

其中，T 是评估的时间，N 是需要计算成本或者收益的人数。

| 第七章 |

转型中国的司法均衡

第一节　司法改革的均衡模型

一　改革困境与顶层设计

在跨越"历史三峡"的中国大转型中，近代以降的司法改革始终未能突破理想与现实的失衡困境。晚清与民国的司法改革在"冲击—反应"模式的支配下，引入了现代司法的话语与外壳，却未能在政体实践的层面取得实质进展。新中国成立后的历次政治运动，让现代司法理念在体制空间中几近灭绝。改革开放后的经济改革与法制重建，赋予了"司法再造"新的契机，但在日益繁重的社会治理压力下，高度政治化的公权意识形态与民粹倾向浓烈的"权利喧嚣"一齐上阵，使得司法由传统向现代的转型仍显艰难。作为社会转型的标识和支撑，已逾百年的司法改革执着追求着法律的现代性和法制的现代化，却仍未完成预设的一系列目标，例如司法制度和运行机制的完善、司法独立和职权科学配置的实现、司法"职业主义"的理想蓝图、诉讼过程和程序正义的完备等。在一波波司法改革的浪潮背后，似乎存在着某种难以克服的"地心引力"，让现代性司法始终摆脱尘世的重负，飞升为法律天国的理想构造。

探析此种困境的思路，从逻辑上讲，有两种可能：一种是坚守现代性司法的总体架构和底线标准，可以推知现今中国司法改革的窘境之源在于制度移植的困难；另一种是批判西方司法理念整体不合中国国情的进路，则倾向用本土资源克服改革困境，转而追求司法的地方性知识和局部改进，无形中取消了司法整体性改革的现实问题。不断加深的理想与现实间的裂痕，一直在困扰着中国司法改革的设计者、推动者、受益者，甚至反对者。西方司法的理想经由法律体制和知识的转型进入中国,并通过法学的"殖民机制"成为指引改革的理论基底。[①] 但与美国政体的失衡处境类似,[②] 中国司法转型总在"开端与残局、承诺与幻灭、改革与反动的循环往复"。在司法改革的利益博弈中,各个主体通过对现代性司法的理论诠释,在争夺"话语权"的过程中进行着激烈的利益博弈。"然而重要的是,他们不是成功了,而是失败了,梦想不是实现了而是没有实现,并且从来就没有完全或令人满意地实现过。"[③]

以司法独立的话语和实践为例。作为现代性司法的重要标志,司法独立从理想构造变为制度现实,在中国可谓"九曲十八弯"。尽管中国现行宪法中有明确的法院独立审判条款,但在高度行政化、等级化、地方化的司法管理系统中,法官难以独立于组织、组织难以独立于上级、上级难以独立于民意。由此,转型时期中国司法的特殊窘境可以概括为:一方面,法治意识形态制造了人们对司法的美好期待,为回应期待,司法权力的行使者倍感独立性不足,反复呼吁地位和待遇的提升,将之视作"法治的要求",并通过程序主义的职业化改革保障此种"权力内需";另一方面,在"法律社会化"时代,司法权力必须不断回应公众的权利需求。

近几年来,民众对司法机关的要求越来越高,对司法腐败和司法不公的批评也越来越多——司法改革面临的舆论压力不断增加。[④] 近年不断升温的"民意绑架司法"从事实上极大消解了法治意识形态的有效性,间接抵消了职业化司法改革的阶段性成果。理想与现实、需求与供给失衡的结果就是,司法改革的目标与战略呈现漂移状态,顶层设计与民众共识未能有效契合,相应的改革法案难以出台,"改革司法改革"

---

① 蔡枢衡对近代中国法学殖民机制精彩的论述:"今日中国法学之总体,直为一幅次殖民地风景图:在法哲学方面,留美学成回国者,例有一套 Pound 学说之转播;出身法国者,必对 Duguit 之学说服膺拳拳;德国回来者,则于新康德派之 Stammler 法哲学五体投地。"见蔡枢衡《中国法理自觉的发展》,清华大学出版社,2005,第 98~99 页。
② 亨廷顿在讨论美国政体时指出:"政治理想与现实的裂痕一直是美国政治的核心问题。"见〔美〕塞缪尔·亨廷顿《失衡的承诺》,东方出版社,2005,第 4 页。
③ 〔美〕塞缪尔·亨廷顿:《失衡的承诺》,东方出版社,2005,第 13 页。
④ 媒体最新发布的研究报告对法官腐败的特点、高发人群、寻租领域、司法生态等进行了样本分析,其结论是治理法官腐败的痼疾必须推进司法体制改革及政治体制改革。参见郑晓楼《法官腐败报告》,载《财经》2013 年第 15 期。

的呼声不绝于耳。

面对困局,执政党坚持将"国情论"作为司法改革的核心依据。在坚守政治底线的同时,执政党的"国情论"也在"与时俱进"。2008年以后,执政党对司法机关提出了"社会效果与法律效果统一""能动司法""社会管理创新"等方面要求,在某种程度上正是对司法独立及其技术理性的国情改造,反映了职业主义导向的司法改革的阶段性挫败。[①] 这可以视为针对司法改革窘境的意识形态更新:一方面强调"司法为民"的传统政治伦理,从破解影响司法公正、损害司法公信的难题入手,从人民群众的意见建议入手,保证民众对司法的支持和理解,确立司法公权的民意合法性;另一方面坚持"中国特色"的实践理性,在有限的范围内进行改革探索,一步步接近"中国梦"包容的法治理想彼岸。

面对"国情论",司法理想主义者依然坚持己见。"推行司法的技术性改革,无法改变司法公正不足、司法公信低下、司法权威失落的现实。脱离政治体制改革的司法改革,不过是笼中鸟,根本无法展翅飞翔。政治体制改革是推进司法改革的根本保障,司法改革须纳入政治体制改革的框架一并考虑。政治体制改革应以法治改革为优先战略之一,法治改革以司法改革为核心,司法改革的关键是确保司法独立,确保司法独立的首要任务即理清司法与党的关系。"[②] 在其逻辑深处有这样的隐蔽预设:转型社会的政治系统特别是政治制度基本保持不变,所以那种传统社会特有的通过集中权力的社会控制模式依然具有强大的政治能量,这种能量首先表现在它能够牢牢地把握和使用国家的各种强制性力量以应对来自不同方面的威胁和挑战。[③] 有鉴于此,政治体制改革必须先行,司法改革才有实质突破的希望——这与"国情论"的前提难以兼容,司法技术改革与司法制度改革的矛盾也难以在短期内解决。

围绕司法改革的顶层设计,中国学者的研究大致可分为三类:一是赞成体制合理的"内部视角派",侧重对司法权力加以"适用主义"的技术

[①] 参见李学尧《转型社会与道德真空:司法改革中的法律职业蓝图》,载《中国法学》2012年第3期。

[②] 徐昕等:《中国司法改革年度报告》(2012),http://www.21ccom.net/articles/zgyj/fzyj/article_2013012075425.html,2013年5月10日最后访问。

[③] 许和隆:《冲突与互动:转型社会政治发展中的制度与文化》,中山大学出版社,2007,第131页。

研究，同时立基于自身的职位与经验对司法权配置着力探讨，认为此问题是"司法改革始终的主线"。① 对于转型期中国司法改革的困难，他们承认，但并不认为是无法克服的窘境，开出的对策往往全面而抽象，缺乏理论支撑和实证检验。二是相对超脱的"学院理念派"，他们往往基于对司法体制缺陷的理论分析，提出若干重构司法机制、引领司法变革的谏言与对策。这类研究具有各式各样的理论视角，但同样缺乏实证方法和实践检验，对于司法改革的实际推动作用甚至远远不如"内部视角派"。三是近十年间开始在中国兴起的"社科法学派"，其围绕司法改革的社会—政治—经济—文化分析，与意识形态化、政策谏言式的司改论述大有不同。此种研究进路通常从具体问题和现象切入，运用法律与经济学、社会学、人类学等跨学科方法，探究司法改革背后的实然逻辑。遗憾的是，对于转型期中国司法改革的窘境解脱，"社科法学"虽然展现了"理论分析的力量"，"道出了许多人在日常生活中感受到却无法用学术言语表达出来的困惑"，② 但因其在方法论上的严重缺陷，③ 无法形成完整的理论框架，对现实的总体性司法改革提供强有力的智识指引。

国外的研究者对中国司法改革的困境判断同样存在分歧。他们坚持认为现代司法系统与经济增长、国家能力提升、法律治理状况改善存在紧密的内在关联，以此为据，司法改革的地位远比一般的局部改革重要。④ "乐

---

① 胡云腾、袁春湘：《转型中的司法改革与改革中的司法转型》，载《法律科学》2009 年第 3 期。
② 贺欣：《转型中国背景下的法律和社会科学研究》，http://www.lawinnovation.com/html/cxwx/4366619587.shtml，2013 年 5 月 10 日最后访问。
③ 从方法论的角度，"社科法学"的逻辑要点有三：由"中国概念"带来的中国法律实践特殊化的效果，由"价值中立"获取的客观描述中国特殊实践得以形成的所有要素，以及由"实然推导应然"揭示出中国实践真正遵行的非国家法（习惯法）。正是在这三个方面的指引下，法律与社会科学的研究者试图给出有关"中国法律实践"的最恰当的解释和说明。不过，由于所有类型的"中国概念"均不具备使得中国实践特殊性的主张得以成立的能力、由于所有描述中国实践的努力必然会运用价值判断、由于应然与实然之间不能相互推导。所以，有论者认为，"社科法学"的学术努力，从一开始就是一场注定失败的悲剧。参见陈景辉《法律与社会科学研究的方法论批评》，载《政法论坛》2013 年第 1 期。
④ Carl J. Friderich, *Constitutional Government and Democracy: Theory and Practice in Europe and America*, Revised edition, Blaisdell Publishing Co., 1941; Giovanni Sartori, *Comparative Constitutional Engineering: An Inquiry into Structures, Incentives and Outcomes*, 2nd Ed., New York University Press, 1997.

观派"认为，中国法治建设在过去的三十多年间取得了很大成绩，只要保持中国社会的总体稳定，司法改革会在法治逻辑的指引下水到渠成。中国目前虽然尚未完全建成"法治国家"，正处于走出法律工具主义的过程中，正在一步步接近司法主导的法治社会，这为公民提供了依据法律维护权利的希望。[1] "悲观派"则看到，由于政治民主化的滞后以及法治逻辑的文化缺失，司法体制改革极易成为经济发展型的政治合法性工具。[2] "客观派"强调中国司法改革需要社会、经济、政治等一系列条件作为保障，必须客观看待中国法治进程中的"特殊国情"与"基本特色"。由于历史文化、政经体制、社会结构等因素的综合影响，中国的司法改革内蕴的"国家社会主义"特征，超出了西方司法理论与经验的适用范围，必须通过新的框架和路径加以描述和推进。[3]

鉴于已有的众多研究，其中不乏出色的实证、政策分析，我们能有怎样的理论贡献？本节的方法论是理论模型导向的，分析是初步的，没有围绕个案的生动叙事，关注整体的宏观旨趣也难以与局部展开的改革实践形成对应。本节首先宏观审视转型期中国所处的社会经济发展阶段，探寻非均衡发展与司法改革窘境的内在关联。然后，转入对当代中国司法过程的批判分析，揭示司法非均衡的表现与根源，对转型期中国司法改革的均衡战略加以总体性论证。接下来，结合国内外相关研究成果，建构以均衡为主线的司法改革模型。最后，从现实操作的层面对转型时期中国司法改革顶层设计的"均衡模型"进行评估和审查，提出相关问题留待有识之士批评及中国法治实践检验。

二 断裂社会的司法非均衡

（一）非均衡发展：转型期中国司法改革的宏观背景

法律社会学的研究表明，现有的司法改革虽然能使司法系统的制度建设

---

[1] Jamie P. Horsley, *The Rule of Law in China: Incremental Progress*, The China Balance Sheet 2007 and Beyond, C. Fred Bergsten, N. Lardy, B. Gill & D. Mitchell eds., 2007, p. 94.

[2] Jacques DeLisle, "Legalization without Democratization in China under Hu jintao", in Li Cheng ed., *China's Change Political Landscape: Prospects for Democracy*, Brookings Institutions Press, 2010, p. 197.

[3] Randall Peerenboom, *China Modernizes: Threat to the West or Model for the Rest?*, Oxford University Press, 2007, pp. 195–198.

趋于理性化，但不大可能从根本上改变社会结构和观念，片面追求激烈的制度改革只会让基层司法越来越不堪重负，出现越来越严重的"合法性冲突"。① 由社会矛盾整合引发的"二元化"的司法合法性困境，② 与转型时期精英与大众分裂造成的权力与权利失衡紧密相关。对此，"断裂社会学"许多研究可资印证。③ 1956 年，米尔斯通过权力结构的分析，认为美国社会已呈现极不均衡的变态，经济、政治与军事三大领域垄断了越来越多的权能总量，并且三者还愈益融合——公司富豪、政治领袖和军界大亨共同构成了权力精英层，从事实上统治着美国。④ 当下中国也出现了这样的征兆。"20 世纪 90 年代以来中国社会权力结构的演化趋势，展现出与米尔斯在 20 世纪 50 年代所揭示的美国社会的惊人相似：中国社会中的各利益主体快速发育，且力量高度不均衡；不仅政治精英与经济精英身份之间的相互转化日益频繁，而且一个由政治、经济、文化精英组成的高层联盟日益巩固；与此同时，一个庞大的碎片化的底层社会正在形成，社会的中间层发育迟缓，不能充当高层与底层之间的桥梁。"⑤ 中国面临"断裂社会"的严峻挑战，非均衡的断裂带沿着上层与下层、贫与富、城与乡形成，并呈现不断扩展且矛盾加剧态势。目前中国社会所面临的种种分歧和对立，有相当一部分就是沿着这条非均衡的断裂带展开的。⑥ 如何实现权力精英与普罗大众在社会结构与现实行动上的双重均衡，走出"转型陷阱"的利益锁定⑦，可以说是司法改革不得

---

① 刘思达：《法律移植与合法性冲突：现代性语境下的中国基层司法》，载《社会学研究》2005 年第 3 期。
② 张静：《二元整合秩序：一个财产纠纷案的分析》，载《社会学研究》2005 年第 3 期。
③ 参见郭于华《转型社会学的新议程——孙立平"断裂社会学"述评》，载《社会学研究》2006 年第 6 期。
④ 参见〔美〕米尔斯《权力精英》，王崑、许荣译，南京大学出版社，2004，第 56 页。
⑤ 吕鹏：《"权力精英"五十年：缘起、争论及再出发》，载《开放时代》2006 年第 3 期。
⑥ 参见孙立平《断裂——20 世纪 90 年代以来的中国社会》，社会科学文献出版社，2003，第 1~3 页。
⑦ 与"中等收入陷阱"不同，"转型陷阱"并非是指因原有支撑经济发展的有利因素耗尽而形成的经济停滞，其主要表现是改革或转型中形成的既得利益格局锁定了改革或转型的进程，将某种处于过渡状态且有利于其利益最大化的体制因素定型化，并由此导致经济与社会非均衡畸形发展的常态化。在"转型陷阱"中，既得利益集团对改革的阻挠与将改革走样变形这两个过程是交织在一起的。换言之，既得利益集团一方面阻挠实质性的改革；另一方面则以改革的名义获取利益，从而使得改革走样变形，并由此引起一般民众对改革的抵触。参见清华大学凯风发展研究院社会进步研究所、清华大学社会学系社会发展研究课题组《"中等收入陷阱"还是"转型陷阱"?》，载《开放时代》2012 年第 2 期。

不认真对待的总体性问题。因为，如果非均衡的社会经济发展模式不能解构，司法难免会成为权力资本的俘虏，或者沦为民粹主义的祭品。在社会转型过程中，各种待改革的制度安排并非能够单一存在和发展，它是各种社会、政治、经济、价值观等各种"带病因素"整体、系统的发展和组合，显现出自稳定状态。在缺乏足够强大的动力机制的条件下，一些微小的外部影响很难改变这种无效均衡。① 只有当改革动力足够强大，各项制度安排与相应社会秩序能够协调运行之时，法制建设、经济增长与社会发展的动力才能得到完全恢复，司法改革才能从根本上有望走出窘境。

当代中国的非均衡发展有其历史的根源。毛泽东时代的发展战略崇尚均等式的平衡，以平均主义牺牲了经济效率。从1978年开始，中国经济社会发展的重心从平等转向效益，进入了现代史上前所未有的经济迅速增长时期。从国际比较的角度，中国的非均衡发展的后果比很多国家都要严重，已经引发了政策的反思和法律的改革。② 胡鞍钢曾这样描述当代中国非均衡发展的三大特色：③ 第一，一个中国两种制度。这里的"两种制度"不是指"一国两制"，如大陆和香港，而是指过50年中国大陆形成的城乡居民的两种身份制度、教育制度、就业制度、公共服务制度和财政转移制度。尽管农村人口占全国人口的大多数，但他们在政治决策、财政转移支付、国家投资分配、公共服务提供方面，均缺乏自己的政治代表，也缺乏社会声音，更缺乏影响政策的制度管道。第二，一个中国四个世界。这里的"四个世界"是指中国发展的非均衡性在各个地区的反映。根据可靠的研究，中国是世界上地区发展非均衡性最大的国家，即使在一个省份中，其内部差距都是十分巨大的。第三，一个中国四种社会。这里的"四种社会"，一是农业社会，生活其中的人口占全国总人口数的50%；二是工业社会，人口占23%；三是服务业社会，人口占22%；四是知识社会，人口仅占5%。在此背景下，"非均衡发展"甚至成为某些学者眼中的经济成功秘诀。在经济学理论内部，一直存在着不平衡增长学派和强调均衡发展的新古典主义的对峙。从中国非均衡

---

① 参见刘燕、万欣荣、李典娜《社会转型的"制度陷阱"与中国选择》，载《上海财经大学学报》2011年第4期。
② 参见王绍光、胡鞍钢《中国：不平衡发展的政治经济学》，中国计划出版社，1999，第72～75页。
③ 参见胡鞍钢《中国战略构想》，浙江人民出版社，2002，第4页。

发展的现实国情出发，被称为"新左派"的学者提出了增强国家能力（enpowerment）的对策，在他们眼里，司法能力虽然不是最重要的国家能力，但也是必须着力提升的现代国家理性。

或许，中国发展的非均衡性源于转型期的独特时空环境。中国正处于剧烈的社会经济利益调整过程中，既要与传统决裂，又不想和西方的那种现代化趋同——当代中国只有采取"摸着石头过河"的实用主义改革方法，使"一部分人一部分地区先富起来"，最终达成国富民强、安和乐利的理想愿景。非均衡发展并非价值意愿，而是改革策略。但如果没有更高的价值理想与制度体系约束非均衡发展，就极易导致全盘的社会分裂。邓小平在晚年的一次谈话中提到："少数人获得那么多财富，大多数人没有，这样发展下去总有一天会出问题。分配不公，会导致两极分化，到一定时候问题就会出来。这个问题要解决。"为了避免出现这种恶果，使当代中国和平维持稳定大局，"我们就必须重建一个新的国民认同，它的实质就是要解决社会分配的公正问题。"① 司法正是实现"分配正义"与"社会和谐"的核心力量。但是，问题的关键在于，如何真正有效推进并最终实现均衡发展的理想目标？在现有政治经济结构的制约下，司法改革如何真正摆脱非均衡发展的掣肘，走出理想与现实失衡的窘境？正如李学尧所言，"中国当下所遭遇的难题是，要超越近代—现代—后现代的时间单纬性，而在一个时间点上，要同时地完成法治国、福利国和安全保障国的构建。公民社会（政权统治合法性的营造）、公正分配和风险预防，成为必须同时正面和解决的课题。这对中国的思想界及其法学理论提出了更加严厉的挑战，我们尚未完成某种以司法思维为核心的法确定性的有效论证以及对形式法治国的系统反思，就立即要以一种实用的面目解释和阐述福利国实质化的调节性法律体系。"② 没有相对独立的司法和法律职业阶层作为主体保障，一切都将归于原点，甚至变得更糟。"司法是社会正义的最后防线"，但司法者本身不会自动、无偿地去运送正义。从理论上讲，确保司法均衡社会利益的功能实现，必须形成一个崭新的司法场域，在结构上连接国家与社会，调处日益严重的社会冲突与纠纷，形成本土法与外来法、官方法与民间法相互贯通的规则文化，引导社会变迁

---

① 金雁、秦晖：《经济转轨与社会公正》，河南人民出版社，2002，第3页。
② 李学尧：《转型社会与道德真空：司法改革中的法律职业蓝图》，载《中国法学》2012年第3期。

过程中的利益调整迈向法治化,阻隔权力资本的恶性联盟,消除暴民政治的社会土壤,维系和平安定的法律秩序。但在现实中,这样的司法改革空间和条件是否具备呢?

(二) 非均衡运作:转型期中国司法改革的现实困局

就转型期中国司法改革的顶层设计而言,"均衡"具有双重意义:一是外部均衡,即司法改革必须着眼于中国改革的整体均衡性,"单兵突进"既不可欲也不可行。司法改革与社会政治经济文化改革同在转型大棋局中,如何博弈,事关紧要。二是内部均衡,即司法改革过程中必须协调各种权力关系、权力与权威关系、公权与人权关系,只有这样才能实现制度均衡的最优正解。但中国的实际情况是,"中国社会变迁过程中所产生的不平衡突出表现为司法结构不能满足整个社会的功能性需求。"[①] 影响当代中国司法改革深层推进的诸多消极因素,诸如司法公权的条块化、行政化、工具化、官僚化、功利化等,归根结底,都与司法结构自身的非均衡性有关。

深嵌于整体权力结构的司法改革决策主体并非司法机关,即使"两高"(最高法和最高检)可以出台改革方案,但绝不会是整体性的,更不可能是最高决策。一般而言,中共中央政治局把握整体政策的走向,国务院制定重要领域的各项具体政策,全国人大履行相关的法定程序。最高决策者的作用则是确保方向不动摇,确保政策制定与实施的系统性、整体性、协同性,并在此基础上鼓励大胆探索,允许并推动形形色色的实践与试验。在决策分工配合的基础上,各环节都设有强有力的决策机制——包括政治局常委会、政治局会议、国务院常务会议等,分层级推进政策整合和共识构建。为了让改革决策有效衔接,顺利部署落实,各种形式的领导小组起到了非常重要的作用。[②] 2003 年成立的中央司法体制改革领导小组,从国家层面加强对司法改

[①] 程竹汝:《司法改革:建构中国政治发展的张力结构》,载《政治与法律》2000 年第 3 期。
[②] 改革开放以来,为适应经济社会统筹管理的需要,中央又设立了一系列统筹范围稍窄一些的领导小组,如中央财经领导小组、外事领导小组、农业领导小组等,都属于阶段性、非常规的领导机制。这些领导小组通常由一名政治局常委领导,几名政治局成员参加,几乎每一个领导小组都统辖几个党、政机构。这些领导小组要低于上述大系统,但是高于党、政各业务职能部门代表的"小系统",因此是沟通最高领导与业务管理机构之间的中间桥梁。Carol Lee Hamrin, The Party Leadership System, in Kenneth G. Lieberthal and David M. Lampton eds., *Bureaucracy, Politics, and Decision - Making in Post - Mao China*, pp. 95 - 124.

革的统一领导协调,对相关重大问题实行集体研究、共同决策。① 用一个不慎贴切的比喻,执政党在司法改革中的功能类似于数字通信系统中的"均衡器"。由于多径传输、信道衰落等影响,在接收端会产生严重的码间干扰(Inter Symbol Interference),增大误码率。为了克服码间干扰,提高通信系统的性能,在接收端需采用均衡技术。此种针对信道特性的均衡,即接收端的均衡器产生与信道特性相反的特性,可以用来减小或消除因信道的时变多径传播特性引起的码间干扰。囿于领导小组的议事协调性质,其对改革方案没有制定发布权,只能以中共中央文件的形式在党内系统批转,难以直接对国家司法体制的整体改革推进产生均衡化的效能。社会治理压力也使得相关改革方案的出台过于迅速,难以从程序上充分"理性协商"。更重要的是,司法国家化的内在特性让"司法体制与工作机制"的改革很难超越部门权力的固定界限。在此意义上,执政党主导的司法改革必须重视"沟通司法改革中的精英意识与大众诉求","调谐司法改革与政治体制的深层冲突"。②

更严重的问题在于,转型期中国司法改革总是难以摆脱政治意识形态的单向性框架支配。作为司法改革顶层设计的"惯例主体",执政党的意识形态具有重要的价值引领功能。从党—国体制向国—党体制的转型过程中,执政党已经日益成为定型的、与国家一样扮演着中立的、协调不同利益的功能主体。③ 执政党意识形态的有效性与其主权权威密不可分,既然司法权属于主权的重要部分,对司法改革的顶层设计自然成为执政党的重要任务。进一步的问题是,执政党的意识形态如何与人民的司法改革意愿形成制度化的共识?如果司法改革只是按照政治意识形态的要求和变化亦步亦趋、随机应变,司法改革的合法性基础自然不够坚固,甚至会因为效果不佳引发更为严重的意识形态危机。发挥执政党的意识形态功能,必须

---

① 2003年4月,中央政法委员会向中央提出了《关于进一步推进司法体制改革的建议的请示》。同年5月,中央听取了上述建议,对司法体制改革的指导思想、原则、目标、重点及工作方法做了重要指示,并决定在中央直接领导下,成立由中央政法委员会、全国人大内务司法委员会、政法各部门、国务院法制办及中央编制办的负责人组成的中央司法体制改革领导小组,全面领导司法体制改革工作。参见沈德咏主编《中国特色社会主义司法制度论纲》,人民法院出版社,2009,第136页。
② 万毅:《转折与展望:评中央成立司法改革领导小组》,载《法学》2003年第8期。
③ 参见汪晖《去政治化的政治:短20世纪的终结与90年代》,上海三联书店,2008,第7页。

重视人民主权的不可分性，将司法改革的公共意见通过协商民主和法定程序转化为有权威、可操作的"良法"。

值得进一步追问的结构性问题在于，中国司法改革被限定在国家权力体制与工作机制的范围是否合理？从学理而言，司法是市民社会的一个重要部分，并非政治国家的构成要件。① 但长期以来，中国的司法权都被定位为一种不容置疑的国家权力，这与近代废除领事裁判权、收回司法主权的历史记忆有关，但更与计划经济时代"大国家、小社会"的结构特点相连。随着市场经济体制改革的深入推进，民间力量的多元勃兴，与国家权力相区隔的社会权利成为当今中国的一大时代景观，司法改革顶层设计的范围如果仅限于工作体制机制的调整，势必会导致公权运作状况的不断恶化，离公正和公信的预期愈来愈远。在政党主导的国家主义改革中，司法权威极易流变为倚仗国家强力的"司法威权"。② 中国各级司法机构在裁判过程中即普遍存在这种以国家威权为恃有，以完成"党和国家的中心任务"为使命的倾向。③ 这种倾向一方面是国家主义司法改革的重要对象；一方面又是国家主义司法改革的重要动能，呈现出逻辑与现实的悖论。

从事实效果看，司法改革总是倾向于以公权利益最大化为唯一的策略均衡点。司法公权之所以无法独立实现改革的理想目标，一方面因为权力体制的约束，但更重要的原因在于司法公权本身没有让人信服的"权威"。国家司法权并不仅是一种影响力、作用力，它也是一种说服力、论证力，只有当国家司法权的物理强制与法理说服达到一个完美的均衡点时，国家司法权才能获得最有效、最可靠的规则保障，进而获得最持久、最显著的能力增进，即国家司法公信力的形成。"法治取决于甚至可以说等同于法院的公信力。……摧毁公众对法院的信任，也就摧毁了法治的基础。"④ 公权利益最大化的博弈格局，排斥了人权保障在司法改革中的关键效能。"人权标明了国家权力的边界，对立法机关的权力设置了一种限制，要求政府尊重人的尊

---

① 参见〔德〕黑格尔《法哲学原理》，范扬、张企泰译，商务印书馆，1995，第217~229页。
② 在中国大陆学界，authoritarianism 常被译为"权威主义"，台湾学界则译为"威权主义"。这种政治模式与"极权主义"相对应，介于民主与专制之间。参见丁学良《华人社会里的西方社会科学——误解的三个根源》，载《香港社会科学学报》1997年第10期。
③ 参见程竹汝《法治发展与政府结构关系》，中国社会科学出版社，2010，第189页。
④ 〔澳〕杰勒德·布伦南：《是"为人民的法院"，不是"人民的法院"》，载《人民司法》1999年第3期。

严，即使这样做使政府不高兴。这种义务——这正是人权的基本内容——应当得到司法的权威保障。如果国家元首蔑视人权的话，法官应当有可能审判他。"[1] 通过司法保障人权是法治社会的共识，没有司法人权的结构性支撑，司法公权就无法正当运行。如果司法成为国家治理的政治工具，而非人权保障的文化依据，理想与现实的失衡很难通过改革弥合。[2]

三 司法均衡模型的多样化设计

（一）司法的均衡主线

"重启司法改革"也好，"深化司法改革"也罢，这些话语背后的真实议题是"司法再改革"。狭义而言，司法是"政府的主要职能之一，包括查明事实，确定与之有关的法律，以及就事实适用有关的法律，即对权利主张、争论和争议加以断定。……司法职能通常交给由一个或多个具有法定资格的人组成的法庭来行使，但也交给由非法律专业人员或大臣们来行使。"[3] 广义来说，司法不仅是指国家的司法公权，也包括各个法权主体在纠纷解决过程中的开放博弈。[4] 在2012年《中国的司法改革》白皮书中，"司法"涵括了广泛的内容，不仅指有关法律的修订，还包含了侦查、检

---

[1] 〔瑞士〕托马斯·弗莱纳：《人权是什么》，谢鹏程译，中国社会科学出版社，2000，第3~4页。
[2] 苏永钦在检讨台湾司法改革的文章中指出，人权保障作为司法改革的核心，与威权政治体制的关系不大，根本上还是法律文化的问题。司法改革如果掌握这个关键问题，而且体会到司法其实正是深化法治最有效的途径，法官、检察官和律师透过他们的法庭和法庭外活动就可以成为最好的法治教育者，则改革可以用最低的成本达到最高的效果，很可惜今天领导改革者，宁可花大成本作制度改革，而规避了更急切的"文化改革"。参见苏永钦《飘移在两种司法理念间的司法改革：台湾司法改革的社经背景与法制基础》，载《环球法律评论》2002年第1期。
[3] 〔美〕戴维·M.沃克：《牛津法律大辞典》，邓正来等译，光明日报出版社，1988，第485页。
[4] 或许是受到美国社会学法学派"法律司法"与"法理司法"区分的启发，当代中国的法律学者很早就提出过"大司法"的概念。在他们看来，司法的核心层一般被界定为"法官裁判"；司法的外围层则包括：（A）公、检、司等国家机关及当事人、诉讼参与人的涉诉活动；（B）涵盖协商（交涉）、调解、仲裁等非正式社会控制方式在内的"准司法"活动；（C）影响司法的社会力量，包括媒体、民众、社团与企业等；（D）有权监控司法机关的政治力量，在中国，包括党的领导机构、人大及政府的有关部门等；（E）诸如国内违宪性审查和国际司法等新型司法过程。参见刘金国、周静《论司法公正——法官的行为哲（科）学》，载《政法论坛》1999年第5期。

察和审判机关的改革活动,乃至最后的执行。① "司法大改革"的模式为"司法再改革"提供了现实基础,但并没有核心战略思路上的突破。

司法"再改革"必须除了要具备广阔的视野,更重要的是从转型期权力与权利的现实博弈出发,重构顶层设计的战略框架。在现实中,法权主体因为能力、资源、条件、时机等因素的综合作用,必然出现社会资本的不均衡博弈,产生各种冲突和纷争,需要"均衡"的司法过程加以统摄。即使单就国家司法权而论,其本身也不尽是以"官方法"(正式制度)为依据,"民间法"(非正式制度)的影响也客观存在——这也需要通过范围更为广阔的"司法再改革"来解决。在转型期的中国,面对纷繁复杂的司法话语,提炼出毫无争议的司法概念非常困难。② 从广义的视角界定司法,从国家与社会博弈冲突的层面检讨司法公权运行机制的困境,以法官裁判为核心环节探求国家权力与社会权利的良性互动,对于司法改革的顶层设计而言,既是一个必要的理论前提,也是一条可行的分析路径。

建构司法改革顶层设计的均衡模型,必须首先厘清均衡分析的要义。作为重要的方法论,均衡分析已被广泛应用于哲学、心理学、经济学、博弈论以及自然科学中。在最初的语境中,"均衡"作为物理学上的受力平衡事实,进入社会生活状态后,被赋予了主体行为选择自由的哲学意义。在心理学上,均衡分析主要针对"驱策力"与有机体神经系统所能承受的程度相符而言。人的行动从根本上受"驱策力"的影响,驱策力源自内心压力。饥渴、性欲都是基本的驱策力。有机体通过有意识的行为不断减少驱策力,它们借助实验、尝试等方法,不计失败与挫折,以求行为的正当范围。在这个范围内,驱策力能有效减少到一个能与有机体神经系统所能承受的程度相均衡的界定。行为的重复导致习惯的萌生,习惯慢慢演化为法律。法律"适合于减少驱策力和压力,使有机体达到一个充分的(如果不是完全的话)平衡状态"。③ 与法律行为心理学的起源解释不同,法律经济分析更为关注基于理性选择的司法制度变迁及改革模型,其逻辑主线也是寻找均衡。"均衡是现代

---

① 参见李立、郭旭《〈中国的司法改革〉英文本若干翻译问题之探讨》,载《中国翻译》2013年第1期。
② 对于转型期中国司法概念的流变研究,参见滕彪《"司法"的变迁》,载《中外法学》2002年第6期。
③ 〔美〕霍贝尔:《原始人的法:法律的动态比较研究》,严存生等译,法律出版社,2006,第11页。

经济学的中流砥柱，它看不见、摸不着，却像一个幽灵那样游荡在经济学的每一个角落，无处不在。如果驱除均衡这个幽灵，整个经济学大厦立刻就轰然倒塌。弥漫经济学的最大化、约化论和机械论思维，一言以蔽之，即归结为均衡理念。"① 在稳定的均衡状态，所有的行动者都没有动力去改变现状，大家某一点上达成了最佳策略组合。② 以"均衡"为目标的"司法再改革"，实质上包含了自由、人权、秩序等法治核心价值。

结合已有的法律经济学理论资源，司法改革的均衡框架可以有多种选择。例如，借助新古典市场理论推崇的自然建构和形式正义均衡理论，我们可以推演出完全竞争状态下的一般均衡（General Equilibrium），寻求在整体框架内司法改革的宏观解释。一般均衡可以理解为司法改革存在着这样一套成本系统，它能够使每个改革对象都能在给定价格下提供自己所拥有的投入要素，并在各自的预算约束下购买产品来达到自己的消费效用最大化；每个改革主体都会在给定价格下决定其策略和对投入的需求，来达到其利益的最大化；每项改革措施都会在这套价格体系下达到总供给与总需求的局部均衡。遗憾的是，这样一幅司法改革的理想图景不存在任何真实的社会中。传统经济学偏好不变、最求私利、资源稀缺的三大基本假设，对于理想选择的博弈论分析至关重要，但都面临着重大危机，事实上也得到了不断的修正。制度经济学的国家司法观对这种理想化的"形式主义均衡"做出了一定的纠正。康芒斯认为，作为最高权力机构产生的"集体行动"，司法旨在控制冲突，建立交易秩序，必然具有国家强力推进的性质。诺思进一步指出，国家决定产权结构和经济增长，其目的双重性体现为统治者租金最大化和全社会总产出最大化的矛盾。此种矛盾引发对抗行为频发，最终导致国家衰落。③ 由此不难推导出国家主义司法改革的悖论，一方面国家需要垄断司法市场，建立纠纷解决的权威系统；另一方面，司法垄断会破坏市场竞争，导致国家公权滥用，危害司法公正根基。司法的均衡特质根源于社会冲突的权威解决需求。司法权威不是国家垄断的制度构造，虽然国家总是力图塑造并独揽权威的司法公权。在广义的司

---

① 向松祚：《幽灵一样的均衡》，载《第一财经日报》2012 年 11 月 26 日。
② 参见〔美〕杰弗瑞·A. 西格尔、哈罗德·J. 斯皮斯《正义背后的意识形态：最高法院与态度模型》，刘哲玮译，北京大学出版社，2012，第 89 页。
③ 参见汪和建《作为"乌托邦"的市场均衡理论》，载《社会》2005 年第 5 期。

法场域中，社会力量对司法改革具有强大的影响力和形塑力。如果国家与社会在法治的共识下，形成司法改革的合力，对于纠纷解决善莫大焉。反之，国家鲸吞社会，或者社会对抗国家，都会造成冲突的加剧。

在制度变迁理论中，司法改革的均衡模型呈现出更为繁复的多种建构可能。在没有国家干预的假设前提下，司法主体需求的拓展可以引发制度的变革。国家介入司法制度变迁后，双重目标的悖论会导致低效制度和无效均衡。国家主导的司法体制改革窘境不等于司法改革的整体绝境。国家与社会的博弈会改变这种暂时的低效均衡，无论诱致型变迁还是强制型变迁都会带来司法体制的新均衡。[①] 制度变迁是一种博弈参与者在博弈中不断修改其信念的心智过程，且当该信念不能产生预期的结果时，一种"信念危机"就会在参与者当中逐步产生，博弈均衡就会被打破，直到新的博弈均衡出现为止。[②] "从心理学的方面来说，制度是一种流行的精神态度。"[③] 有鉴于此，转型经济学习惯把制度区分为"渐进式"和"急进式"两种，认为文化是"渐进式"制度的典型，包括价值、信念和社会规范在内。制度移植的困难在于不同文化背景下人们的习惯和观念对新规制的认可和学习程度存在明显差异。司法体制或许可迅疾变更，但文化的演进却是缓慢非人为可操控的。所以，要使转型国家实现成功的司法制度变迁，必须考虑文化因素，移植与当地传统冲突较小的制度安排以减少制度摩擦成本，提高制度转型绩效。[④] 中国司法体制改革总是被称为渐进式的，其实并非如此。只有文化层面的司法改革具有渐进制度变迁的特点，也只有将文化变迁和体制变迁充分协调，找到两者有效契合的均衡点，司法改革才有突破窘境的希望。

对于司法改革过程的微观分析，博弈论的均衡方法也有广阔的适用空间。作为"决策人"，司法改革的发动者在博弈中是率先做出决策的一方，

[①] 诱致型制度变迁必须由某种在原有制度安排下无法得到的获利机会引起，强制型制度变迁可以纯粹因在不同选民团体之间对现有收入进行再分配而发生。相对应的通俗说法就是，司法的体制内改革与体制外改革。

[②] Aoki M, *Toward a Comparative Institutional Analysis*, MIT Press, 2001.

[③] Veblen T, *The Theory of Leisure Class: An Economic Study of Institutions*, New York: Vanguard Press, 1899.

[④] Roland G, "Understanding Institutional Change: Fast-Moving and Slow-Moving Institutions", *Studies in Comparative International Development*, 2004, Vol. 38 (4).

这一方往往依据自身的感受、经验和表面状态优先采取一种有方向性的行动。作为"对抗者",司法改革的受动者或者改革对象,通常会与决策人"唱反调",其动作是滞后的、默认的、被动的,但最终可能占优。其策略可能依赖于决策人劣势的策略选择。作为多局博弈,司法改革的结果得失,不仅与该局中人自身所选择的策略有关,而且与全局中人所取定的一组策略有关。所以,一局博弈结束时每个局中人的"得失"是全体局中人所取定的一组策略的函数,通常被视为支付函数。当稳定的博弈结果出现,纳什均衡也就实现了。以法院内部的行政化问题为例。[①] 中国当前的法院内部行政性制度安排其实是一个由多个相关制度构成的系统,不仅包括司法决策过程中的集体决策制(特别是审判委员会制度)、法官之间的等级制度、上下级法院关系的行政化,还包括案件审批制度、案件请示制度以及作为"非正式制度"或者"半正式制度"存在的法官内部行政性流动制度。这些制度在各自域内都是一种纳什均衡,因为,在这一制度均衡中,"所有的参与人把制度现象看作是相关的约束,并相应地采取行动,其结果是,制度被不断确认和再生。"[②] 对于司法改革而言,如何打破这种"无效均衡",实现改革后的"新均衡",正是微观分析的宏观意义所在。

对于多重任务的司法改革而言,均衡分析也具有多重脸孔:既是应然的理念,也是实然的策略;既关涉宏观的体制,也牵连微观的技术;既追求理性选择的最优效果,也导向情感态度的和谐兼容。这种"概念的弹性",凸显出司法改革均衡分析的解释广度和理解深度。关键的问题是,如何将此种均衡方法具体用于转型期中国的"司法再改革"?

(二) 多样化的司法均衡模型

作为对案例研究法的替代,模型研究法意识到我们所生活的世界之复杂,尝试从定性和定量的多个角度对司法行为加以最佳解释。这种研究方法或许比单一的个案研究具有更大的作用。[③] 行为主义法学的代表人物舒

[①] 参见艾佳慧《司法知识与法官流动:一种基于实证的分析》,载《法制与社会发展》2006年第4期。
[②] 〔日〕青木昌彦:《比较制度分析》,周黎安译,上海远东出版社,2001,第242页。
[③] 参见〔美〕杰弗瑞·A. 西格尔、哈罗德·J. 斯皮斯《正义背后的意识形态:最高法院与态度模型》,刘哲玮译,北京大学出版社,2012,第38页。

伯特于1959年出版了《司法政策的制定》一书。在舒伯特看来，他的司法政策制定的整体模型具有非常普遍的适用性，它适用于美国联邦和州司法制度，也可以用于分析其他国家的司法制度。[1] 整体而言，舒伯特模型可以适用于中国司法改革的政策分析，但对于模型中核心的价值观念问题，需要加以进一步的理论建构。[2] 尤其是对于转型期中国司法改革而言，理论模型的首要意义不在于解释，而在于顶层设计的价值定位和共识形成。

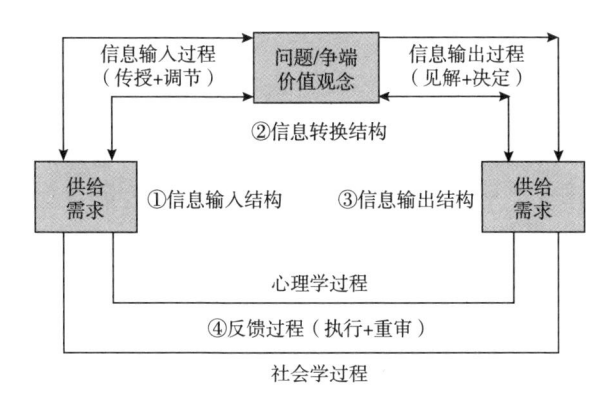

图 7-1 司法政策整体模型

在中国学者现有的研究中，季卫东曾借助经济学方法对达成均衡的司法纠纷解决做出动态的图式说明，从个案处理和制度设计两大方面进行了简略勾画。通过分析，他对司法改革的建言是，法院适当减少强制力行使的主要调整手段是通过程序和辩论增强判断的正当性，提高自觉履行的比率。他的均衡图示属于简约化的司法模型建构，侧重微观视角的制度分析，无法用以解释司法再改革的宏观格局，更不能从中得出整体改革的顶层设计。[3] 针对现有的司法制度与改革理论，朱苏力强调司法改革不是审判者单方就可以完成的，必须重视诉讼人的作用。他提出的司法制度合成理论，中心在于强调诉讼人和审判者的语境化互动，强调司法制度实践过

---

[1] Glendon A. Schubert, *Judicial Policy Making: The Political Role of the Courts*, Scott, Foresman, 1965, p.108.
[2] 吕世伦：《现代西方法学流派》，中国大百科全书出版社，2000，第824页。
[3] 参见季卫东《中国式司法动态均衡机制的一个图式化说明》，载徐昕主编《司法》，法律出版社，2006。

程中的策略分析。在向前一步，其实就是司法均衡理论的推导和应用。但朱苏力放弃了理论模型的建构，希望将司法制度与改革研究导向"谱系学"的思路。① 刘星通过"宋鱼水经验"的个案分析，试图寻找"法律职业化的司法方法设想和社会适应性的司法方法设想之间的隐蔽的逻辑连接"，以此连接为突破，建构新的"司法模型"。刘星的研究虽然直接针对的不是司法改革，但其阐发的"司法方法新模型"具备了内部世界与外部世界、微观与宏观的要素，进一步揭示出"司法市场"的意义。② 然而，最大的问题在于，他的研究并不是严格的模型分析，本质上仍属个案性的经验话语进路。

从顶层设计的角度建构司法改革的总体性均衡模型，必须具备基本假设、变量参数、实证演算和对策输出等基本构件。转型期中国司法改革的实然层面错综复杂，在运用模型方法进行研究时，常需要对其进行必要的简化，忽略次要因素，突出主要矛盾，如此才可得到可用模型。当然，简化并不意味着随意和简单，司法改革的均衡模型必须遵从社会科学的程序要件展开。

1. 基本假设与目标设定。司法改革如果不是伪命题，它必然包含这样的前提，那就是"司法场域"的存在。日本法学家谷口安平指出："以裁判所进行的诉讼、审判活动为中心，包含着法的规范、法的程序、法的解释以及从事这些'法的生产'活动的法学家主体等要素，司法又意味着一个有独立性的自律的所谓'法的空间'得以形成和维持。这个法的空间既相对独立于国家和社会，同时又将这两者有机地结合起来，发挥着一种媒体的作用。"③ 在国家和社会的二元构架中，现代司法似乎更注重国家法对非正式制度和非制度行为的权威性吸纳。潜藏在"自上而下"背后的，还有习惯法、民间法律行动、社会法律协商规范等对司法过程的深度影响。从司法本身的应然结构定位来看，它中立地处于国家与社会之间，发挥均衡国家法与民间法的重大功用。这种独特的均衡性独立结构空间，我们可

---

① 参见苏力《司法制度的合成理论》，载《清华法学》2007年第1期。
② 参见刘星《走向什么司法模型？——"宋鱼水经验"的理论分析》，载《法律和社会科学》第2卷，法律出版社，2007。
③ 〔日〕谷口安平：《程序的正义与诉讼》，王亚新、刘荣军译，中国政法大学出版社，1996，第10页。

称之为"司法场域"。① 与布迪厄的实然描述不同,谷口安平的"法空间"具有法团主义的理想型构色彩②,其指向司法改革的结构化目标,即确立相对独立且有效沟通的均衡司法系统,为国家与社会的冲突解决奠定制度的基础。中国学者也有类似的观点认为,"司法是通过向社会拓展正义促生社会秩序及其变迁的张力结构"。"司法全然不仅仅是一个国人心中的'打官司'概念,在现实性上它至少是由相关的价值、制度、组织、角色构成的一个与社会互动着的结构。"③ 这种司法结构论具有启发性,但存在两个缺陷:一是太过理想主义,没有紧扣转型时期中国发展的客观实际,让人联想到一种人工设计的完美结构;二是太过静态化,只强调结构整体与社会互动,尤其是忽略了司法"内部结构"对司法改革的关键影响。在市民社会和法律职业共同体实际残缺的情况下,司法场域如何形成?即使形成又如何发挥均衡国家和社会的功效?这些重大问题必须置于过程的语境,才能得到解答。从过程哲学的视角理解司法再改革,我们可以发现司法场域并非静态的结构实体,而是由无数事件构成的机体综合,表面貌似杂乱无章,内里遵循由低到高的运行法则。运用过程哲学与均衡分析的方法,我们可以对司法再改革的策略修正及其后续博弈充分考量,探寻不完全信息动态博弈所能达成的"精炼贝叶斯均衡"(perfect Bayesian equilibri-

---

① 在法国思想大师布迪厄看来,司法场域是一种完整的社会世界,这一世界在实际中相对独立于外在的决定因素和压力。司法场域的特定逻辑是由两个要素决定的,一方面是法律外部的特定权力关系;另一方面是司法运作的内在逻辑,前者为场域提供了结构并安排场域内发生的竞争性斗争(更准确地说,是关于资格能力的冲突),后者一直约束着可能行动的范围并由此限制了特定司法解决办法的领域。参见〔法〕布迪厄《法律的力量:迈向司法场域的社会学》,强世功译,载《北大法律评论》1999 年第 2 期。

② 在法团主义下,尽管社会团体被吸纳和整合进国家决策结构中并受到一定控制,但它们仍保留很高程度的独立性和自主性,这表现在它们有退出的权利和自由。同时,这些团体彼此间存在权力均衡状态,这样它们能在较为平等的基础上实质性地参与国家决策,确保法团主义的和谐与合作原则不致于变成一种政治修辞。中国的情况与此不同。中国社会团体的创建主要是由国家自上而下推动的,即国家为了对改革后新出现的社会空间进行管理和控制,积极鼓励和支持各种社会团体的创建和发展,并赋予它们一些参与管理的权力,但这并不意味着出现了一个与国家保持权力分立和权力对张的市民社会。换言之,国家旨在培育一种非批判性的领域来辅助对社会的管理,其中的社会团体并不具备法团主义下团体所具有的独立性及政治活跃性,它们即使表现出某些法团主义制度特征,那也只是边缘性的而非本质性的。参见吴建平《理解法团主义——兼论其在中国国家与社会关系研究中的适用性》,载《社会学研究》2012 年第 1 期。

③ 程竹汝:《司法改革与政治发展》,中国社会科学出版社,2001,第 21~22 页。

um)。①

2. 变量参数和次序考量。宏观而言，司法改革分为价值、功能和行为三层。首先，价值层面的司法改革以人权保障为中心，追求传统与现代的均衡。人权是个体尊严的法理规诫，保障人权是司法价值的崇高追求和底线正义。保障人权即捍卫人之存在、发展的内容及意义，谋求人际社会良性沟通的制度和环境，实现社会正义与个体尊严。保障人权对司法主体提出了基本、直接而严明的要求，司法者并非是"运用强制制裁方法的裁决者，而是设法恢复众多'请求者'权利的管理者"。② 司法的价值定位，应当在古典的正义美德与现代的权利保障之间取得均衡，如此既可区别于保守的政治价值，又不迷失于多元的权利话语。其次，功能层面的司法改革必须突破"裁判中心主义"的形式逻辑至上论，追求法律形式逻辑与社会利益需求的均衡。有观点认为，司法的本质是判断，司法权的本质是判断权——这是司法区别于行政、司法权有别于行政权的关键。③ 然而，事实在于，"法官做出决定，的确是通过感觉而不是通过判断，通过预感，而不是通过三段论推理。"④ 在中国，"法律判断是应用法律所产生的具有约束力的结论性判断，它最终表现为法院判决和裁定、公安机关和检察院的法律决定、行政决定、行政处罚决定、行政复议决定、仲裁裁决，在应用法律的不同阶段，也不停地发生着判断问题，如对事实的判断，选择何种规范的判断。"⑤ 可见，如果将司法定性为判断，显然无法与其他的法律判断形式相区别，更无法彰显司法内在的均衡本质。司法功能不仅限于"判

---

① "黔驴技穷"的故事可以作为典型案例。老虎从来没有见过驴子，不知道驴子到底有多大本领。老虎采取的方法是不断不断接近驴子进行试探。通过试探，修正自己对驴子的看法，从而根据试探的结果选择自己的策略。一开始，老虎见驴子没什么反应，它认为驴子本领不大；接下来老虎看见驴子大叫，又认为驴子的本领很大；然而，进一步试探的结果，老虎却发现驴子的最大本领只是踢踢而已；最后，通过不断试探，老虎得到关于驴子的准确信息，确认驴子没有什么本领，就选择了冲上去把驴子吃掉的策略。这显然是老虎的最优策略。中国司法改革的"试错"逻辑也可以运用此种动态博弈的均衡分析方法探讨。
② 〔英〕罗杰·科特威尔：《法律社会学导论》，潘大松等译，华夏出版社，1989，第242页。
③ 孙笑侠：《司法权的本质是判断权——司法权与行政权的十大区别》，载《法学》1998年第8期。
④ 〔美〕博西格诺等：《法律之门》，邓子滨译，华夏出版社，2002，第29页。
⑤ 郑永流：《法律判断形成的模式》，载《法学研究》2004年第1期。

断",权利主体的合法参与、理性协商、法律论证都是不容忽略的制度参数。最后,行为层面的司法改革必须克服意识形态化的正义、理性、神圣等"大词"干扰,[1] 围绕人权保障,在事实与规范的均衡标准指引下理性决策。与一般的判断不同,理性的司法决策是一个在事实与规范之间的审慎权衡过程,关系到利益主体的价值衡量和"对资源的权威性分配"。[2] 司法纠纷的解决过程实际上是权利冲突的化解与协调、权能资源的调整与再分配。司法不仅要面对已出的纠纷,更要面对未然的隐患,这就要从法律上堵塞制度的漏洞。通过对法律的适用和解释,司法行为具有区别于一般权力的特质,除了解决纠纷,还要形成规则,维护法治的统一和权威。进而言之,司法需要法官依凭法律权威做出理性判断,但它更需要通过具体冲突中的法律协商达成个案处置与规则正义的均衡。

3. 实证演绎与过程描述。从实证过程的角度,转型时期的中国司法再改革首先面临的是国家司法公权系统内部的参差龃龉。国家司法公权系统的权力分为"事实权力"和"法定权力"。一般所称的"司法权力"(judicial power)是"总体性权力"在具体个案中的伸展运用,它在内容上渊源于事实权力,但在形式上又依靠于法定权力。在现代国家,司法权力的拥有者一般是公权的享有者,它不容被随意分配或割裂。任何权力都具有外形的公共性和内质的排他性。当司法权力制度化地为一个集团或群体垄断,我们可以认为这个团体具有了"司法权威"(judicial authority)。一般而言,权威指的是为他人所服从的权力人士具有的被信任度和能力。司法权威是司法权力合法垄断主体具备了外界肯定和社会认同,与权力合法性来源、合理性绩效密切相关。当司法权力为特定主体制度化占有、行使,形成法律和事实上的"惯习",便有了"司法权能"(judicial capability)。司法权能是司法权力与司法权威理性契合的产物,兼具权力权威化和权威权力化的双向特征,从制度和文化上推动、维持着利益主体在司法场域的博弈均衡。司法权力-司法权威-司法权能的"升级"过程,是司法公权

---

[1] 理性是人的基本要求,也是法律运作的核心要素,不单司法行为需要理性,任何法律行为都富有也都需要理性。由于正义本身高度晦涩、极具争议,使得司法正义的理据很难形成可操作、可验证、可复制的标准,单纯的正义热忱极易导致民众对司法童话般的幻想和神人般的苛求。"神圣"实质上是一种信仰,在一个多元社会,即使宗教都普遍遭遇认同危机,如何指望外在于灵魂的司法行为获得不容置疑的神圣?

[2] Harold J. Spaeth, *Supreme Court Policy Making*, W. H. Freeman and Company, 1979, p. 1.

博弈均衡的缩影,也是司法体制改革的重心。与司法公权内部均衡达成的同时,司法人权以公民基本司法权力的方式不断进行"权能交涉"。比如,司法请求权是人权主体向特定的司法者提出要求并作出行为的权能总和,包括自力救济的保有权能、公平裁判的请求权能、私力履行的强制权能等。再如,最为现代社会公民享有的一项基本人权,公正审判权,也称公民获得法院公正审判的权利,旨在保障公民能够通过司法途径并经法院的公正审判维护自身的合法权益。由此,公民与法院形成了直接的以权利与权力互动为内容的法律关系。随着福利国家的兴起,旨在解决贫困和边缘化群体法权障碍的"接近司法权"也日渐成为一项必不可少的基本人权。围绕司法权能的博弈,公民与国家形成了更为广泛、深入的法权联系。当司法公权与人权达到制度化的博弈均衡,司法再改革的基本目标才算在体制上真正得以实现。①

4. 对策输出与均衡战略。当代中国司法再改革应当将经济发展、社会正义与人权保障有机耦合,确立多维度的均衡战略体系。用一个不恰切的比喻:经济发展是契机,如同棋局博弈的背景和前提;社会正义是大局,犹如棋盘的整体布局,具有内在的均衡要求;人权是重心,犹如棋子,每一颗都具有不可替代和改变的功用;司法是保障,犹如棋局规则与战术,必须在守常与变动间寻求均衡。当下中国的非均衡发展使得棋盘布局严重失衡,如果再不审慎对待每一颗棋子的战略位置,胡乱丢弃的结果必然是满盘皆输。要做到均衡布局,转危为安,必须在尊重规则的前提下灵活权变,经与权、制度与文化之间寻求司法改革的最佳策略均衡。就司法改革的本体性目标而言,内部均衡战略可以从静态与动态两方面考虑。静态均衡侧重司法结构、价值、功能维度,动态均衡侧重司法公权内部的体制运行均衡和司法公权与人权的互动与交涉均衡。就司法改革的功能性目标而言,克服转型时期中国非均衡发展的消极后果,将"均衡司法"的效用楔入"社会均衡"的发展格局,实现整体改革的帕累托最优。

---

① 中国外交部起草的《中国促进和保护人权的情况》(公开征求意见稿)将"公正司法权"作为基本人权专节进行了阐述。在该稿中,公正司法权包括了刑事诉讼中的被告人、犯罪嫌疑人获得公正审判的权利、民事诉权、司法信息权、律师执业权利等。参见 http://www.iolaw.org.cn/file/2013/中国促进和保护人权的情况(稿).pdf,2013 年 6 月 1 日最后访问。

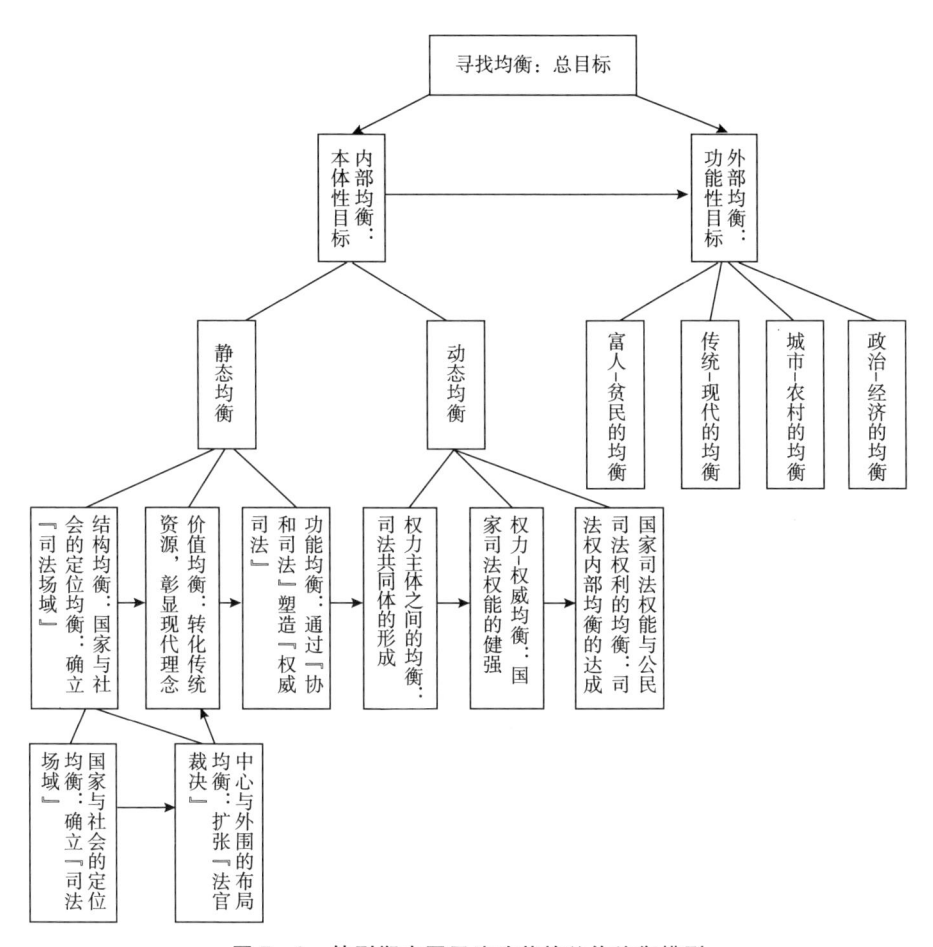

图 7-2 转型期中国司法改革的总体均衡模型

除此之外，我们还可以对司法改革过程各方博弈设计微观模型。

1. 模型的假设

①对抗双方为甲方和乙方，时刻 t 的司法综合实力分别为 $x(t)$ 和 $y(t)$。

②双方的司法综合实力是随着时间连续平稳变化的，即 $x(t)$ 和 $y(t)$ 是时间 t 的连续可微函数。

③不考虑第三方的司法实力对甲乙双方的影响。

2. 模型的建立与求解

根据一般经验与实际状况，影响甲乙双方司法对抗程度的主要因素包括：双方各自固有的实力增长要求，双方对抗的激烈程度和现有的司法实力等。

首先,基于各自的权利地位、社会处境、个性背景等原因,双方一般都有一种相对固定的权能扩张需求,即各自的固有司法权能增长率,分别记为常数 α 和 β。

其次,双方司法实力增强与对抗程度有关,即双方都密切关注对方在司法权能上的扩张程度,随着对抗程度的加深,都会倾向于愈益强化自身的司法综合实力,如果甲方实力增长,乙方必然会增加自己的司法投入。反之亦然,这种比例系数可分别记为 a 和 b,以度量受对方既有司法实力刺激程度。

最后,各方司法实力的增长与既有司法实力有关,即司法权能对抗程度与既有司法实力成正比,比例系数分别记为 c 和 d,以度量双方受既有司法实力的制约程度。

于是,可以得到甲乙双方司法权能博弈的增长率变化情况,也可称之为对抗情境下司法改革过程的原始数学模型。

$$\begin{cases} \dfrac{dx}{dt} = -cx + ay + \alpha \\ \dfrac{dy}{dt} = bx - dy + \beta \end{cases} \quad (1)$$

我们可求方程(1)的均衡点,即令

$$\begin{cases} -cx + ay + \alpha = 0 \\ bx - dy + \beta = 0 \end{cases}$$

可解得均衡点为

$$x^* = \frac{d\alpha + a\beta}{cd - ab}, \quad y^* = \frac{b\alpha + c\beta}{cd - ab} \quad (cd \neq ab)$$

根据均衡点的稳定性可知:当 $cd > ab$ 时,均衡点 (x^*, y^*) 是稳定的,否则不稳定的,这就意味着在足够长的时间以后,双方的司法实力会分别达到一个稳定的极限值。

当 $cd > ab$ 时,方程(1)的均衡点 (x^*, y^*) 稳定,即说明双方制约增强司法实力的程度大于刺激对于增进司法投入的程度时,司法对抗的最终结果是可以达到均衡的。相反,当 $cd < ab$ 时,方程(1)的均衡点 (x^*, y^*) 是不稳定的,最终可能导致理性对抗的彻底破裂。

当 $\alpha = \beta = 0$，且 $cd > ab$ 时，方程（1）的均衡点 $(x^*, y^*) = (0,0)$ 是稳定的，说明甲乙双方只要不存在某种既定的权能冲突，在和平协商的情况下，都没有司法对抗的欲望。

当 $\alpha \neq 0$，$\beta \neq 0$，且 $cd > ab$ 时，即双方司法对抗的确存在，即便是某种外部因素的影响，迫使双方在某个时刻有 $x(t) = 0$ 和 $y(t) = 0$（被迫退出或主动和解），但由于 $\frac{dx}{dt} = \alpha > 0$ 和 $\frac{dy}{dt} = \beta > 0$，则双方的司法对抗依然客观存在，最终双方的司法权能博弈仍会激烈进行，最终达成均衡结局。

如果某种外部力量，迫使某一方单方面退出或自我调解，比如对甲方来说，即使在某个时刻有 $x(t) = 0$，但由于 $\frac{dx}{dt} = ay + \alpha$，即乙方司法对抗的存在，并对甲方依然存在刺激作用，以及甲方固有的司法权能扩张需求，则甲方的司法权能依然会很快重新组织，与乙方在对抗中达成均衡。

对司法组织的均衡评估而言，我们也可以设计初步的模型。

1. 司法均衡的原则和依据

制定指标体系首先要体现司法均衡的本质内涵，如前所述，司法均衡本质上是一种权能均衡，从宏观讲是司法公权与司法人权的均衡，从微观讲是司法权能的均衡。从外部讲，它是司法与政治、经济、社会场域的动态均衡。从内部讲，它还涉及一系列司法权力（比如立案权、裁判权、司法行政管理权、组织权、执行权、惩戒权、教育权等）和司法权威（比如人大、法院、检察院、特别法庭、跨国司法组织等）之间的权能均衡。

2. 司法均衡实现程度的综合评价方法

第一步：对每一个指标用10等分法定出评分标准。（1~10分）

第二步：确定每个指标的权重，用调查问卷与专家咨询相结合的方法先确定各子系统权重，再将子系统权重分配给每一指标。整个指标体系中各指标的权重相加共为10分或100分。

第三步：确定均衡目标数，其依据是各主体内部标准或最高司法机构统一确立的标准，或二者之均平。

第四步：测算出司法均衡实现程度。

表 7-1　司法均衡实现程度测量框架

单位	权数	年	年司法均衡目标	综合评价得分				年实现均衡目标（按平均数算）
				年	低线	平均	高线	
一、宏观均衡水平								
二、微观均衡水平								
三、外部均衡水平								
四、内部均衡水平								
五、动态均衡水平（突发事件/变量）								

四　反思与结论

在现实条件的制约下，过于理想化的司法改革顶层设计都会面临"乌托邦"的风险。"司法均衡"的方案，带有明显的妥协和不彻底性，但或许正因为如此，它才具有较大的操作空间和一定的成功概率。

我们必须清醒地认识到，中国转型时期的非均衡发展很难短时间改变。均衡总归是难及的理想，非均衡才是常在的现状。但是，中国社会发展的均衡诉求已经极为强大，决策者们也适时因应了这一趋势，提出了许多治国理政的新方案。其中，建立利益均衡机制是重要的一环。[①] 尽管如此，我们还是不能对短期实现社会均衡抱有太大希望，尤其在中国司法深陷改革窘境的情况下，有力的政治决断或许是均衡达成的必要悖论。

更重要的是，转型中国非均衡发展的背后，潜藏着治理层面的深刻矛盾。法治意识形态并未转化为真正的行动方案，与当前中国实用主义的技

[①] 依法化解基层矛盾，必须有效发挥法律在维护公民合法权益、调解社会矛盾和冲突的功能作用，正确处理好四大关系。一要处理好维稳与维权的关系。维护宪法赋予公民的合法权利，以保障权利促进相对的利益均衡，以利益的均衡求得社会的稳定。二要处理好法、理、情的关系。以当事人的利益关系为主线，以法律为准绳，通过调解等方式，寻求法、理、情的有机统一，既不能简单、机械执法，更不能以情代法。三要处理好经济手段、行政手段与法律手段的关系。在综合运用经济、行政、法律、情理等手段的同时，注重运用法律手段化解社会矛盾，防止矛盾激化。四要处理好信访与法治的关系。坚持依法信访、阳光信访，努力引导广大群众树立对法律的尊重和敬畏，依法表达和解决利益诉求，共同维护良好的信访秩序。参见汪洋《以保障权利促进利益均衡求得社会稳定》，载《广州日报》2011年11月8日。

术性专才治理并不契合。① 作为一种理想构造，加之现实弊端的问题求解压力，许多"未来之路"的勾画又不得不乞灵于法治意识形态的神光。如同并不客观存在却又无处不在的神秘幽灵，法治在转型中国的非均衡发展过程中遭遇了罕见的吊诡。专断的人治逻辑虽然从制度形式上已经消亡，但"死魂灵"的危险力量不容小觑，它随时可能伺机添附于新制度，吸食其血肉，霸占其躯壳。古典中国司法贯彻的"天理国法人情"兼顾的平衡逻辑，在今天中国的司法运作中依然有其广大市场。如果中国司法长期缺乏均衡的主线，势必牢牢受制于政治教义和道德伦理。司法场域势必被切割为政法的一个环节，或者干脆沿袭"阶级专政刀把子"的革命传统。一系列的恶果并非危言耸听：政党幕后指挥，政府台前执行，政治国家对公民社会绝对控制，公共领域结构缺失，独立个体精神消泯，无组织、无归宿的游民化、原子化生存状态，以及公民政治关怀的消散泯灭……

在社会全面转型的背景下，人治与法治的"共时性硬搭"，势必发生逻辑与策略的某种混乱：人治的效率优势受到法治抵消，法治的正义基础被人治破坏。其后果是，制度与文化冲突，心智与行为错乱。司法权既然可以理解为司法人权和司法公权的博弈均衡过程，那么，公权领域的司法独立要有效保障人权尊严，必须具备统一性和权威性。我们要建立统一和权威的司法公权体系，必须将那些非法非理的"司法权力"一一清除。党委审批案件、人大个案监督、新闻媒体主导舆论审判，法学家唯利是图的"专家论证"……这些做法背后潜藏的是极为散乱的司法权力主体。司法部门化、地方化、条块分割已成为影响司法公权力独立行使的顽疾。"国家利益部门化，部门利益掠夺化、掠夺利益公开化"，必然造成政府权威流失。② 弥散于各部门、各集团、各行业的司法权力产生了诸多矛盾，无规则博弈的结果只能是"多输"。中国司改的关键首役就是建立统一、权威的司法公权体系，尤其是要从制度上明确司法公权的最高决策主体，并强化最高司法机构的权威性，否则，司法独立只能是既得各利益集团扩张

---

① 在卢蒂·瓦尔蒂看来，技术是中国经济变革的动力，也是中国政治、文化、与组织发展的证明。自 20 世纪 80 年代早期开始，技术专才治国在执政党意识形态中占有显著地位，到今天都是如此。中共对技术的重视，体现了他们"对国家尊严的追寻"。这与中国的经济现代化、政治集中、不均衡发展关系密切。Rudi Volti, *Technology, politics, and society in China*, Westview Press, 1982, p. 34.
② 任剑涛：《中国政府体制改革的政治空间》，载《江苏行政学院学报》2009 年第 2 期。

权力的借口。要塑造权威、独立的司法公权,从体制上必须实现中国政治结构的协调和均衡。要削弱专制结构对司法权威的消极影响,必须强化既有的中国政治"同一结构"对于司法改革的支撑功能。

总而言之,我们不需要西方三权分立式的司法独立,但并不妨碍追求司法改革的"均衡设计"。这种立足于转型期中国实况的司法均衡图景,既超越了西方法治意识形态的迷雾,也克服了中国传统人治逻辑的专断,从本体、方法、功效上都能够初步证成。它到底是一个美好可行的战略构想,还是一个遥不可及的乌托邦?最后的结果,有待中国社会发展与法治实践的最终鉴证。

第二节 司法均衡模型的实证:以网络公案为例

一 问题的提出

中国互联网产业的"波荡式"增长与现时的"顶点繁荣",为国人的生活提供了近在咫尺的全球化可能。[①] 或许,一个懵然不觉"全球化"为何方神圣的乡野鄙人,此时此刻正在"线上"甚至"掌上"以"无限正义"的网名发表令人震动的吁请。[②] 由于被遮蔽了可能导致偏见的现实身份,他的意见更容易受到网络参与者的认真对待。他的发现与思虑,愤怒或决绝,都可能产生连续而重大的"蝴蝶效应",引发现实世界的一场飓风,正所谓"牵一网而动全球"。

这样的场景绝非星月童话,它随机而必然地发生在当下中国的"触网空间"。网络技术的普及,为国人的日常生活增添了新的乐趣,在休闲、消费、通连的同时,大部分网民会投入大量的时间浏览新闻,关注时事。从前专属官方审议的事项,现在也可以放在网上,供不特定的大多数评论。电子政务的兴起,加速了官方与民众的意见沟通进程,也激励了民众

[①] 中国互联网络信息中心(CNNIC)发布的《第32次中国互联网络发展状况统计报告》指出,截至2013年6月底,我国网民规模达5.91亿,半年共计新增网民2656万人。互联网普及率为44.1%,较2012年底提升了2.0个百分点。

[②] 随着互联网的发展,网络正在成为反映社情民意的主要渠道。调查表明,当前80%的网络热点与政法有关,往往一个细小的案件,经过网络的发酵,随即演变为震动各界的社会热点事件。

对官方行动更深切地体认热忱。网络舆论热议司法案件,表明了国人"网络问政"的深度化趋向,也折射出当下中国民众正义吁请的制度不畅现状,彰显出提升司法过程乃至政治过程开放性程度的必要与紧迫。

然而,问题在于,网络舆论能否真实反映民意?网络民意能否确实代表正义?网络舆论中的正义吁请能否得到制度化的司法回应?并且,此种司法回应能否不违背司法本质的合法性和效能性?特别是在当下中国司法改革"第三波"的背景下,[1] 能否运用兼容程序正义与实质正义的法官新思维,应对"众说纷纭""剪不断、理还乱"的网络公议案件,并由此生发出具有相对普适的司法行为理论,正是本文关切的核心问题。

这一核心问题,关乎中国司法甚至整个法治事业的全局。毫不夸张地说,这场由网络技术引发的大众舆论与精英理性的"新人民战争",任何单方面获胜的结局都是可怕的失败,唯有通过"理性商谈"的"均衡协定",才有望实现司法与民主的双赢。

首先,当下中国的法官专业化、职业化程度已有很大提高。可以说,这是中国司法改革"第二波"的主要成就,也是对"第一波"司法改革运动的误区矫正。法官专业技能的进一步提升亟待构建兼顾民情与法意的正义思维流程,以应对转型期日渐增多的网络轰动案件。

其次,司法权从本质上乃是公权与人权的均衡体,专业化的司法与"大众司法"并不矛盾。保障人权是司法公权正当性和合法性的基石,法官理性是司法权力和司法权威契合的关键,不能对网络舆情做出法理回应的法官,很难成为合格的公权行使者,遑论优秀的人权捍卫者。

最后,在中国"第三波"司法改革的现实背景下,"司法为民""司法群众路线""人民法官为人民"等政治要求,无形中契合了法律社会化时代的"公共法官"趋向。法官承担具有社会公共性质的保障政治民主、经济自由、文化多元之责任的关键又在于,个案中的法官思维方式与当下

---

[1] 季卫东认为,限制裁量权是中国第三波司法改革的主题。第三波司法改革并非以简单的否定方式重新回到第一次司法改革提倡的群众路线。这样做的结果必然会事与愿违,因为原来就已经被放大了的裁量权还是不能得到有效的限制。在一定程度上,公民的司法参与的确有利于限制法官的自由心证。但是,这种限制裁量权的方式只有在司法参与和程序正义、当事人对抗主义等制度化条件密切结合在一起时才能避免被曲解、被篡改的结局。见季卫东《中国司法改革第三波与法社会学研究》,http://jwd.fyfz.cn/blog/jwd/index.aspx?blogid=519560,2009年9月22日最后访问。

无处不在、无时不兴的网络正义叮请能否达成互助互补的良性关系。

二　模型与实证

（一）司法正义的思维流程

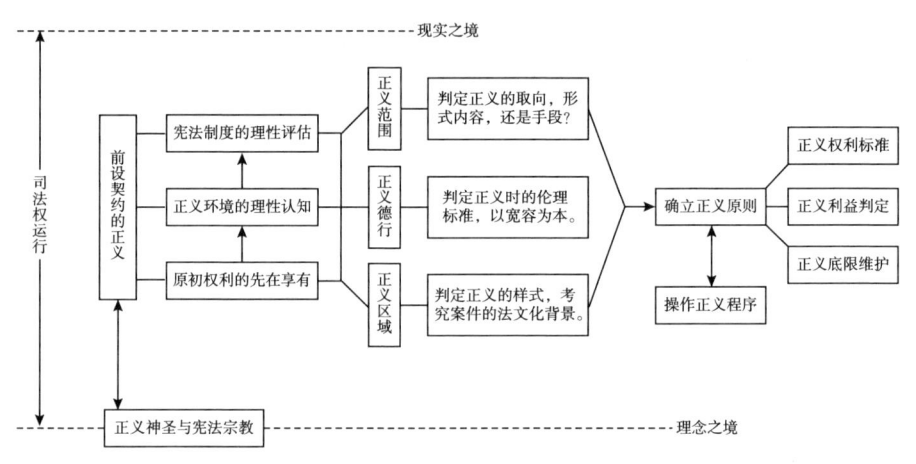

图 7-3　司法正义的思维流程

从理念上看，司法权运行的终端目标是实现"神圣的正义"，捍卫宪法和法律的基本尊严，构建类似宗教的法律信仰和权威。但在现实境况的掣肘下，尤其是面对纷杂多变的网络舆论时，法官不可能"一步到位"式地实现正义，只有遵从司法思维的基本原则，努力"接近正义"。

1. 契约前设：司法正义的门槛。法官在启动司法程序时，应当在思维上有这样的准备：司法正义并不是无处不在的"万面活球"，必须将那些不适合司法裁判的案件事先摘选出来。司法正义从本质上是一种公权运用与人权保障的均衡性原则，对于那些不合司法公权与人权互动范围与前设条件之案件，法院应当果断将之拒于门外，或者通过其他方式予以化解。法谚有云：司法是社会正义的最后一道防线。其意有二：一曰司法的权威；一曰司法的局限。我们通常从司法权威的角度诠释这一名言，倡导纠纷通通涌进法院，结果造成司法不堪重负，公信力低下。如果一味迷信司法的万能和亲和，势必形成民意与司法的紧张甚至决裂。结果是，在民众不断赋予司法正义的崇高期许的同时，司法体系承受"不能承受之重"，司法质量无法确保，司法权威度不断下跌，以至于本该由司法决断的重大案件也无法得到正常裁判。

2. 环境认知：司法正义的样态。当案件进入审判程序，法官思维的一般规律是：从环境到本体，从宏观到微观，从原则到规则。法官对案件的环境认知，主要包括三个方面：一是该案件所处的法律文化背景。正义犹如古树上的新芽，在不同的地域，面对不同的气候与土壤，会呈现不同的景象。即便都是惹人怜爱的嫩绿，在微观的透镜下也会显出细胞结构与分子运动的诸多差异。普遍、无歧的正义是可望不可及的构想，只有从文化尤其是法文化的类型学思考出发，才能真正找到正义发挥效用的规律性区间。二是任何案件都应具备的德性伦理。法官在司法裁判过程中必须体现宽容的德性，强调正义观的多元与相对，进而重视司法过程的开放式论证，将当事各方的利益主张充分吸纳、反复斟酌，达到完美均衡。三是该案件所指向的正义类型，即究竟是形式正义案件？还是目的正义案件？还是功能正义案件？甚至是三种正义诉求混杂难分的疑难案件？形式正义要求"相同的东西相同对待，不同的东西不同地对待"，目的正义追求正义的实质内容，功能正义则关注正义内容如何得到实现。法官必须通晓先例、善于类比、明了事理、注重方法，否则，很难均衡实现正义在形式、内容和功能各方面的要求。

3. 原则建构：司法正义的核心。首先，法官应当确立并坚守司法正义的底线原则。纵观各种正义的概念与学说，正义的底线是"一种活动原则，根据该原则，凡属同一基本范畴的人应受到同等的待遇"。[①] 具体而言，正义的底线标准包括：①体现人类尊严和个人自由的自决权；②平等和符合事实性；③相当性和公平性；④法安定性的最低要求；⑤国家行为的社会后果的权衡。[②] 其次，法官必须把握利益均衡的内在法则，在社会正义原则、个体权利标准兼顾的情况下，达成现实的利益均衡。以民事诉讼为例，任何提交司法机构要求予以审判的纠纷都具有一种获得司法裁判的必要性，对于这种必要性，大陆法系民事诉讼理论冠之以"诉的利益"。诉的利益概念的出现与利益法学思潮对民事诉讼领域造成的影响密切相关，其本质是国家在其司法裁判供给问题上的一种判断。诉的利益的判断

---

① C. Perelman. *Justice, Law and Argument*, D. Reidel Publishing Company. 1980, p. 11.
② 〔德〕伯恩·魏德士：《法理学》，丁小春、吴越译，法律出版社，2003，第 180~182 页。

过程实际上就是一个利益衡量的过程，这种利益衡量又主要在两个层面上进行：一是原告与其他纳税人之间；二是原告与被告之间。在诉的利益问题上所进行的利益衡量存在一定的尺度，它要求法官立足于社会需求做出符合基本正义的平衡。[①] 最后，法官还得回归社会正义的基本原则，结合个案的实际情况建构具体的个体权利判定原则和个人利益保护标准。对于司法裁判者而言，坚持法律效果和社会效果的统一，具体就是坚持社会正义原则主导司法裁量。从理想目标而言，司法判决必须体现矫正正义的算术平等，精确裁量不差毫厘。从现实情境来看，面对事实的不平等，尤其是当事双方地位实力悬殊时，法官应优先保障弱势一方的合法利益——这不是违反正义的"差别待遇"，因为，这样的不平等处置是社会正义原则的现实要求。司法的精神源于正义规则在具体事态中的运用，其实质是自由秩序的社会要求，最终体现为个人法定权利的社会化实现。

4. 程序操作：司法正义的实践。诉讼是没有硝烟的战争，是和平解决纠纷的制度化方式。司法通过其特有的程序规则以及法律语言，将社会生活中的各种利益冲突纳入法律规范的调整范围，以个案处理的方式，实现法律保护利益的目的，保障社会的安全稳定和秩序。法官必须以程序性法律思维作为基准思维方式，不能脱离合法性去讲政治、讲经济效益、讲道德。其关键理由有三：其一，当事人将问题提交给法院，说明这是个法律问题，所以要用法律思维来对待；其二，法院的职责是按法律标准来裁判是非；其三，如果法官可以脱离法律思考问题，那么这个社会就不可能有法治。[②] 归根结底，没有程序操作的法律保障，法官对"社会正义"的实践很可能会异化为"无法无天"的专断。

(二) 网络舆论的正义诉请

貌似散乱无稽甚至蛮横暴戾的网络舆论背后，潜藏着当下中国"草根民主"与"底层正义"的浓烈诉求，任何漠视、否定和压制这种正义呼请的举动注定是高风险的悖理行为。从现象上看，近年来的诸多案件都受到了网络舆论的极大牵制，法院审判工作似乎受到了不小的干扰。其实，长

[①] 参见常怡、黄娟《司法裁判供给中的利益衡量》，载《中国法学》2003 年第 4 期。
[②] 参见郑成良《法治理念与法律思维》，载《吉林大学社会科学学报》2000 年第 4 期。

远看来，勃兴中的网络舆情正好为"第三波"中国司法改革提供了大好机遇，也可以为处于重重人情关系网罗中的法官独立审判创造有利的"庇护"。当然，这并不意味着司法必须无条件顺从网络舆情，甚至有意逢迎，不惜曲解法律。但是，裁判者如果对网络舆论的正义吁请置若罔闻，无疑是对民意和法理的双重违背。

从近几年的网络舆论关注的焦点问题来看，国人的正义诉求集中体现在三个维度：

1. 个体主义的正义诉求。而今网民大多数是改革开放后的新一代，其思维模式具有强烈的个体主义特征毫不奇怪。网民对个体的关注，突出体现为对个人权利的认真对待和依法维护上，主要包括对生存权利和发展权利两大方面。就生存权而论，网民高度关注民生问题，这类事件涉及房价过高、费改税政策、养老保险制度改革、个人所得税改革、医疗体制改革、高考改革、环境污染问题等。就发展权而论，网民追求自由、宽松、丰裕、和谐的生活环境，重视休闲和娱乐带来的生活品质。渴望获得公平的机会和良好的发展空间。对那些可能剥夺他们发展机会的特权阶层极为敏感和痛恨，与此同时，对那些与己无关的明星事件也非常热衷打探，因为，这是网民们舒缓压力、放松身心、谋求个人"可持续发展"的重要方式。

一旦网民慨叹生计艰辛、前途无望，他们自然会追问根源，难免会引发舆论对政府的质疑之声，政府公信力在网络舆论中难免受到挫伤。政府官员的违法违纪行为，以及中央政府反腐败的举措与行动，成为网络舆论的恒定焦点。对代表强制国家机器的政法系统、城管部门，网络舆论也是极尽口诛笔伐之能事。对代表特权和垄断的政府部门、中央企业，舆论也保持高度关注，动辄有网络热点事件爆出。

民众对于"权贵资本"的痛恨，在网络舆论中可以说已达到无以复加的地步。网民对社会分配不合理、贫富分化问题极为敏感，公众对利益格局的调整和初次分配不合理问题的不适感不断增强，不满情绪日益凸显。这反映出个体主义的权利正义观念已在当下中国新一代民众心中生根发芽，其结果必然是，政府公权力受到网络舆论密不透风的监督，对现行某些政策法令的舆论批评势必会转化为深化改革的动力。对那些涉及权钱交易、暗箱操作、欺压善民、炫耀权贵的腐败尤其是政法腐败现象，网络舆论的毫不留情，反映出国人对个体权利的无比珍视。司法机关应当正确对待这些正面的舆情，将它与无聊的恶搞、无稽的谣言、无谓的跟风区别开来，通过司法正义的制度流程将之吸纳融解。

2. 国家主义的正义诉求。长期以来，中国民众秉持"天下一家"的整体思维，在网络舆论的热点中，不乏对国外事件、国际关系及中国国内族别问题的关注。"网络民族主义"风行，表明当下新一代国人强烈的国家主义诉愿，任何阻碍国家富强的内外因素，都会受到网民无情的鞭挞。一方面，网民关注重要或敏感国家、地区的突发性事件；另一方面，一旦发生危及国家利益和民族自豪感的事件，网民会产生强烈的应激性的反应。这种立场从本质上看绝非"均衡正义"的思维类型。

3. 传统主义的正义诉求。网民所诉求的正义，很大程度上属于传统实质正义的类型。网民对"事实"和"真相"不倦的探求，与传统中国人治的司法理想非常相似。但从现代法理审视，客观真相必须通过法律事实予以重构和复原，而法律事实又需要证据的支撑，证据本身又必须是合法的程序产物。"不问手段、只求目的"的片面实质正义诉求，极易导致可怕的"网络暴力"。网民正义诉求的传统性，还体现在他们对传统美德失落的深深忧虑上。面对现代陌生人社会的生活压力，许多网民对传统道德产生了一种"田园牧歌"式的幻想，对于破坏这种道德幻觉的行为都视为不能容忍之恶。这反映出当下中国网民正义吁请的矛盾性：一方面，以个体权利为中心；另一方面，却无限怀念传统的"清官审判"和君子好人。这种矛盾性是转型期中国网络舆情的重要特点，也是司法者应当认真分析的重要对象。

三　焦点与讨论

（一）司法正义思维能否涵摄网络舆论的正义吁请？

通过上述分析，可以发现，法官的正义思维与网民的正义吁请存在很大的不同。作为受过专业训练的法官，在个案审判中必须充分实现正义的各个侧面，而作为大众的网民，多数只着眼于正义的某个方面，"攻其一点、不及其余"。法官的正义思维是全面均衡型的，而网民的正义吁请是个体偏重型的。这就难免引发法律专业判断与大众常识理性的冲突。

案件审判前，法官面对网络舆论压力，必须保持情感的高度克制，审慎、冷静、客观地分析案件的"门槛性"问题，秉持"法律的归法律，道德的归道德"之立场，真正做到立案环节的正义取舍。当案件进入正式的审理程序，法官还要全面地评估该案的宏观环境，从案件可能涉及的正义类型、文化与伦理诸方面推导出基本的司法思路。继而，借助网民的事实发现与观点论辩，从微观上建构案件处置的法律原则，选择适用的法律规则，并以严密的逻辑推理，运用适当的司法方法，得出案件裁判的基本结论。在案件审理过程中，法官必须坚守"正当程序"的法治要求，果决排除不利的舆论干扰，及时将相关司法信息通过法定程序向外界公开，形成主动而理性的"司法舆论场"。最后，法官判决的正义论证，是取得舆论支持的关键所在。强调判决书说理，其实就是要求法官将专业、抽象的法律推理过程生动、形象但又不失精准、客观地向社会公众阐释。这对于克服当下网络正义吁请的情绪化和矛盾性，大有裨益。这不仅是对个案当事人的法律交代，也是对整个社会公众的尊重与回应。

（二）断裂社会的"司法均衡"：一个神话？

近年中国"网络公案"迭出，除了技术和产业原因外，长期不均衡发展带来的"正义吁请焦虑症"实乃不容忽视的主因。众所周知，新中国六十年大体可分为前后三十年两断。前三十年波折不断，政治运动、阶级斗争、"文化大革命"摧毁了经济建设的契机与成就，后三十年拨乱反正，以经济建设为中心，带来了社会各方面的巨大变革，但也出现了发展失衡的弊病。城乡差距、地区差距、阶层差距、职业差距、收入差距、社会地位差距、性别差距、族群差距、文化资本差距、可持续发展差距、享有良好环境差距等社会问题的客观存在，使得网民的正义感极为敏感、脆弱、迷惘。

言其敏感，是因为网民的大多数属于社会中下层，对社会不公尤其是司法不公具有切肤之痛，现实生活的被剥夺感和不平感一旦在网络空间中宣泄，势必引发"正义敏感症"，"天下乌鸦一般黑"式的偏见无形中扭曲了人们对司法正义的应然期许，复活了"清官司法"的人治记忆。言其脆弱，是因为很多痛恨不公的"正义网民"从始至终都秉持绝对性和单方面性的立场，拒绝"理性商谈"，以传统的"均贫富、灭差等"为行动逻辑，极易导致非理性的怨恨和仇视情绪喷发，破坏正义商谈性的根基。言其迷惘，是因为当下中国网民的主体是青少年，特定的生理与心理结构，加上肤浅的人生阅历，使得网络舆论呈现出极强的不确定性，诸多个体的道德义愤机械叠加，结果就是"群体极化"出现。① 并且，网络舆情的"极化转向"非常迅速，常常如股票市场般毫无预兆。

对于网络舆论围裹的中国法院，协调民意与法理的冲突，通过个案正义的实现均衡社会各方利益关系，正是科学发展观对于司法审判的现实意义，也是"司法均衡论"在现实审判活动中得以证成的生动说明。② 所以，诊治当下中国网络舆论与司法审判的紧张病症，根本药方还是处理还转型发展与发展转型的关系，以均衡发展的科学精神协调好司法的内外环境，实现司法均衡的法理要义。在"断裂社会"的现实逻辑面前，③ 司法均衡不是虚幻的神话，而是理顺国家体制、规范公权行为的理念先导。

（三）司法政策调控能带来司法行为的"能动转型"吗？

从制度改革和行为优化来看，司法机关还应通过对网络舆情的分析与回应，建立灵动、权威的司法政策调控机制。最高人民法院院长王胜俊在全国高级法院院长会议上强调，法院审判要更加注重保障民生，要充分利用互联网、人民来信来访、申诉再审等诸多方式和环节，建立科学、畅通、有效、简便的民意表达机制，及时掌握民生需求，适时调整司法政策。也就是说，要充分利用互联网上的民意表达，来"适时调整司法政策"。

---

① 所谓"群体极化"是指"在网络和新的传播技术的领域里，志同道合的团体会彼此进行沟通讨论，到最后他们的想法和原先一样，只是形式上变得更极端了"。〔美〕凯斯·桑斯坦：《网络共和国——网络社会中的民主问题》，黄维明译，上海人民出版社，2003，第47页。

② 对司法均衡理念及其在当下中国实践模式的详细阐释，可参见廖奕《司法均衡论：法理本体与中国实践的双重建构》，武汉大学出版社，2008。

③ 概括而言，断裂社会在现实意义上首先指明显的两极分化——富裕与贫穷、城市与乡村、上层与下层，社会沿着这条主要断裂带展开，几乎分裂为两个不同的世界。这种断裂的含义既是空间的，也是时间的；既是经济层面的，更是社会结构层面的。可以说，断裂社会的实质，是几个时代的成分并存，而互相之间缺少有机的联系与整合机制。参见孙立平在社会科学文献出版社出版的"断裂三部曲"《断裂——20世纪90年代以来的中国社会》（2003年）、《失衡——断裂社会的运作逻辑》（2004年）与《博弈——断裂社会的利益冲突与和谐》（2006年），以及郭于华的专题述评《转型社会学的新议程》，载《社会学研究》2006年第6期。

这就要求，法院在审理案件的过程中对可能对诉讼当事人的权利义务产生重大影响的各种可选择的法律或条款进行选择，或在法律没有规定的情况下对所涉利益进行理性地权衡，从而得出最符合宪法性要求的法律规定。与一般的判断不同，理性的司法决策是一个价值判断的过程，涉及决策主体的价值追求，其目的是制定司法政策，其实质是对资源的权威性分配。[1] 司法政策调控机制要求突出体现在有效保障公民、组织尤其是少数群体和弱势群体的法定权利。这是对近代法治理论下机械司法模式的突破，是一种适应现代法治社会要求的能动司法样式。[2] 可以预见，法治化的司法政策调控，非但不会造成许多学者担心的政治化司法回潮，反而有利于司法行为的"能动转型"，在新的信息社会条件下增进司法应有的权威度与公信力。

（四）"网络协商"：司法民主的新方式？

当下日益勃兴的网络舆论并不必然导致对司法独立和公正的阻碍与破坏，相反，它是"网络民主"的可喜进展，对于"第三波"中国司法改革具有巨大的推动作用。司法机关应当敏锐抓住网络舆论体现出的"协商民主"契机，通过有效的制度创新，建立良好的司法民意沟通互动机制。尝试全面运用协商民主的方法，均衡网络舆论与司法意见的正义认知，建立双向的信息交换机制，将活跃在网络"意见领袖"的正义吁请转化为可供司法过程吸纳和展示的合法证据样式。[3]

针对地方重大公共问题造成的网络公案，可以尝试运用协商民意测验的方法。这是一种基于信息对等和充分协商基础上的民意调查，它旨在克服传统民意调查的诸多局限性。通常组织者会通过随机抽样产生参与者，然后将他们召集起来共同参与1~3天的协商论坛。美国斯坦福大学 Fish-

---

[1] Harold J. Spaeth, *Supreme Court Policy Making*, W. H. Freeman and Company, 1979, p. 1.
[2] 参见廖奕《过程与均衡：司法本质的中国语境》，载《法学评论》2009年第1期。
[3] 网络的"意见领袖"具有更强的草根性、流动性和号召力。随着互联网的出现，对于热点社会事务、公共话题，非媒体专业人士也有资格发言，与大众分享他们的智慧、学识和价值观。这些民间身份的观察家可能比传统报纸和电视台对于公众的影响力更大。他们对政府应对举措不乏尖锐批评，同时对社会管理体制的变革，对于道德文化建设和"国民性"的现状，也有深刻的剖析。参见祝新华等《2007年中国互联网舆情分析报告》，载《2008年中国社会形势分析与预测》，社会科学文献出版社，2008。

kin 教授已在许多国家运用并发展了协商民意测验方法。① 该方法一般适用于较大规模的规划制定问题，适用于地方重大事项的决策。在需要解决有争议的问题时，该方法也特别有用，因为其一系列规范的程序可以避免对立看法的偏激化。

当案件相对比较清晰，有望通过现有法律程序解决的，我们可以采用"网络公民陪审团"的方法确定民意。网络公民陪审团由一个官方委员会创设而成，该委员会享有解释陪审团建议并按建议行动的权力。由委员会选择专家、证人并以随机抽样的方法选出陪审团成员。网络公民陪审团的集会和他们所讨论的议题将公布于众。当陪审团成员商议开始时，证人或具备专业知识的人士也被邀请到场为陪审团成员提供必要的讯息。最后陪审团将出具一份推荐报告给委员会。

对于那些具有局部的、专业的、带有强烈个体或小团体利益要求的司法议题，我们不妨采用网络专题小组的方法。② 专题小组，又称焦点组，是由与该议题有关联的和知晓该议题的人员组成，这一群体里面可能包含利益集团，支持者的组织或者监督者。他们在这一议题上各有各的利益取向，各自坚持己方观点。由于代表各自利益群体的参与者在专题讨论前已充分掌握了议题的相关信息，这就使其能在短时间内进入深入协商的状态。另外，各利益群体所掌握的独特的知识或信息往往能够使他们创造出一些令人耳目一新的观点或解决方法。

上述方法未能穷尽网络协商民主的全部，也未必是均衡司法与舆论关系的最佳解决方案。但可以肯定的是，未来中国民主化、法治化潮流是不可逆转的历史大势，网络司法公案问题的解决必定不能违背这样的历史潮流。"网络协商民主"既能商讨民意，又能吸纳民情，还能化解民怨，可谓一举多得。"网络协商民主"虽然经济成本不菲，但相对于司法不公、民怨沸腾而言，这又算得了什么？兹事体大，不可不察。

在《法官如何思考》一书中，波斯纳将流行的司法行为理论归纳为九种（态度理论、战略理论、社会学理论、心理学理论、经济学理论、组织理论、实用主义理论、现象学理论和法条主义理论），并对之一一展开批

---

① 更详尽的介绍，可参见网站：http://cdd.stanford.edu。
② 更详尽的介绍，可参见网站：www.publicagenda.org。

驳。他力图提出一个令人信服的、统一的、现实的且适度折中的解说，在非常规案件中，法官实际上是如何得出其司法决定的。简言之，一种实证的审判决策理论。①客观而论，波斯纳的新理论对于美国的司法实践具有相当强的解释力，对中国司法者也具有相当的启发性和说服力。但是，对于中国这样一个发展极不均衡的转型大国的司法总体而言，波斯纳的解释缺乏实证的根基，尤其是面对复杂的中国网络舆情，任何卓越的心理学、统计学分析都离不开文化解释的支撑。而波斯纳显然不是中国法律文化解释的高手。

本书同样没有达到文化解释的"高度"，无意也无力型构全新的司法行为理论，甚至没有细致"深描"某个典型个案，只是大而言之地以网络吁求的正义特质为切入，提出了"法官如何正义地思考"这一具有浓厚价值论法学色彩的老问题。尽管如此，本文还是尽可能地遵循科学研究的一般法则，从问题背景、理论假设、现实因素、问题讨论的程式出发，有限度地呈现了未来可能的中国司法行为理论的雏景。在这幅粗疏到可谓粗糙的图景中，法官的正义思维程序是司法行为的核心构件。这有别于当今主流研究的外部化倾向，须知，司法行为必定涵盖心智/理性的行为，如果仅仅将司法行为定义为法官的外部举动，比如早餐吃得好不好、开庭前夜夫妻关系如何等，无疑会丢弃司法的灵魂——文化理性。我们的实证，可以是琐碎的细节验证，也可以是宏大的理想证成——后者应当更符合法的整体性精神。

第三节 司法改革与"法治中国"的顶层设计

一 "法治中国"的整体战略

在党的十八届三中全会上，法治中国的顶层设计成为重要议题。在全会公报和决定中，"法治中国"不仅是一项重要的政治建设战略，而且正式成为全面深化司法体制改革的总体性目标。"法治中国"已经从宏观的愿景型概念化作具体的操作性方案，其整体战略设计事关未来中国改革与

---

① 参见〔美〕波斯纳《法官如何思考》，苏力译，北京大学出版社，2009。

发展的全局。

客观的世情、国情和民情是法治中国顶层设计的不变基点。面对日益复杂国际形势和艰巨繁重的发展任务，法治建设的方略必须体现出能动的回应性。现代世界变动不居，法治精神却相对恒定。"以不变应万变"的古训和"与时俱进"的现代理念，在法治中国的顶层设计中并不冲突。沿着法治化的改革方向迈进，这是历史潮流，也是民心所向。同时，法律治理体制机制也需要不断改革，改革法制乃是建设法治中国的关键使命。无论理论界对法治还存在多少争议，但可以肯定的一点是，法治中国战略是新时期中国法治深入推进的"地标性概念"，凝聚了全体人民的智慧和共识。

公平正义的均衡发展是法治中国顶层设计的战略目标。公允而论，当前中国发展态势依然保持着强劲的经济主导色彩，政府推动的作用至关重要。这就需要在保持政治稳定和思想连贯的前提下，充分释放市场经济的社会活力，形成良好的政府与市场、社会之间的互动关系。在此背景下，法治中国的总体战略目标非常清晰，那就是必须坚持在执政党的领导下，以法治精神、思维和方式为依凭，全面推进社会主义经济建设、政治建设、文化建设、社会建设、生态文明建设和党的自身建设，促进社会公平正义、增进人民福祉。这种战略定位体现了"法治中国"与"中国法治"的重要差异：前者是贯穿于整体建设的宏观战略，后者是服务于具体领域的微观方案；前者需要缜密科学的顶层设计，后者更强调依法而行的执行力。

法治中国建设行动方案的设计必须围绕全面深化改革的总目标，在国家治理法律化的关键问题上取得实质性的突破。完善和发展中国特色社会主义制度，推进国家治理体系和治理能力现代化，离不开法治的内在支撑。法治具有强大的制度规范力和社会塑造力，可以为全面深化改革创造源源不断的动力和生生不息的活力，同时还可以保证改革事业的有序和稳定。当前中国改革的系统性、整体性、协同性要求，都要求法治建设系统化推进。加快发展社会主义市场经济、民主政治、先进文化、和谐社会、生态文明，让一切劳动、知识、技术、管理、资本的活力竞相迸发，让一切创造社会财富的源泉充分涌流，都离不开法治国家、法治社会和法治政府的协同保障。归根结底，"法治中国"遵循的治理思路，不同于传统的思维，它彰显的"均衡"理念非常适合中国的实际：一方面，国家体系必须足够强大，为公民权益和人民福利的保障和增进服务；另一方面，国家权力又必须收到法律制度的有效控制，确保其在确定的范围，以有限却有效的方式运转。

具体而言，"法治中国"至少包含了六层战略内涵：法治的市场经济、民主政治、理性文化、和谐社会、生态文明和政党领导。前五项属于建设内容，党的领导属于实施机制。就战略重点而言，法治化的执政机制建设居于首要地位，没有党的领导决策机制的不断优化，就很难确保法治中国战略的科学设计和正确实施。全面深化改革，必须加强和改善党的领导，充分发挥党总揽全局、协调各方的领导核心作用，提高党的领导水平和执政能力，确保改革取得成功。全面深化改革领导小组的成立，可以发挥法治中国建设的总体设计、统筹协调、整体推进、督促落实等职责。

在法治中国的推进序列上，经济法治化和政治法治化应当协调先行。经国济世本身就是最大的政治。经济改革与政治改革最大的公约数就是厉行法治。推动经济更有效率、更加公平、更可持续发展的经济体制改革与坚持党的领导、人民当家做主、依法治国有机统一的政治体制改革，都需要加强国家治理体系的法治化。其核心要求在于，必须从制度上均衡政府与市场的关系，推动依法行政，建设法治政府。从理论上讲，依法行政与依法执政之间具有紧密的逻辑关联，但在实践中却位于不同的战略时序。依法执政主要指向党的领导机制改革，依法行政则面对政府行为的规范化问题。法治国家反对党政不分，但也不能党政切分，不分情况地将党的政策与国家法令武断切割。在法治中国的顶层设计中，我们可以发现决策者将执政行为和行政行为"统分结合"的战略意图：性质上加以区分，纳入各自的法治轨道，但在战略目的上都统一于推动市场经济和民生事业的发展。就强化法治的权威性和监督力而言，司法体制改革无疑是重心。在完善司法权力运行机制的基础上，推动人权司法保障制度建设，可谓"经济放权"、"政治限权"之后的"司法护权"，可为法治中国建构牢固的防线。

有了国家治理法律制度体系的保障，文化、社会与生态建设的法治化才具备了坚实的基础。相比于政治和经济，文化、社会与生态建设所需要的时间更长、成本更大。与其说是人为设计式建设，不如说是自然演进型培育。国家必须抓住公共财政税收这一关键制度保障，优化资源配置，维护市场统一，促进社会公平，实现国家长治久安。建立现代法治化的公共财税体制，对于缩小社会差距，增强理性沟通，改变短视思维，遏止生态破坏，也具有显著的战略意义。

就更为细微却又直接事关民生的社会治理工作而言，法治中国建设应高度关注平等基础上的安全价值实现。安居才能乐业，公共安全和国家安全都是和谐社会的基石，都必须通过法治的方式加以确保。创新社会治理方式，激发社会组织活力，建立有效预防和化解社会矛盾体制，都不能偏离法治的主线。设立国家安全委员会，完善国家安全体制和国家安全战略，也应当在法治的程序下完成。在当前政法工作中，"平安中国"与"法治中国"要保持实质的一致，就必须将"平安"定性为"公平基础上的安全"，才能与法治的核心价值契合。

法治中国的顶层设计未有穷期，因为任何顶层设计都需要在实践中不断调整和优化，摸着石头过河的试验仍然是必需的。但可以确定的是，以党的十八届三中全会为节点，法治中国顶层设计的基本轮廓已经非常明晰，其战略判断和考量充分彰显了法治的时代精神，必将对未来中国的全面深化改革提供强大的正能量。

二 以"司法均衡"为切入点的"法治中国"

就转型期中国司法改革的顶层设计而言，"均衡"具有双重意义：一是外部均衡，即司法改革必须着眼于中国改革的整体均衡性，"单兵突进"既不可欲也不可行。司法改革与社会政治经济文化改革同在转型大棋局中，如何博弈，事关紧要。二是内部均衡，即司法改革过程中必须协调各种权力关系、权力与权威关系、公权与人权关系，只有这样才能实现制度均衡的最优正解。影响当代中国司法改革深层推进的诸多消极因素，诸如司法权的条块化、行政化、工具化、官僚化、功利化等，归根结底，都与社会经济发展和政治体制结构的非均衡性有关。针对这些现实问题，在中国共产党全面深化改革的顶层设计中，司法体制改革方案全面彰显了法治化的均衡逻辑。

1.《决定》对司法的概念进行了广义界定，同时赋予了司法以整体性的经济、政治、文化、社会、生态保护和政党建设功能。"不谋全局者，不足谋一域。"只有将司法置于全面的改革实践，才能彰显其场域性的多元内容，在主体交互性的博弈情境中展开改革的探索。

2.《决定》对中国特色的法治逻辑和司法体制改革进行了明确的战略定位。中国特色法治道路必须坚持党的领导、人民当家做主、依法治国有机统一，坚持依法治国、依法执政、依法行政共同推进，坚持法治国家、法治政府、法治社会一体建设。全面建设法治中国，成为新一轮司法体制改革的总体背景和基本要求。司法体制改革被明确定位于政治体制改革范围，凸显了决策者的责任担当和均衡意念。长期以来，中国政治体制改革落后于经济体制改革，此种不均衡性已经严重影响了改革的效能和公信力。以司法体制改革推动政治体制改革，有利于全面深化改革的重点突破和整体推进。

3. 司法体制改革并没有以某项单一价值作为战略中心，而是以"依法公正"为依凭，体现了法治逻辑的原则主轴。根据改革与法律的关系，新一轮司法体制改革在实践推进中被分为三种类型：一是需要通过修改法律推动的"重大改革"；二是需要法律授权的"重大改革举措"；三是不需要法律特别程序的一般性改革。①

4.《决定》对司法权的认识具备了公权与人权均衡的新思维，专门提出"完善人权司法保障制度"，彰显了人权司法的法治本源意义。司法过程中的人权保障举措除了涉及公民的生命权、自由权、财产权等实体性人权，还重点突出了"司法人权"的内容，尤其是公正审判权和获得司法正义权。为了保障刑事被告人的司法权力，必须健全错案防止、纠正、责任追究机制，严禁刑讯逼供、体罚虐待，严格实行非法证据排除规则。为了确保司法正义的普遍实现，健全国家司法救助制度，完善法律援助制度，发挥律师在依法维护公民和法人合法权益方面的重要作用。

5.《决定》对司法权运行体制的认识更加深入，改革的均衡战略思维更为清晰。首先通过司法管理权体制的改革，厘清司法与外部权力主体的关系，确保司法完成依法裁判的基本职能。继而针对司法权力运行的宏观

---

① 中共中央政治局委员、中央政法委书记孟建柱撰文指出，深化司法体制改革涉及司法权力调整和司法资源配置，事关重大，必须依法有序推进。在落实各项改革措施过程中，既要在实践中积极探索，又要按照中央统一部署稳步实施。重大改革都要于法有据，需要修改法律的，在完善法律制度后再全面推开。有的重要改革举措，需要得到法律授权的，要按法律程序进行，以确保法制的统一和权威。见孟建柱《深化司法体制改革》，载《人民日报》2013年11月25日第6版。

与微观机制分别提出改革对策，优化职权配置，改革传统做法，解决审判分离，塑造"权威司法"。最后，以司法公开和人权司法为重心，提升司法的社会回应与均衡功能，塑造"权能司法"。

6.《决定》对司法体制改革的保障措施进行了整体规划和均衡布局。在司法体制改革中，维护宪法法律权威是逻辑起点和刚性要求，"坚持法律面前人人平等，任何组织或者个人都不得有超越宪法法律的特权，一切违反宪法法律的行为都必须予以追究"。这就要求普遍建立法律顾问制度，完善规范性文件和重大决策合法性审查机制，建立科学的法治建设指标体系和考核标准，健全法规、规章、规范性文件备案审查制度，健全社会普法教育机制，增强全民法治观念。深化行政执法体制改革，则是司法权管理体制改革的关键保障。没有行政法治化，司法体制改革很难单兵突进，自成一体。废除劳教，改革信访体制，推动省以下地方法院、检察院人财物统一管理，探索建立与行政区划适当分离的司法管辖制度，设立专门法院，建立符合职业特点的司法人员管理制度，都离不开行政体制改革的配套和保障。

三 法治均衡逻辑下的策略选择

（一）凝聚共识，依法推进

在法治转型过程中，执政党日益成为与国家权力一体化的建制，承担着协调不同利益主体的均衡功能。[①] 执政党决策的有效性与主权权威密不可分，既然司法权属于主权的重要部分，对司法改革的顶层设计自然成为执政党的重要任务。问题是，执政党的改革理念如何与人民的改革意愿契合为制度化的改革共识？如果司法改革只是按照政治意识形态的要求和变化亦步亦趋、随机应变，其合法性基础自然不够坚固，甚至会因实践效果引发严重的意识形态危机。因此，发挥执政党的改革领导功能，必须重视法治均衡策略的运用，将司法改革的公共意见通过协商民主和法定程序转化为体现人民意志的法律共识，形成权威且可操作的司法改革的专门法案与规则系统。

---

① 参见汪晖《去政治化的政治：短20世纪的终结与90年代》，上海三联书店，2008，第7页。

坚持党的领导、人民民主和依法治国的有机统一，让司法体制改革的顶层设计成为融汇法理和民智的开放战略系统。执政党应当将司法价值目标做出均衡定位，将渐进改革与整体改革、自上而下与自下而上、外力驱动与内力驱动有效平衡。具体步骤包括：第一，对改革议题深入讨论，确定改革目标和主要决策点；第二，确定可能的改革选项，通过广泛参与汇集改革提案、建议，形成改革预案；第三，确定可能存在的分歧，检测参与决策的各方对预案的共识程度，进一步明确各方关切的关键问题；第四，围绕各方关切的问题，通过民主协商，对预案进行修订；第五，针对将要出台的顶层设计方案，检测社会支持度；第六，改革方案的最后出台。① 最后，在规范形成上，应以党内法规与国家法律的衔接与统一为中心，加强国家法对社会规范的吸收与涵摄，努力将各种改革主体的利益需求均衡整合。

（二）优化决策，整合力量

就现今司法体制改革的决策而言，中共中央政治局负责整体政策的确定和走向把握，全国人大及其常委会负责立法和履行相关法定程序，国务院和"两高"（最高人民法院和最高人民检察院）负责制定和实施重要领域的具体政策。2003 年成立的中央司法体制改革领导小组，从国家层面加强对司法改革的统一领导协调，对相关重大问题实行集体研究、共同决策。但专门领导小组毕竟无法总揽全局，难以对司法体制的整体改革发挥均衡效能。有鉴于此，中央成立了全面深化改革领导小组，以实现整体规划和共识凝聚。

以中央全面深化改革领导小组为组织依凭，实现司法体制改革的力量整合和民智汇聚，首先要整合各地方、各部门的司法改革领导小组以及相关组织。在此基础上，进一步考虑直接吸纳社会民众的广泛参与。建立国家司法体制改革的官网，对改革感兴趣的公民、团体和组织都可以在线注册，完成资格认证后，成为改革推动网络的正式成员，享有信息获取、建议提交、意见发表、活动参与等各项权利。对于网络成员活动的公共平台建设，可以考虑将之纳入协商民主的范围，以专题小组、市民工作坊、大

---

① 参见樊鹏《论中国的"共识型"体制》，载《开放时代》2013 年第 3 期。

众观审团等生动多样的方式加以推动。对于各界的公众参与，中央可从改革基金中设立专门的奖助计划，以确保全民司法改革的真实性和有效性。

（三）公开运行，项目评估

1. 完善现有司法改革领导小组的运行机制，借助互联网平台进行公开化的改革参与和评估。司法改革领导小组的各项会议、计划和活动都应让公众提前知悉、同步参与、事后反馈。领导小组办事机构成员的个人情况，应当向公众全面公开，尤其是公开的联系方式必须可一次性通达。除了个人简历介绍，领导小组的办公地点也应当让公众清晰明确，可以随时与之取得联络。在会议形式上，可以采取年会、工作小组会、特别专题会、项目会议等更为丰富多样的方式；在程序上，应当强化人民群众的多方参与和精简、节约和效率意识，扫除官僚主义、浪费、拖沓以及无主题漫游等不良风气。

2. 进一步分解细化司法体制改革的战略目标，在激励机制、次序安排和成效测量上取得进展，建立可操作的决策模型。在专门法案的基础上，通过进一步的战略分析，对司法体制改革的目标加以操作性分解，明确主体、对象、任务、次序、资源、责任和日程。

3. 对具体改革尝试以项目制模式运作和推动。司法体制改革的项目动议、立项论证、审议批准直至效果评估，都在统一的公共平台完成。地方和部门的司法改革计划必须经过科学论证，成为可操作性项目，才能获得相应的资金和政策支持。只有完成了预期指标要求的司法改革项目，经过评估通过后才能正式结项，同时向社会公开展示具体成果，供公众监督、查阅和使用。

四 长远的文化问题

已有的转型国家改革经验告诉我们，制度与文化的均衡对于司法与法治是多么重要。在世界上唯一一个二加二不等于四的复杂国度，西班牙的司法充满着军队与教会主导的"神圣暴力"色调。[1] 尽管1975年起西班牙人开始建铸民主，但这种由军人独裁向人民做主的政治转型由于司法均衡

---

[1] Stanley G. Payne：*Politics and the Military in Modern Spain*, Stanford University Press, 1967.

的缺席而显得困难重重。学者看到了经济和社会进步对西班牙民主进程的巨大功用，可未曾意识到均衡司法对于任何一个政治转型国度的根本性导引功能。因此，他们往往会不无悲哀地指出："面向稳固的民主，西班牙注重道远。"[①] 对 20 世纪 40 年代后的非洲各国而言，"去殖民化"（decolonizations）无疑是新政治与新司法的主题。英、法列强并未因军事失利或社会失控而放弃它们的殖民梦想，许多非洲亲西派也从未放弃过自己美妙的"殖民意念"（colonial imaginations）。[②] 整个非洲在文化上依然被分为三块：法兰西非洲、大不列颠非洲以及非洲人自己的非洲。非洲人的非洲只是其中的弱小一支。各种法文化在非洲这块苦难深重的红土地上冲突激荡，要让它们走向融合，必须启用法治均衡的战略。在中美洲的许多国家，围绕人权的司法保障，众多主体博弈竞争，主要包括国会、法院和美洲国家组织（OAS）——它们分别代表了三种不同的权能：司法的政治权能、法律权能和社会经济权能。[③] 从这些实例中我们不难发现，司法本质系于人权与公权的均衡，必须在过程场域的全时空场景下发挥民主与法治的融通效用。

中国既是一个文化发达的文明大国，也是一个文化纷杂的"文明乱世"。长期以来，中国的"治乱循环"始终维持着神秘的魔咒，成为众多有识之士的一大心病。究其内源，这可能与中国文化发展的独特路径息息相关。照钱穆先生的说法，中国文化发展经历了三段高峰，先秦时期的学术文化高峰、秦汉帝国的政治文化高峰和明清至今的物质文化高峰。这三座高峰并非平行、均衡发展的，而是波浪式的"两头低、中间高"的格局。政治文化的"一峰独秀"很容易导致政治的"全能"和"全责"，一旦社会发展濒临突破，政治力量就难免会出现无序的冲撞，加之承担过量的权责，极易导致民怨沸腾、乱世临头。更具危害性的是，潜藏于中国文化背后的政治控制使学术和经济很难保持作为独立文化形态应有的动力和自由。这是历史的悲哀，也是"文明乱世"频繁出现的重要现实根源。

---

① Samuel D. Eaton, *The Forces of Freedom in Spain*: 1974 – 1979, Hoover Institution Press, 1981.
② Frederick Cooper, *Africa since 1940: The past of the present*, Cambridge University Press, 2002, pp. 38 – 39.
③ David Harris & Stephen Livingstone eds., *The Inter American System of Human Rights*, Clarendon Press Oxford, 1998, p. 173.

具体到司法文化问题，国人对它的态度一直是世俗和片面的。在政治文化的"高峰统罩"下，司法文化缺少自身独立的学理建构、制度保障和物质动能。在中国传统文化的认知录中，司法似乎从未被看作是阐发正义的宏大学术、保卫社会的关键防线或调控经济的精微杠杆。从文化学视角审视，司法应当具备上述形象，事实上它也能够发挥这些功用。关键在于，司法权的运行能否依照均衡化的目标模式，一步步走向理想的境界。

走向均衡文化进路的中国司法应当捍卫自身的法理统一。司法统一是法律统一的核心要求，法律统一是法治社会的建构根基。司法权的统一既包括司法公权的统一，又包括司法人权的统一。司法公权统一要求司法权力与司法权威的理性均衡，它统一于司法权能，载体是作为司法权能确证规则的司法公权法。司法人权统一要求国际司法人权保障与国内司法人权保障均衡一体，它统一于司法人本，载体是作为司法人本捍卫理念的司法人权法。司法公权法与司法人权法共同构成了宏大的司法法，司法法的统治正是人类大同、中国合用的均衡法治类型。

结　语

　　对于"法治中国"这样的宏大命题，研究者必须在理论的广度、深度和厚度各层面，以敏锐的洞察和精准的掌控，将纷繁的话语、思想和制度实践融凝为某种可证成、可解释、可拓展、可修正的思维框架。在本书中，我试图以"均衡螺旋"为主旨隐喻，对"法治中国"加以整合式解析。但对于许多关键问题，我尚未能破解谜题，相信诸位读者也会有同样的困惑。

　　例如，"法治中国"的核心逻辑和本体机理到底是什么？坦率地说，我尚未辨明理清。盖因"法治中国"本身是一个纲领性的"宣言"，加之中文四字语词天然具有的神奇魔力，让人总是觉得莫名兴奋，引发诸多美好遐想，却又难以条分缕析。当然，如果我们严格按照文件的解释，也许这根本就不是一个问题。但作为学术研究，我们必须对法律政策加以必要的远距离观察，通过思想史考察、话语分析、制度研究等具体路径揭示其立体内涵。现今学界对"法治中国"的解读，高见迭出，热议不断，这为进一步的研究奠定了良好的基础。如果我们不将"法治中国"仅仅视为一种政治宣言，而是将它置于文化中国的转型视野，其战略蕴含或许远远超出了大多数人的想象。在"中国大历史"和新的全球化背景下，我力图从"世界法"的流行话语倒推出"法治中国"的思想原型，结果发现，本土文化的乌托邦力量其实无比坚韧，无比强大，足以延续千年，至今深嵌于世界治理的哲学谱系。由此，我们不难理解，"法治中国"的提出，不仅契合国人的民族主义情结，也很适合自主型法治道路的理念构造。改革开放三十多年来，中国法治建设的经验和教训都是显见的，从"中国法治"到"法治中国"，表彰了一种国家治理系统全面升级的时代大势，是对单线法律进化与盲目法律移植的矫正，值得我们认真对待。在此问题意识启发下，我构思出了"均衡螺旋"这样一种形象直观的模型隐喻，用它表明法治中国的总体背景与核心机理。

但是,"均衡螺旋"的隐喻到底属于方法论,还是本体论?这真是一个致命的两难。法治中国必须在多元主体的法律行动博弈的螺旋中加以动态解读,这种方法应该也可以得到大多数人的认同。但这是否必然意味着法治中国的本体就是一种均衡螺旋结构?我的答案是肯定的。从均衡视角建构法治战略,从思想上并不新鲜,绝非某个人的创造,它有一个漫长的历史积淀过程。梳理这段思想史,为不少学者关切,但将其运用于对法治中国的实践解释,现有理论大多只是"蜻蜓点水",撷取精要,扼而言之。就此止步,可能会让人无法彻底信服,但于此迈步,则是牵引美玉的抛砖之举。

证成法治中国的本体,必须运用现代社会科学方法论,"均衡分析"正是一件利器。作为物理学概念,"均衡"最早被赋予了"静态稳定"的含义,后来其应用范围从物理扩展到心理、伦理和法理的研究,成为社会科学领域出镜率极高的"学术红词"。从原初的静止均衡到现今的动态均衡,从经济的供需均衡到政治的体制均衡,从微观的博弈均衡到宏观的文化均衡,"均衡"日益成为一种理想化的本体论目标,对于对法治中国建设的战略定位,也具有不容忽视的参照作用。在转型中国非均衡发展的现实语境中,建构一套以"均衡"为中心的学理指标,业已得到各学科研究者的重视。但这样的均衡未免过于理想化,如何将现实和理想的紧张呈现在一种生动而不失科学的模型中?这就是"均衡螺旋",一种可以将诸多因素动态集纳却又能保持主线明晰的框架,以之作为对"法治中国"研究的本体架构和方法指引,应当是无奈中的优选。归根结底,我所期待的法治中国研究,更多应是战略思维导向的,不应过度拘泥于既定的范式,特别是不要落入那些早已被驳倒的二元对立窠臼。

对法治中国的战略分析而言,"均衡螺旋"既是一种方法,也是一种本体;既关乎具体进路,也关乎根本价值;既与我国传统的中庸思想有机牵连,又与法学发展的整合走向不相龃龉;既可解释欧美问题,也可适用中国情境。这种完美的期待,最终有赖于在法治中国均衡螺旋的机理设计和日常运作,有赖于这架神奇的机器能否获得合法的知识产权,以及充沛的能源供给,科学精细的检修维护和保养。

另外,就具体的研究进路而言,思想、话语和制度分析是否会导致混杂和冲突?有人说,真正讲方法的研究恰好是不怎么关注方法论的。我们对法治中国的研究尚属于起步阶段，多元并进，互相补充，如此才能做到持续的争鸣和批评，才能实现创新的发展和再造。限于学识和能力，我对法治中国研究方法确实难有独特的创造，暂时也不能有太高的追求，只能在相对明确的主线下，通过片段的理解和有限的篇章，勾勒一幅远非文字所能描刻的宏阔巨图。国画也好，油画也罢，技法必须服从并服务于题材。包括我在内，中国学者对法治中国的研究更倾向于选用意境重于写实的国画方式，这或许会让某些观赏者觉得不那么"实证""精细""逼真"，甚至还会有暧昧幽暗、矫揉造作的嫌疑。这只能证明，我们的国画技巧还需要精进，而与国画本身的价值无关。我之所以选择话语、思想和制度三个层面的整体分析方法，主要基于这样的逻辑考量：从日常话语出发，我们可以明白法治中国的切近性，如同生活场景的开幕往往伴随着各种喧嚣吵闹，最后大家归于平静和谐。话语分析可以让我们走入法治中国的语境，但并不能揭示根结性的问题。这就需要考察思想源流，从哲学家、政治家、法律家的多元视角，重构法治中国的历史图景和文化密码。如此，最后的制度分析才有整体的背景和丰沛的灵魂，不至于成为就事论事的狗皮膏药。从朦胧迷离的轮廓图到渐趋明晰的线条图直到上彩成型的效果图，法治中国的研究不可能一笔成就，需要经历繁复严苛的工序流程。

最后，我想以如下"散句"作为全书小结与研究心得，与诸君分享：

> 在常人眼里，"法治"意味着强力繁复，殊不知，中国之"天"，西方之"自然"，都在探寻刚柔"均衡"路。何为均衡？为何均衡？如何均衡？哲学家、政治家、法律家——不停问，无定论——用审慎的法理智慧，串起了，均衡底色的螺旋图。循着它，定位搜索，视野展拓：在全球化的世界里，竟有"天下制度"的酵母！在大历史的轨迹中，竟有"法治中国"的原初！均衡为本，造法之术；均衡为要，规制之度；均衡为轴，正义之福。法治中国，均衡螺旋，古今中西，立体解读。

参考文献

蔡枢衡：《中国法理自觉的发展》，清华大学出版社，2005。

程竹汝：《法治发展与政府结构关系》，中国社会科学出版社，2010。

龚祥瑞：《美国行政法》（上册），中国政法大学出版社，1995。

金雁、秦晖：《经济转轨与社会公正》，河南人民出版社，2002。

李龙、汪习根主编《法理学》，人民法院出版社、中国社会科学出版社，2003。

梁启超：《梁启超法学文集》，范忠信主编，中国政法大学出版社，2000。

廖奕：《司法均衡论：法理本体与中国实践的双重构造》，武汉大学出版社，2008。

刘小枫：《现代性社会理论绪论》，上海三联书店，1998。

林立：《法学方法论与德沃金》，中国政法大学出版社，2002。

吕世伦：《现代西方法学流派》，中国大百科全书出版社，2000。

胡鞍钢：《中国战略构想》，浙江人民出版社，2002。

胡鞍钢：《中国政治经济史论：1949～1976》，清华大学出版社，2007。

黄仁宇：《中国大历史》，上海三联书店，2007。

季卫东：《法治秩序的建构》，中国政法大学出版社，1999。

舒国滢：《法哲学：立场与方法》，北京大学出版社，2010。

戚渊：《论立法权》，中国法制出版社，2002。

钱穆：《中国历史研究法》，上海三联书店，2005。

沈德咏主编《中国特色社会主义司法制度论纲》，人民法院出版社，2009。

沈知方、蒋伯潜：《四书读本·中庸新解》，浙江人民出版社，1986。

沈宗灵：《现代西方法理学》，北京大学出版社，1992。

苏力：《法治及其本土资源》，中国政法大学出版社，1996。

孙立平：《断裂——20 世纪 90 年代以来的中国社会》，社会科学文献出版社，2003。

汪晖：《去政治化的政治：短 20 世纪的终结与 90 年代》，上海三联书店，2008。

王绍光、胡鞍钢：《中国：不平衡发展的政治经济学》，中国计划出版社，1999。

王学辉、邓华平：《行政立法成本分析与实证研究》，法律出版社，2008。

徐爱国：《分析法学》，法律出版社，2005。

徐复观：《中国人性史论》（先秦篇），上海三联书店，2001。

许和隆：《冲突与互动：转型社会政治发展中的制度与文化》，中山大学出版社，2007。

许纪霖：《二十世纪思想史论》，东方出版中心，2000。

杨奕华：《法律人本主义：法理学研究诠论》，台湾汉兴书局出版有限公司，1997。

叶廷芳主编《论卡夫卡》，中国社会科学出版社，1988。

赵汀阳：《没有世界观的世界》，中国人民大学出版社，2003。

张千帆：《宪政、法治与经济发展》，北京大学出版社，2004。

周宁：《想象中国：从"孔教乌托邦"到"红色圣地"》，中华书局，2004。

艾佳慧：《司法知识与法官流动：一种基于实证的分析》，载《法制与社会发展》2006 年第 4 期。

常怡、黄娟：《司法裁判供给中的利益衡量》，载《中国法学》2003 年第 4 期。

陈景辉：《法律与社会科学研究的方法论批评》，载《政法论坛》2013 年第 1 期。

陈其泰：《梁启超在构建近代史学理论体系上的贡献》，载《史学理论研究》1997 年第 2 期。

陈锡喜：《斯大林模式形成的意识形态根据及其核心话语》，载《探索与争鸣》2010 年第 9 期。

程竹汝：《司法改革：建构中国政治发展的张力结构》，载《政治与法律》2000 年第 3 期。

崔卓兰、于立深：《行政规章的经济分析》，载《吉林大学社科学报》1999 年第 5 期。

邓正来：《社会学法理学中的"社会"神——庞德法律理论的研究和批判》，载《中外法学》2003 年第 3 期。

丁学良：《华人社会里的西方社会科学——误解的三个根源》，载《香港社会科学学报》1997 年第 10 期。

樊鹏：《论中国的"共识型"体制》，载《开放时代》2013 年第 3 期。

房宁：《影响当代中国的三大社会思潮》，载陈明明主编《复旦政治学评论》第四辑，上海人民出版社，2006。

冯天瑜：《中国历史分期与秦至清社会形态命名》，载《学术月刊》2006 年第 4 期。

葛洪义：《法理学基本问题的形成与演变——对法理学知识谱系的一种考察》，载《法制与社会发展》2004 年第 2 期。

郭沂：《中国社会形态的四个层面及其历史分期》，载《文史哲》2003 年第 6 期。

郭于华：《转型社会学的新议程：孙立平"断裂社会学"述评》，载《社会学研究》2006 年第 6 期。

韩丽：《中国立法过程中的非正式规则》，载《战略与管理》2001 年第 5 期。

胡云腾、袁春湘：《转型中的司法改革与改革中的司法转型》，载《法律科学》2009 年第 3 期。

蒋红珍：《政府规制政策评价中的成本收益分析》，载《浙江学刊》2011 年第 6 期。

冷霞：《大法官弗朗西斯·培根与英国衡平法的发展》，载《华东政法大学学报》2011 年第 3 期。

李猛：《孟德斯鸠论礼与"东方专制主义"》，载《天津社会科学》2013 年第 1 期。

李学尧：《转型社会与道德真空：司法改革中的法律职业蓝图》，载《中国法学》2012 年第 3 期。

廖奕：《"均衡型法治"与"新市场经济"的中国未来》，载《法治论丛》2002 年第 5 期。

廖奕：《过程与均衡：司法本质的中国语境》，载《法学评论》2009 年第 1 期。

刘金国、周静：《论司法公正——法官的行为哲（科）学》，载《政法论坛》1999 年第 5 期。

刘思达：《法律移植与合法性冲突：现代性语境下的中国基层司法》，载《社会学研究》2005 年第 3 期。

刘星：《走向什么司法模型？——"宋鱼水经验"的理论分析》，载《法律和社会科学》第 2 卷，法律出版社，2007。

林端：《法律社会学的定位问题：Max Weber 与 Hans Kelsen 的比较》，载《现代法学》2007 年第 4 期。

季卫东：《法律体系的多元与整合——与德沃金教授商榷解释方法》，载《清华法学》2002 年第 1 期。

马汉宝：《自然法之现代的意义》，载《社会科学论丛》（台湾大学法学院）第 17 辑。

明辉、李霞：《霍姆斯法哲学思想的历史地位及影响》，载《国外社会科学》2007 年第 1 期。

申建林：《西方自然法学理论的当代走向分析》，载《环球法律评论》2007 年第 3 期。

苏力：《司法制度的合成理论》，载《清华法学》2007 年第 1 期。

苏永钦：《飘移在两种司法理念间的司法改革：台湾司法改革的社经背景与法制基础》，载《环球法律评论》2002 年第 1 期。

孙笑侠：《司法权的本质是判断权——司法权与行政权的十大区别》，载《法学》1998 年第 8 期。

王启富、马志刚：《权利的成本—收益分析》，载《政法论坛》2003 年第 2 期。

汪全胜：《美国行政立法的成本与收益评估探讨》，载《东南大学学报》（哲学社会科学学报）2006 年第 6 期。

汪全胜：《法律绩效评估的"公众参与"模式探讨》，载《法制与社会发展》2008 年第 6 期。

汪太贤：《从神谕到自然的启示：古希腊自然法的源起与生成》，载

《现代法学》2004 年第 6 期。

汪习根、廖奕：《论法治社会的法律统一》，载《法制与社会发展》2004 年第 3 期。

吴予：《法与正义的关联：一个西方文化基因演进的考察》，载《比较法研究》1999 年第 2 期。

席涛：《监管体制框架分析：国际比较与中国改革》，载《国际经济评论》2007 年第 3 期。

肖唐镖：《从农民心态看农村政治稳定状况》，载《华中师范大学学报》（社会科学版）2005 年第 5 期。

谢鸿飞：《追寻历史的"活法"——法律的历史分析理论述评》，载《中国社会科学》2005 年第 4 期。

邢会强：《信息不对称的法律规制》，载《法制与社会发展》2013 年第 3 期。

许纪霖：《以中国为方法，以世界为目的》，载《国外社会科学》1998 年第 1 期。

许纪霖：《二种危机与三种思潮》，载《战略与管理》2000 年第 1 期。

徐忠明：《古典中国的死刑：一个文化史与思想史的考察》，载《中外法学》2006 年第 3 期。

张静：《二元整合秩序：一个财产纠纷案的分析》，载《社会学研究》2005 年第 3 期。

郑成良：《法治理念与法律思维》，载《吉林大学社会科学学报》2000 年第 4 期。

郑永流：《法律判断形成的模式》，载《法学研究》2004 年第 1 期。

〔美〕阿克曼：《我们人民：宪法的根基》，孙力、张朝霞译，法律出版社，2004。

〔法〕埃利亚、萨尔法蒂：《话语分析基础知识》，曲辰译，天津人民出版社，2006。

〔英〕白芝浩：《英国宪法》，夏彦才译，商务印书馆，2005。

〔美〕博登海默：《法理学：法律哲学与法律方法》，邓正来译，中国政法大学出版社，1999。

〔美〕伯尔曼：《法律与宗教》，梁治平译，中国政法大学出版社，2002。

〔美〕波斯纳：《法理学问题》，苏力译，中国政法大学出版社，1994。

〔美〕波斯纳：《法官如何思考》，苏力译，北京大学出版社，2009。

〔美〕博西格诺等：《法律之门》，邓子滨译，华夏出版社，2002。

〔美〕德沃金：《认真对待权利》，信春鹰、吴玉章译，中国大百科全书出版社，1998。

〔瑞士〕弗莱纳：《人权是什么》，谢鹏程译，中国社会科学出版社，2000。

〔美〕格里德尔：《知识分子与现代中国》，单正平译，南开大学出版社，2002。

〔日〕谷口安平：《程序的正义与诉讼》，王亚新、刘荣军译，中国政法大学出版社，1996。

〔英〕哈特：《法律的概念》张文显等译，中国大百科全书出版社，1996。

〔英〕哈耶克：《法律、立法与自由》（第一卷），邓正来等译，中国大百科全书出版社，2000。

〔德〕黑格尔：《法哲学原理》，范扬、张企泰译，商务印书馆，1995。

〔美〕亨廷顿：《失衡的承诺》，东方出版社，2005。

〔美〕霍贝尔：《原始人的法：法律的动态比较研究》，严存生等译，法律出版社，2006。

〔德〕霍恩：《法律科学与法哲学导论》，罗莉译，法律出版社，2005。

〔英〕霍布斯：《哲学家与英格兰法律家的对话》，姚中秋译，上海三联书店，2006。

〔比〕金尼阁：《利玛窦中国札记》，何高济等译，商务印书馆，1983。

〔美〕卡多佐：《法律的生长》，刘培峰、刘骁军译，贵州人民出版社，2003。

〔奥地利〕卡夫卡：《诉讼》，孙坤荣译，上海译文出版社，2002。

〔德〕康德：《法的形而上学原理》，沈叔平译，商务印书馆，1991。

〔奥〕凯尔森：《法与国家的一般理论》，沈宗灵译，中国大百科全书出版社，1996。

〔德〕考夫曼、哈斯默尔主编《当代法哲学和法律理论导论》，郑永流译，法律出版社，2002。

〔德〕考夫曼：《法律哲学》，刘幸义等译，法律出版社，2004。

〔英〕科特威尔：《法律社会学导论》，潘大松等译，华夏出版社，1989。

〔德〕科殷：《法哲学》，林容远译，华夏出版社，2002。

〔美〕孔飞力：《叫魂：1768年中国妖术大恐慌》，陈兼、刘昶译，上海三联书店，1999。

〔法〕罗斑：《希腊思想和科学的起源》，陈修斋译，商务印书馆，1965。

〔法〕马蒂：《世界法的三个挑战》，罗结珍等译，法律出版社，2001。

〔英〕马歇尔：《经济学原理》，廉运杰译，商务印书馆，2007。

〔美〕梅里曼：《大陆法系》，顾培东等译，知识出版社，1984。

〔法〕孟德斯鸠：《法意》，严复译，商务印书馆，1981。

〔美〕米尔斯：《权力精英》，王崑、许荣译，南京大学出版社，2004。

〔法〕米里安：《知识分子的背叛》，孙传钊译，吉林人民出版社，2004。

〔美〕庞德：《法理学》（第一卷），邓正来译，中国政法大学出版社，2004。

〔美〕庞德：《法理学》（第二卷），封丽霞译，法律出版社，2007。

〔美〕庞德：《通过法律的社会控制 法律的任务》，沈宗灵译，商务印书馆，1984。

〔美〕庞德：《法律史解释》，曹玉堂、杨知译，华夏出版社，1989。

〔英〕培根：《培根论说文集》，水天同译，商务印书馆，1983。

〔英〕培根：《新大西岛》，何新译，商务印书馆，1958。

〔日〕青木昌彦：《比较制度分析》，周黎安译，上海远东出版社，2001。

〔美〕桑斯坦：《网络共和国：网络社会中的民主问题》，黄维明译，上海人民出版社，2003。

〔美〕桑斯坦：《行为法律经济学》，涂永前、成凡、康娜译，北京大学出版社，2006。

〔美〕桑斯坦：《最差的情形》，刘坤轮译，中国人民大学出版社，2010。

〔德〕施密特：《政治的概念》，刘宗坤等译，上海人民出版社，2004。

〔德〕施密特：《宪法学说》，刘锋译，上海人民出版社，2005。

〔德〕司丹木拉：《现代法学的根本趋势》，张季忻译，中国政法大学出版社，2003。

〔美〕斯托纳：《普通法与自由主义理论》，姚中秋译，北京大学出版社，2005。

〔日〕穗积陈重：《法律进化论》，黄尊三等译，中国政法大学出版社，1997。

〔德〕魏德士：《法理学》，丁小春、吴越译，法律出版社，2003。

〔英〕韦恩：《法理学：从古希腊到后现代》，李桂林等译，武汉大学出版社，2003。

〔英〕维尔：《宪政与分权》，苏力译，上海三联书店，1997。

〔英〕沃克：《牛津法律大辞典》，邓正来等译，光明日报出版社，1988。

〔美〕西格尔、斯皮斯：《正义背后的意识形态：最高法院与态度模型》，刘哲玮译，北京大学出版社，2012。

〔德〕西美尔：《社会学：关于社会化形式的研究》，林荣远译，华夏出版社，2002。

〔古罗马〕西塞罗：《论义务》，王焕生译，中国政法大学出版社，1999。

〔法〕西耶斯：《第三等级是什么？》，冯棠译，商务印书馆，1990。

〔古希腊〕亚里士多德：《政治学》，吴寿彭译，商务印书馆，1965。

〔法〕布迪厄：《法律的力量：迈向司法场域的社会学》，强世功译，载《北大法律评论》1999年第2期。

〔美〕伯尔曼：《法律的历史基础》，范进学译，载《学习与探索》2006年第5期。

〔德〕康特罗维茨：《萨维尼与历史法学派》，马史麟译，载许章润主编《清华法学》第三辑，清华大学出版社，2003。

〔意〕斯奇巴尼：《法学家：法的创立者》，薛军译，载《比较法研究》2004年第3期。

〔瑞典〕肖特：《爱德华·柯克爵士的法律保守主义》，苏薪茗译，载《法学文稿》2001年第2期。

Aoki M, *Toward a Comparative Institutional Analysis*, MIT Press, 2001.

Benjamin N. Cardozo, *The Nature of The Judicial Process*, The Yale University Press, 1921.

C. Perelman. *Justice, Law and Argument*, D. Reidel Publishing Company. 1980.

Carl J. Friderich, *Constitutional Government and Democracy: Theory and Practice in Europe and America*, Revised edition, Blaisdell Publishing Co., 1941.

David Harris & Stephen Livingstone eds., *The Inter American System of Human Rights*, Clarendon Press Oxford, 1998.

Donald R. Kelly, *The Human Measure: Social Thought inthe Western Legal Tradition*, Harvard University Press, 1990.

Giovanni Sartori, *Comparative Constitutional Engineering: An Inquiry into Structures, Incentives and Outcomes*, 2nd Ed., New York University Press, 1997.

Glendon A. Schubert, *Judicial Policy Making: The Political Role of the Courts*, Scott, Foresman, 1965.

Harold J. Spaeth, *Supreme Court Policy Making*, W. H. Freeman and Company, 1979.

Harold L. Kahn, *Monarchy in the Emperor's Eyes*, Harvard University Press, 1971.

Henry M. Levin & Patrick J. McEwan, *Cost - Effectiveness Analysis: Methods and Applications*, 2nd edition, Sage Publications Inc., 2001.

Li Cheng ed., *China's Change Political Landscape: Prospects for Democracy*, Brookings Institutions Press, 2010.

Lon L. Fuller, *The Morality of Law*, Yale University Press, 1964.

Lon Fuller, "The Case of the Speluncean Explorers", *Harvard Law Review* 616, 1949.

Kenneth J Arrow, "Is There a Role for Benefit - Cost Analysis in Environmental, Health, and Safety Regulation ?", *Science*, 1996, Vol. 227.

Kent Greenawalt, "Too Thin and Too Rich: Distinguishing Features of Legal Positivism", in *The Autonomy of Law: Essays on Legal positivism*, Oxford University Press, 1996.

Klaus Gugler, "Corporate Governance and The Returns On Investment", *Journal of Law & Economics*, 2004, Vol. 2.

Mathias Riemann, "Nineteenth Century German Legal Science", *Boston College Law Review*, Vol. 31, 1990.

Milton R. Konvitz & Gail Kennedy ed., *The American Pragmatists Selected Writings*, Meredian Books, 1960.

Morrison, Wayne, *Jurisprudence*, Cavendish Publishing Limited, 1997.

Randall Peerenboom, *ChinaModernizes: Threat to the West or Model for the Rest?*, Oxford University Press, 2007.

Robert Nozick, *Anarchy, State and Utopia*, New York: Basic Books, 1974.

Rodney Jay Blackman, *Procedural Natural Law*, Carolina Academic Press, 1999.

Rudi Volti, *Technology, politics, and society in China*, Westview Press, 1982.

Samuel D. Eaton, *The Forces of Freedom in Spain: 1974 – 1979*, Hoover Institution Press, 1981.

Veblen T, *The Theory of Leisure Class: An Economic Study of Institutions*, Vanguard Press, 1899.

致　谢

如果将一本书的生成比作一场马拉松，出版之际也即冲刺之时，无论最后成绩如何，运动员必须真诚感谢队友、教练、组织者和观众。

吾道不孤。这本小书虽是我的个人作品，但它凝聚着诸多前人的智慧，从古圣先贤的哲思到法政精英的妙想，从精英知识到常人关怀，从政治家战略到学术家理念，无处不浸润着综合与借鉴。

回首自己的学术历程，在珞珈山"修行"已近十七载，恰好是人生的一半时光。武大的诸位师长给予我的恩泽，已难用语言形容。汪习根教授的悉心教导，李龙先生的提点引领，徐亚文教授、张万洪教授的大力扶助，让我铭感万分。

本书的出版离不开教育部人文社科项目的支持。2008年，我申报的"科学发展观视野下的法治均衡战略研究"项目获准立项，但由于命题过于宏大，加之自身懒散拖沓，直到2013年才正式结项。本书正是在结项成果基础上修改而成。国家2011计划·司法文明协同创新中心和武汉大学351人才计划也为本书提供了资助，在此谨致谢忱！

本书的部分章节曾发表于《法律与文学》（中国澳门）、《东西方思想研究》（韩国）、《法商研究》、《法学评论》、《政法论丛》、《上海交通大学学报》（社科版）等刊物，谢谢各位审稿专家和责任编辑！

借助旅美访学的闲暇，我整理完这部书稿。我要特别感谢合作导师伍倚剑（Margaret Y. K. Woo）教授，她的中国法研究，给我诸多启发。对本书的出版，社会科学文献出版社刘骁军主任给予了大力支持和帮助，在此真诚铭谢！

最后，我要谢谢亲爱的家人，这本书是献给你们的礼物。

廖奕　于波士顿
2014年4月28日

图书在版编目(CIP)数据

法治中国的均衡螺旋：话语、思想与制度／廖奕著.—北京：社会科学文献出版社，2014.11
　ISBN 978-7-5097-6515-9

Ⅰ.①法…　Ⅱ.①廖…　Ⅲ.①社会主义法制-建设-研究-中国　Ⅳ.①D920.0

中国版本图书馆CIP数据核字（2014）第216132号

法治中国的均衡螺旋
——话语、思想与制度

著　　者／	廖　奕
出 版 人／	谢寿光
项目统筹／	刘骁军　芮素平
责任编辑／	胡晓利　关晶焱
出　　版／	社会科学文献出版社·社会政法分社（010）59367156
	地址：北京市北三环中路甲29号院华龙大厦　邮编：100029
	网址：www.ssap.com.cn
发　　行／	市场营销中心（010）59367081　59367090
	读者服务中心（010）59367028
印　　装／	三河市东方印刷有限公司
规　　格／	开 本：787mm×1092mm　1/16
	印 张：17.5　字 数：281千字
版　　次／	2014年11月第1版　2014年11月第1次印刷
书　　号／	ISBN 978-7-5097-6515-9
定　　价／	68.00元

本书如有破损、缺页、装订错误，请与本社读者服务中心联系更换

▲ 版权所有 翻印必究